21세기 권력

JAMES BALL

THE SYSTEM

21세기 권력

인터넷을 소유하는 자 누구이며
인터넷은 우리를 어떻게 소유하는가

제임스 볼 지음 | 이가영 옮김

다른

차례

Part 1 기술

Part 2 돈

Part 3 전투

이 책《21세기 권력》을 선택해주신 한국의 독자 여러분께 감사드립니다.

코로나바이러스감염증-19(코로나-19) 팬데믹이 시작된 처음 몇 달 동안 저는 편집자와 함께 이 책의 초판을 마지막으로 가다듬고 있었습니다. 코로나-19가 세계에서 가장 시급한 문제로 부상한 지 18개월이 넘어선 지금 이 책에서 다룬 문제들은 여전히 유효합니다. 오히려 이 책을 통해 답하고자 한 "누가 인터넷을 움직이는가? 그리고 그것이 우리에게 어떤 영향을 미치는가?"라는 질문은 팬데믹을 거치며 더 중요해졌습니다.

전면 록다운부터 외국 또는 타 지역 여행 제한 조치까지, 전 세계 수십억 인구의 이동권이 제약된 오늘날 인터넷에 접속할 권리는 그 어느 때보다 중요합니다.

다른 나라에 가족이 있는 사람은 온라인으로 가족의 얼굴을 보고 대화를 나눌 수밖에 없습니다. 평소 사무실에서 일하던 사람들은 원격 근로를 하며 월급을 받고 있습니다. 록다운으로 집에 갇힌 사람들은 아쉬우나마 인터넷에 접속해 머리를 식히고 즐길 거리를 찾습니다.

이런 상황에서 한국을 포함한 각국 정부가 망 중립성 규제를 완화하는 결정을 내린 것은 매우 이해하기 힘든 일입니다. 최근의 팬데믹은 인터넷의 공정성과 개방성에 공공의 이익이 달려 있음을 보여주었습니다. 그런데도 각국 정부는 여전히 인터넷을 공공재가 아닌 단순한 민간 서비스로 보고 망 중립성 규제를 완화하고 있습니다. 이는 우리가 인터넷을 보는 시각이 그만큼 바뀌기 어렵다는 방증이 아닐까요?

인터넷이 단순한 민간 서비스라는 생각에 기초한 정책은 모두 시대에 뒤떨어진 정책입니다. 인터넷 정책에는 다양한 이해관계가 얽혀 있습니다. 이런 이해관계를 둘러싼 논쟁은 대개 어떤 기업이 더 돈을 벌 것인가 하는 문제로, 선악을 따져야 할 사항은 아닙니다. 하지만 그렇다고 해서 인터넷을 단순한 민간 서비스로 취급하는 것은 21세기 세상을 완전히 잘못 이해하는 행동입니다. 이제 인터넷은 배달 서비스보다는 전기나 수도 같은 공공 서비스에 가깝기 때문입니다.

한편, 국가의 온라인 첩보 활동을 어디까지 허용할지 정하고, 이에 관한 국제법을 제정하는 일도 시급합니다. '현실' 세계가 냉전과 그 후 이어진 여러 국제 분쟁을 견뎌낼 수 있던 것은 국가의 첩보 행위를 규제하는 명확한 규칙과 지켜야 할 기준이 있고, 용납할 수 있는 행동에 대한 상호 이해가 있었기 때문입니다. 이 사실을 한국보다 더 잘 아는 나라는 아마 없을 것입니다.

오프라인과 다르게 온라인에서는 이런 모든 기준이 불분명합니다. 본문에서 더 자세히 다룰 워너크라이 사례는 이 사실을 잘 보여줍니다.

워너크라이는 미국국가안전보장국NSA에서 실수로 유출한 악성 프로그램에 감염된 컴퓨터를 무력화시키는 공격 코드를 어설프게 붙여 만든 멀웨어였습니다. 그럴 의도는 아니었던 것 같지만, 워너크라이는 영국의 병원들에 큰 해를 끼쳤습니다. 중요한 의료 기기들이 다운되었고, 환자의 생명이 위험해졌습니다. 포스트코로나 시대를 맞이하고 보니 워너크라이 공격이 이전과는 다른 시각으로 보입니다. 팬데믹 상황에서 이런 공격이 벌어졌다면 많은 사람이 목숨을 잃었을 것입니다.

미국과 영국 정부는 워너크라이 공격의 배후에 북한이 있다고 발표했습니다. 오프라인과 온라인 세상이 통합되면서 사이버 공격으로 사람의 목숨이 위험해질 가능성이 급격히 커지고 있습니다. 이미 세계 어딘가에서 사이버 공격의 첫 희생자가 발생했을 가능성이 높습니다.

인터넷은 빠르게 진화했고 그보다 더 빠르게 사회의 필수 인프라로 자리 잡았습니다. 30년 전만 해도 세계 인터넷 사용자 수는 약 100만 명에 불과했습니다. 이제는 40억 명이 넘는 사람이 다양한 방식으로 인터넷에 접속합니다. 당장은 다른 문제들이 더 중요하게 느껴질지도 모르지만, 달라진 현실에 맞게 인터넷을 보는 우리의 시각을 바꾸는 일은 꼭 필요합니다.

이 책이 여러분의 시각을 바꾸는 데 도움이 되었으면 좋겠습니다.

2021년 10월

제임스 볼

이 책은 인터넷을 이용하는 모든 사람이 읽어도 좋을 정도로 인
터넷의 태동과 변천을 어렵지 않게 짚어내고 있다. 인터넷의 특
성을 이용해 사업을 하려는 사람들, 인터넷에 대한 정책을 입안
하고 연구하는 사람들에게 특히 유용할 것이다. 물론 이 책의 가
장 큰 장점은 인터넷의 탄생과 진화에 관여한 사람들의 생생한
이야기를 들을 수 있다는 것이다.

    이 책은 초반부터 독자를 끌어당긴다. 미국 국방성은 연구
기관 간의 자유로운 정보 교류 및 컴퓨터 자원의 효율적인 공유
를 위한 연구 용역을 발주했고, 교수들은 이를 대학원생이 할 수
많은 연구소의 잡일 중 하나라고 생각했다. 당시 대학원생이던
스티브 크로커는 UCLA와 스탠퍼드대학교의 컴퓨터를 연결함

으로써 자신도 모르게 '인류를 위한 큰 첫걸음'을 내디뎠다.

그렇게 시작된 인터넷이 대중화됨에 따라 인터넷 서비스를 제공하는 회사, 즉 ISP들이 생겼다. 이후 이들의 연결망을 이용해 상호 소통하는 컴퓨터들이 기하급수적으로 늘어났다. 이 ISP 중 몇몇 회사는 지역별로 독점적 지위를 획득하고, 이를 이용하여 연결에 대한 대가를 과하게 요구했다. 이들은 독점을 통해 거둔 이윤으로 로비를 해서 다시 독점적 지위를 공고히 하고 있다. 2장에서는 한때 ISP들의 대변인으로 일했던 프랭크 엘리아슨으로부터 이런 상황에 담긴 위험에 대한 이야기를 듣는다.

간단히 말해 인터넷이란 케이블로 컴퓨터들을 연결한 물리적 상태다. 하지만 이를 사람이 쓰려면 결국 사람이 이해할 수 있는 주소, 즉 URL이 컴퓨터마다 주어져야 한다. 이를 지정해주는 DNS 체계도 결국 '인터넷에 중심이 없다'는 조직 원리에 맞게 '허술하게' 각자의 호의에 기대 유지될 수밖에 없다. 3장에서, 이 모든 일을 관리하는 ICAAN의 대표 고란 마르비의 이야기를 듣다 보면 등골이 오싹하다.

인터넷의 신호들이 온 세상을 떠돌아다니지 않고 가장 빠른 길로 지날 수 있게 도와주는 BGP 체계는 어떠한가? 답변요청서(RFC)는 1994년에 세 장의 냅킨 뒷면에 끄적거린 그림에서 시작되어 지금까지 확산되었다. 이런 상황에서도 인터넷이 잘 돌아가는 것을 보면 이 책의 주제와 달리 인터넷이 오히려 신뢰의 크라우드소싱에 기반을 두고 있다는 생각이 든다.

4장에서는 2000년 마이크로소프트 반독점법 재판에서 검찰 측 증인으로 나왔던 존 보스윅으로부터 인터넷의 물리적 기반을 이용해 돈을 버는 업체들이 어떻게 만들어지고 투자를 받는지 들어본다. 전 세계를 대상으로 하는 인터넷 기업에 대한 투자는 매출 등의 실적보다는 사업 확장 가능성을 중심으로 이루어진다. 보스윅은 "얼마나 많은 이용자를 보유하고 있으며 이들에 대해 얼마나 많은 데이터가 있는지 그리고 얼마나 많은 시간을 보내는지가 … 매력포인트가 되며 결국 이를 통해 돈을 버는 가장 명확한 통로는 프라이버시를 침해하는 타깃 광고"라 이야기한다. 그 때문에 얼마 되지 않는 벤처캐피털이 인터넷 기업에 대한 투자를 이끌면서 기존의 강자들이 많은 스타트업 회사를 사들여 진정한 혁신이 가로막힌다.

거의 매년 유니콘 기업을 키워내고 있는 전설적인 벤처캐피털 회사 유니언스퀘어벤처스의 앨버트 웽거는 이용자 데이터베이스가 결국 인터넷에서 힘과 자본이 집중되는 토대가 된다고 지적한다. 그는 이용자들이 쿠키 등을 통해서 자신들의 데이터를 마음대로 이용하게 허용하면, 인터넷은 계속 특정 기업이 독점하게 될 것이라고 예측한다. 실제로 2018년 사사분기 페이스북 매출액의 99퍼센트, 구글의 모회사 알파벳의 매출액 83퍼센트가 광고매출이다. 5장에서는 타깃 광고와 이를 가능케 하는 데이터베이스가 어떻게 기능하는지를 앱넥서스의 공동 창업자 브라이언 오켈리로부터 듣는다. 광고가 이용자 맞춤형으로 바꾀면서 여러 매체의 홈페이지에는 '좋은 자리'라는 것이 없어졌다. 매체는 이제 광고를 '띄우는' 곳이 아니라 이용자에 대한 정보를 모아주는 곳이 되었다.

미국 연방통신위원회[FCC] 의장으로서 처음 망 중립성 법안을 입안한 톰 휠러는 한때 방송국과 전화회사의 아성에 도전한 '다윗'인 케이블 TV 회사들을 위해 싸웠다. 하지만 인터넷 시대가 된 지금은 도리어 이들이 '골리앗'이 되어 과점 이윤을 취하고 있다. 6장에서는 새로운 골리앗인 케이블 회사를 꾸짖는 휠러의 모습을 만날 수 있다. 인터넷의 확산과 함께 사생활에 대한 기대치가 낮아지면서 각종 감시 프로그램이 난무하게 되었다.

7장에서는 에드워드 스노든의 기사를 특종으로 보도한 글렌 그린월드가 사생활에 대한 감수성을 잃어버린 여러 정부에 대한 비판을 이어간다. 그린월드와 마찬가지로 EFF의 수장인 신디 콘과 위키피디아의 창립자인 지미 웨일스 역시 인터넷의 선함을 지키고자 실천하고 있다. 8장에서 그들을 만날 수 있다.

이 책은 인터넷의 짧은 역사를 다양한 각도에서 기동성 있게 살펴볼 수 있는 좋은 서적이지만 저자 자신의 메시지도 명확하다. 인터넷은 "다른 사람의 허락이나 개입 없이 혼자서 온라인에 정보를 발행할 수 있다는 이유로 민주화를 이끌" 것이라고 믿어졌지만, 다음 두 가지 면에서 위기를 겪고 있다는 것이다. 첫째는 인터넷 기업들의 독과점 성향이고, 둘째는 데이터 기반

타깃 광고의 확산에 따른 사생활 침해다. 이 두 가지 위기는 서로 연결되어 있다. 인터넷 기업들이 원심력보다는 구심력을 가지게 되는 이유, 즉 분할보다는 합병을 추구하는 이유는 바로 여러 기업의 모든 데이터가 합쳐질 경우 타깃 광고의 효율성 면에서 나타나는 시너지가 커지기 때문이다.

이에 대한 대안으로 개인정보보호법의 확산 적용이 거론되고, 오켈리는 정보 주체를 특정하지 않고 온라인 행동 기록에만 의존한 타기팅을 제안한다. 마침 개인정보보호법은 처음으로 '가명정보' 개념을 도입하여 과학 연구 등의 목적을 위해서는 정보 주체의 동의 없이 사용할 수 있다는 규범을 세웠고, 이는 우리나라의 개인정보보호법에도 도입되었다.

인터넷 기업들의 독과점은 주의해야 한다. 그러나 인터넷이 가진 특성을 제한하는 방식으로 독과점을 제한하려 하면 인터넷이 인류에 가져다준 선물을 차버리는 역효과를 낸다. 인터넷 기업들은 수많은 약자에게 발언대, 즉 플랫폼의 역할을 해왔다. 플랫폼 역할과 발언 기록의 보관은 불가분의 관계다. 이를 보지 못하고 발언 기록의 보관이 프라이버시에 해가 된다는 점에만 천착하여 이를 규제하면 결국 플랫폼의 역할이 훼손된다. 수많은 권위주의 국가에서 유럽발 '잊힐 권리'를 악용하여 비리의 역사를 숨기려 하고 있다.

또 플랫폼이 제대로 기능하려면 플랫폼 운영자가 불법성을 인지하지 못하는 게시물에 대해서는 책임을 묻지 않는다는 정보매개자 책임제한원칙이 유지되어야 한다. 하지만 이를 훼손하는 법률들이 만들어지고 있다. 우리나라의 경우 '기술적 조치' 의무조항들이 대표적이다. 불법 게시물에 대한 통보 시 즉각적인 '임시 조치'를 의무화하는 대부분의 법률 역시 실질적으로 합법적인 게시물들을 대량으로 삭제하거나 차단하고 있다. 특히 최근에는 인터넷 기업들이 망을 이용할 때 누리는 '독과점'을 규제하겠다며 어느 나라에도 존재하지 않는 '망 이용료'라는 개념을 창안하여 인터넷상의 정보 전달에 요금을 청구하려는 움직임이 꿈틀대고 있다.

모든 사람이 자기 집 앞의 눈을 쓸면 거리는 안전해진다. 이와 마찬가지로 인터넷은 정보 전달을 궁극적으로 크라우드소싱하여 모든 사람이 소액의 입장료만 내면 무료 통신의 세계를 누릴 수 있는 통신 체계다. 그런데 이런 인터넷의 정보 전달에 과금하기 시작하면 결국 돈을 더 내는 사람이 우선순위에 설 수밖에 없고, 결국 망 중립성은 위반된다.

인터넷의 장점을 죽이면서 독과점을 규제하면 결국 인터넷을 유지하는 의미가 소멸된다. 인터넷의 장점을 살리면서도 독과점을 제한하는 방법은 바로 독점규제법(우리나라에서는 공정거래법으로 더 잘 알려져 있다)을 원칙에 맞게 적용하는 것이다. 구글이 야후를, 그리고 페이스북이 마이스페이스를 따라잡는 데 2년밖에 걸리지 않은 것을 보면 알 수 있듯이, 인터넷에서는 기업의 진입장벽이 매우 낮다.

또한 인터넷 기업들이 기존 시장에서 경쟁자를 밀어내기보다는 새로운 시장을 만들어내는 방식으로 성장하기 때문에 독점규제법을 적용하기 까다로운 면이 있다. 마이크로소프트 반독점 재판은 인터넷의 특성을 다룬 것은 아니기 때문에 직접적 선례가 되지는 못한다. 하지만 바로 그 재판처럼 정통 독과점 규제를 적용해서 정보통신기업 강제분할을 논의할 정도로 밀도 있는 규범력을 창출할 수 있다는 교훈을 배워야 한다. 어렵더라도 정도를 걸어야지, 우리나라처럼 인터넷의 장점에 수술용 칼을 대는 갈라파고스 규제들은 피해야 한다.

최근 바이든 대통령이 인터넷 기업들에 대한 독점 규제를 주장한 리나 칸을 연방공정거래위원회 위원장으로 임명하면서 많은 이가 흥미롭게 지켜보고 있다. 필자가 예측하건대 인터넷 기업들이 인터넷의 특성을 이용하여 일으킨 혁신을 제압하는 규제 조치보다는 인터넷의 특성과 무관하게 이루어진 행위들을 제압하기 위해 전통적 규제 도구들을 창의적으로 이용하는 조치가 이루어질 가능성이 크다.

우리나라는 어떤가? 인터넷을 잡겠다며 선봉에 선 주무 부처들인 방송통신위원회, 과학기술정보통신부, 문화체육관광부 등은 독점에 대한 규제가 아니라 인터넷에 대한 규제를 펼쳐놓고 있다. 인터넷의 전 지구적 확산의 기본원리인 망 중립성을 위반하면서까지 우리나라에서만 인터넷 기업들로부터 '망 이용료'

를 받아내겠다는 시도가 대표적이다. 레바논, 우간다 등에서 시
도했다가 정권 교체로까지 이어진 소셜미디어세나 인터넷세를
연상시킨다.

박경신

고려대 법학전문대학원 교수

인터넷은 혁명을 불러올 것으로 기대'되었다.' 처음에 인터넷은 권위에 저항하고 권력을 파헤치는 반문화 세력(사이퍼펑크 cypherpunk, 해커 등)의 무대로 알려졌다. 1990년대 인터넷은 낡은 세계의 권력을 향해 온라인 세상에서 물러나라고 외치며 독립을 선언했다. 곧 새로운 질서가 자리 잡을 것처럼 보였다. 인터넷 세상에서는 기업마저 다를 것이라는 기대도 있었다. 전문가들은 기업이 인터넷 덕분에 많은 사용자에게 더 쉽게 접근할 수 있게 되면, 독특한 취향을 가진 소위 '롱테일' 고객을 대상으로 한 소규모 독립 제조업이 번성할 거라고 말했다. '악마가 되지 말자'고 외치며 세상을 바꾸겠다는 진지한 목표를 내건 인터넷 기업들이 하나둘 생기기 시작했다. 이들은 지분마저 너그럽게 나누었기 때문에 이들의 사무실을 꾸민 인테리어 업자마저 부자가 되었다.

오랫동안 우리는 인터넷이 정말로 세상을 바꾸고 있다고 믿었다. 2010년, 위키리크스^{WikiLeaks}는 독특한 온라인 플랫폼을 이용해 전례 없는 규모의 기밀문서를 공개하며 초강대국 미국에 맞섰다. 얼마 지나지 않아 부패한 독재 권력에 맞서는 시민 저항운동인 '아랍의 봄'이 일었고, 이 과정에서 소셜 미디어가 큰 역할을 했다는 소식이 들려왔다.

이 분위기를 타고 2012년 런던올림픽 개막식에서는 월드와이드웹^{World Wide Web}을 만들어 무료로 배포한 팀 버너스리^{Tim Berners-Lee}에게 헌정하는 17분짜리 흥겨운 공연이 열리기도 했다. 쇼의 주인공인 버너스리가 "모든 사람을 위한 것입니다^{This is for everyone}"라는 트윗을 올리자, 관중석에 불이 들어오며 스타디움에 같은 문구가 빛으로 새겨졌다. 인터넷의 탄생은 의심의 여지 없이 축하할 일이었다.

새로운 시대의 시작을 맞이하는 세계의 정신은 달라졌다. 사람들은 거대 인터넷 기업을 불신하기 시작했다. 인터넷이 거짓 정보를 퍼뜨리는 데 일조하고 감시를 일삼고 조세를 회피한다는 비판이 일었다. 인터넷 억만장자들의 사업 관행도 도마 위에 올랐다. 실리콘밸리의 주민들은 기술기업에 다니며 좋은 집에 사는 이웃에게 박탈감을 느꼈다.

그 짧은 시간 동안 인터넷과 인터넷을 움직이는 사람들이 완전히 바뀌기라도 한 걸까? 아니면 우리가 처음부터 사람을 잘

못 본 걸까? 어쩌면 그동안 우리가 그들이 실제로 무슨 일을 하는지 몰랐던 건 아닐까?

한 가지 분명한 사실은, 인터넷 기업들이 이제 세계적 기업이 되었음에도 그에 따르는 검증을 받을 준비는 되지 않았다는 것이다. 과거 인터넷 기업들은 '혁신가'로 추앙받으며 기존 시스템을 뒤흔드는 좋은 기업으로 분류되었지만, 이제는 이들 자체가 시스템이 되었다.

가장 쉽게 떠올릴 수 있고 가장 많은 사람이 생각하는 원인은 이들이 초심을 잃은 나머지 엄청난 가능성을 가진 인터넷을 오용했다는 것이다. 이 말은 초심만 되살리면 모든 게 해결된다는 말이기도 하다. 이런 주장에는 인터넷의 본질은 여전히 선하고 민주적이라는 사고방식이 깔려 있다.

이런 식의 해석에는 악당이 필요하다. 물론 악당 역을 맡을 후보는 차고 넘친다. 거대 기술기업의 경영자, 러시아 정보기관, 중동의 독재자와 권력자, 만리장성 뒤에 숨은 중국 중에서 아무나 골라잡으면 된다. 그리고 그 악당이 이상향으로 가는 길을 가로막고 있고, 그들만 변하면 다시 인터넷에 선의와 혁신 동력이 되살아날 거라고 주장하면 그만이다.

솔깃한 이야기가 아닐 수 없다. 자칭 전문가들은 대개 이런 유의 이야기를 들려준다. 하지만 이 책에서 하려는 이야기는 다르다.

우리가 '인터넷'에 대해 말할 때 긍정적으로든 부정적으로든 항상 입에 올리는 기업이 있다. 아마존^{Amazon}, 애플^{Apple}, 페이스북^{Facebook}, 구글^{Google}(공식 명칭은 알파벳^{Alphabet})이다. 이들이 인터넷의 전부는 아니다. 이들은 인터넷의 산물이자, 인터넷이라는 구조가 만들어놓은 철로를 따라 움직이는 기차에 불과하다.

사람들은 마치 인터넷에 실체가 없다는 듯이 말한다. 예를 들어 인터넷이 마치 인간이 제어할 수 없는 자연스럽고 자유로운 구름이라도 되는 듯이 '클라우드^{cloud}'라고 부른다. 하지만 사실 인터넷은 케이블과 컴퓨터로 이루어진 물리적인 네트워크다. 세계를 둘러싸고 있는 이 커다란 그물망은 데이터센터와 데이터센터 사이, 그리고 데이터센터와 우리 사이를 연결하며, 우리 삶의 은밀하고 세밀한 데이터를 저장하고 퍼뜨린다.

인터넷을 이루는 모든 케이블에는 소유주가 있고, 모든 데이터센터에도 소유주가 있다. 심지어 데이터에도 모두 소유주가 있는데, 어떤 사람과 관련된 데이터가 그 사람 소유인 경우는 거의 없다. 나아가 각 소유주 뒤에는 그들에게 자금을 지원해주는 투자자와 각국의 인터넷을 관할하는 정부 규제기관이 있다. 온라인 세계가 우리가 매일 살아가는 현실 세계와 동떨어져 있다는 생각은 착각이다. 이 착각 탓에 우리는 누가 진짜 권력을 쥐고 있는지 제대로 파악하지 못한다.

온라인 권력은 곧 오프라인 권력이다. 인터넷은 원래부터 권력과 지배력과 돈을 가지고 있던 사람들에게 더 많은 권력과 지배력과 돈을 안겼다. 가장 윗자리를 차지한 사람 한두 명은 바꿰었을지 몰라도, 시스템 자체가 더 좋아지지는 않았다.

시스템은 저절로 생겨나지 않는다. 인터넷과 인터넷이 작동하는 방식은 모두 인간의 결정에 따라, 즉 한 무리의 남성(거의 항상 남성이다)이 작은 방에 모여 각자의 신념과 동기와 견해를 반영해 내린 결정에 따라 만들어졌다. 이 책은 여러분을 그 작은 방으로 초대해 그 결정을 내린 사람들을 소개한 뒤 그들이 왜 그런 결정을 내렸고 그 결정이 그들과 우리에게 어떤 영향을 미쳤는지 파헤치고자 한다. 이 책에 등장하는 사람들이 다 잘 알려진 인물은 아니지만, 이들은 모두 인터넷을 오늘날의 모습으로 만드는 데 크게 기여했고, 나아가 인터넷이 세상을 지금과 같은 모습으로 만드는 데 큰 영향을 미쳤다.

매일 30억 명 이상이 어떤 형태로든 인터넷을 사용하지만, 인터넷이 무엇인지 파악하고 이해하는 건 어려운 일이다. 일단 '인터넷'은 너무 방대하다. 브라우저를 통해 보는 월드와이드웹만 다루면 될까? 쇼핑할 때마다 접속하는 기업 간 온라인 뱅킹 네트워크도 인터넷에 포함해야 하는 것은 아닐까? 데이터의 흐름을 관리하는 복잡한 규칙과 프로토콜도 살펴봐야 하지 않을까? 눈에 안 띄는 곳에서 우리의 데이터를 수집해 하루에 수천 번씩 경매에 부치는 인터넷 광고 산업도 다루어야 하지 않을까?

평소에 이런 주제를 파고드는 사람은 거의 없을 것이다. 너무 기술적인 문제라서 굳이 이해할 필요가 없어 보이기까지 한다. 하지만 진짜 인터넷은 이런 모든 요소의 합이다. 대형 기술

기업 네 곳은 인터넷이 만들어낸 결과물일 뿐이다.

겉으로 보이는 모습이 아니라, 인터넷의 진짜 구조를 들여다보자. 누가 만들었는지, 누가 관리하는지, 어떻게 작동하는지, 누가 자금을 대는지. 그러면 현대 세계의 거대한 일부를 움직이는 권력이 드러난다. 마크 저커버그Mark Zuckerberg, 래리 페이지Larry Page, 제프 베이조스Jeff Bezos 같은 유명 닷컴기업 CEO가 새로운 세상을 지배한다고 생각할 수도 있지만, 이들은 빙산의 일각이다. 이제 수면 아래 감춰진 부분을 들여다볼 시간이다.

나는 인터넷이 나를 만들었다고 생각한다. 나는 아주 어릴 때부터 '삑삑' 소리 나는 모뎀을 연결해 전자게시판(BBS)을 보곤 했다. 오늘날로 치면 '웹 서핑'을 하며 시간을 보낸 셈이다.

이런 어린 시절의 관심은 어른이 되면서 점점 인터넷에서 벌어지는 사건을 기록하는 쪽으로 옮겨갔다. 나는 기술 전문 기자가 되었고 위키리크스 운영진으로 일했으며 에드워드 스노든 Edward Snowden 사건을 보도하기도 했다. 스노든은 내가 집처럼 편안하게 여기던 인터넷을 미국의 정보기관인 국가안보국National Security Agency, NSA이 감시하고 있었음을 알려주었다.

10년 넘게 인터넷을 취재하면서 나는 이상주의자 해커들이 불법 점유한 런던 남부의 건물부터 해킹을 막기 위해 설치된 보안운영센터Secure Operations Center, SOC까지 세계 곳곳을 돌아다녔다. 이 책에서 나는 여러분과 함께 닫힌 문을 열고 들어가 인터넷을 지금의 모습으로 만들고 결정을 내린 사람들을 만나 그들의 이야기를 들어보려 한다. 나는 그들을 찾기 위해 어수선한 연구실부터 법인 소유의 최고급 주택과 어떠한 신호도 들어가거나 나갈 수 없는 전자기 차폐형 보안실까지 온갖 장소를 방문했다. 부디 그 결과인 이 책이 인터넷의 권력과 돈줄을 쥐고 있는 숨은 세력을 우리 눈앞에 드러내는 기회가 되길 바란다.

그전에 알리고 싶은 사실이 한 가지 있다. 인터넷에 관한 이야기가 서양과 남성에 심각하게 치우쳐 있다는 것이다. 이 사실을 언급하지 않고 이야기를 시작하는 것은 부당한 일일 것이다. 어쩌면 이처럼 다양성이 부족한 탓에 미처 발견하지 못한 실수가 있을 수도 있다.

이 책은 세 부분으로 이루어져 있다. 시스템을 이해하려면 먼저 그 구성 요소와 그들 사이의 역학 관계를 이해해야 한다. 그래서 1부에서는 인터넷의 역사와 구조, 그리고 권력 역학을 다뤘다. 전문용어를 최소화해 설명할 것이므로 용어를 몰라도 책을 이해하는 데는 아무 문제 없지만, 용어에 대한 추가 설명이 필요하다면 책 뒤에 실린 '용어 설명'을 참고할 수 있을 것이다.

1장은 인터넷을 최초로 설계한 사람들에 관한 내용을 담았다. 인터넷은 이제 막 50년을 넘긴 기술로, 그 기술을 개발한 사람들이 아직 살아 있다. 첫 30년 동안 인터넷은 소수만 사용하는 네트워크로, 너드[nerd]들의 손에 맡겨져 있었다. 문제는 우리가 오늘날 사용하는 인터넷의 핵심 구조가 이 시기에 별다른 검증

없이 내린 결정과 그 결과로 만들어진 프로토콜에 의해 거의 다 정해졌다는 것이다. 이 장에서 알 수 있는 또 한 가지 사실은 정부의 간섭을 받지 않는 자유로운 인터넷이라는 개념은 존재하지 않는 환상이라는 것이다. 자유로워 보이는 겉모습과 달리 인터넷은 언제나 정부 또는 공공기관과 밀접한 관계를 맺어왔다.

다음 장은 물리적 인터넷 망을 소유하고 관리하는 인터넷 망 사업자Internet Service Provider, ISP에 관한 장이다. 우리가 보기에 망 사업자는 매달 요금 고지서를 보내고 부가 서비스를 권유하는 성가신 존재일 뿐이지만, 사실 이들은 안 보이는 곳에서 훨씬 큰 영향력을 행사한다. 또, 이들은 우리가 매일 소식을 접하는 유명 온라인 기업들과 자주 이권 다툼을 벌인다.

1부의 마지막 장은 인터넷을 실제로 움직이는 중요한 기술을 관리하는 사람들에 관한 이야기다. 인터넷에는 우리가 인터넷 창에 입력한 주소가 인터넷에 연결된 수많은 컴퓨터 가운데 어떤 컴퓨터를 뜻하는지 알려주는 일종의 주소록이 있다. 이 주소록은 어떻게 운영되고 누가 관리하는 걸까? 또 인터넷에는 우리가 보낸 요청이 목적지까지 제대로 도착할 수 있게 해주는 일종의 길 안내 시스템도 있다. 인터넷의 GPS라 할 수 있는 이 시스템은 누가 관리할까? 이런 질문에 대한 답은 매우 놀랍고 흥미롭다. 하지만 인터넷이 국제 기반시설이라는 사실을 생각하면 매우 우려스럽기도 하다.

그러나 물리적 기반시설은 이야기의 절반일 뿐이다. 2부 첫

장에서는 망 사업자, 기업, 정부 외에 온라인 세계의 권력을 쥔 또 하나의 세력인 투자자들에 대해 다룬다. 모든 유명 기술기업의 뒤에는 이들을 움직이는 벤처 캐피털이 있다. 이들은 수백만 달러를 신생 기업에 투자해 엄청나게 빠른 속도로 키운 뒤 수억에서 수십억 달러에 되팔아 수익을 올린다. 우리는 기술기업의 최고경영자들이 큰 결정권을 가지고 있다고 생각하지만, 그 결정 뒤에는 언제나 수백만 달러를 투자해 수십 배로 불리려고 혈안이 된 이들 투자자가 있다.

기술기업의 최고경영자들은 투자자가 원하는 성과를 내기 위해 주로 광고에 의존한다. 온라인 광고업자들은 매일 인터넷에서 우리를 추적하고 분석한다. 이 장에서는 프로그래머틱 광고programmatic advertising(소비자의 인터넷 이용 내역을 추적하고 상세히 분석한 내용을 바탕으로 맞춤형 광고를 띄우는 최신 광고 기법으로, 요즘은 거의 모든 사이트에서 프로그래머틱 광고를 한다)를 처음 발명한 사람을 만나, 광고업계가 어떻게 우리의 개인 데이터를 인터넷 전체로 퍼뜨리는지 들어본다. 심지어 발명자조차 재앙이라고 부를 정도로, 인터넷 광고업계의 실태는 상상을 초월한다.

3부는 인터넷에서 벌어지는 전쟁을 다룬다. 인터넷에서는 끊임없이 전투가 벌어진다. 인터넷은 문화적 영향력을 겨루는 최전선이자, 초강대국들이 사이버 공격과 정보전을 펼치는 장이다. 글로벌 기술기업, 국가, 정부 기관이 힘을 겨루는 한편, 산업화된 인터넷에 맞서는 저항운동도 벌어진다.

국가 정보기관들은 대양을 가로지르는 광케이블을 통과하는 광신호를 2개로 분할해 하나를 가로챈 뒤 그 신호를 분석한다. 전 세계의 사이버 전사들은 온라인에서 시민을 보호할 의무와 적을 감시할 의무를 동시에 지고 있다. 상반된 두 역할을 맡은 데서 오는 정부 기관 내부의 갈등은 인터넷의 보안을 위협한다. 3부 첫 장에서는 스노든이 폭로한 내용을 살펴보고 사이버 전쟁의 최전선을 방문해 보이지 않는 곳에서 벌어지는 충돌을 우리 눈앞에 드러낸다.

그리고 마지막으로 이 아수라장을 수습할 책임을 맡고 있는 정책기관 및 규제기관을 살펴본 뒤, 인터넷 권력의 힘을 제한하려 노력 중인 저항운동가들을 만나본다. 수백만 달러를 들여 지은 대형 기술기업의 화려한 빌딩과 얼마 안 되는 직원이 일하는 창고 같은 임대 건물의 대비는 시민 활동가들이 얼마나 불공정한 싸움을 하고 있는지 말해준다. 그런데도 이들은 여러 번 승리를 쟁취했다.

이 책은 인터넷 뒤에 숨겨진 시스템에 관한 이야기이기 이전에, 무엇보다 그 시스템을 만든 사람들과 그 시스템의 영향을 받는 사람들이 들려주는 '인간'의 이야기다.

잠시 생각해보자. 인터넷이 추상적인 개념이 아니라 기반시설, 케이블, 규약, 규제기관이 모여 만들어진 실체라면, 인터넷은 그저 하나의 도구에 불과한 게 아닐까? 만일 인터넷이 도구라면, 인터넷을 좋은 곳에 쓸지 나쁜 곳에 쓸지는 누가 그 도구를 휘두르느냐에 달려 있을 것이다. 같은 망치라도 누가 쓰느냐에 따라 집을 짓는 데 쓰일 수도 있고, 도둑질에 쓰일 수도 있는 것과 같다. 망치를 칭찬하거나 비난하지 않는 것처럼, 인터넷 또한 그 본질은 중립적인 존재로 취급할 필요가 있다.

우리는 아무리 단순한 도구라도, 인터넷보다 훨씬 단순한 도구일지라도 세상을 바꾸고, 그 결과가 수십, 수백 년에 걸쳐 영향을 미칠 수 있다는 사실을 기억해야 한다.

단순한 도구가 어떻게 세상을 바꿀 수 있는지 알고 싶다면, 철도와 그 위를 오가는 기차만 살펴봐도 충분하다. 19세기에 철도는 통신 기술이었다. 철도는 전보다 훨씬 신속하고 정확하게 지구의 한 지점과 다른 지점을 이었다. 철도는 효율성을 크게 높였고, 그래서 많은 산업이 철도에 의존하게 되었다. 선로를 놓는 데는 장비와 노동력이 많이 들었기 때문에 모두가 철도를 놓을 수는 없었고, 따라서 곧 소수의 대기업과 투자자가 철도산업을 장악하기 시작했다.

비슷한 일이 오늘날 인터넷에서도 벌어지고 있다. 과거 기업가들이 철도를 장악해 회사마다 다른 운송료를 물리는 등 특정 회사에 특혜를 주는 방식으로 독점 기반을 다졌듯이, 인터넷도 독점을 위한 수단으로 악용될 수 있다.

우리가 관심을 가지지 않는다면, 인터넷은 독점을 양산하고 가진 자들에게 권력과 인기를 비롯해 많은 것을 집중시키는 기

계가 될 것이다.[1]

철도도 마찬가지였다. 그런데도 대다수 산업이 독점 상태였던 도금 시대가 오늘날까지 지속되지 않고 막을 내린 까닭은 철도를 만들고 소유한 사람들이 특별히 온정이 넘치거나 현명해서가 아니라, 사람들이 독점 권력을 저지하기 위해 수십 년 동안 정치·사회적으로 투쟁하고 적극적으로 법과 규제를 만들었기 때문이다.

그 과정은 쉽지 않았다. 법에 분야 하나를 새로 만들어야 했고, 과감한 정치적 결단이 필요했으며, 몇 번이나 극적인 장면이 연출되었다. 엄청난 용기가 필요한 일이었지만, 기술이 세상을 바꾸고 나면 당연히 따라야 할 일이기도 했다.

산업혁명 직후 소수의 부유하고 연줄이 있는 사람들은 기업가를 꿈꾸었거나 의도는 좋았지만 순진했던 다른 사람이 발명한 기술을 가로챈 뒤, 그 기술을 활용해 산업 시대가 만들어낸 막대한 부를 자기 주머니에 챙겼다.

그 결과 도래한 '도금 시대'는 참혹했다. 수많은 사람이 가난에 허덕이는 와중에 부자들만 점점 더 부유해졌다. 분노가 쌓였고, 이 분노를 토대로 포퓰리즘populism이 자라났다. 이렇게 생긴 정치적 압력과 기술 변화의 압력은 각기 다른 방식으로 두

---

1   팀 우Tim Wu의 《빅니스The curse of bigness》를 읽고 착안한 내용이다. 《빅니스》에 대해서는 결론에서 더 길게 다룰 것이다.

차례의 세계대전을 부추겼다.

당시와 지금의 상황은 부정하기 힘들 정도로 닮았다. 우리는 다시 한번 정부의 묵인 아래 기술혁명이 신흥 엘리트와 그들에게 자금을 지원하는 기존 자본가의 배를 불리는 모습을 목격하고 있다. 이들은 이 모든 것이 우리가 이해하기에는 너무 따분하고 어렵다고 둘러대면서, 코드니 알고리즘이니 기계학습이니 인공지능이니 하는 말로 우리의 말문을 막는다.

이 기술혁명의 중간 결과 또한 이전과 닮은꼴이다. 선진국에서 전체 국부 중 최상류층이 소유한 부의 비중은 지난 몇십 년 동안 계속 증가해왔다.[2, 3] 세계적으로 포퓰리즘이 득세하기 시작했고, 극우와 반체제 정당이 활발히 활동하며 인기를 끌고 있다.

인터넷을 바로잡고 통제하는 일은, 어떤 면에서는 세상을 바로잡고 통제하는 일이기도 하다.

우리는 산업 기술을 통제함으로써, 적어도 어느 정도는 모든 인류에게 도움이 되는 방향으로 기술을 사용할 수 있었다(사람들은 더 부유해졌고 먹을거리는 더 풍부해졌으며 집안일은 더 수월

---

2   https://www.washingtonpost.com/news/wonk/wp/2017/12/06/ the-richest-1-percent-now-owns-more-of-the-countrys-wealth-than-at-any-time-in-the-past-50-years/?noredirect=on&utm_term=.e7adba67bfe6(2021년 현재 접속 불가)

3   https://www.bbc.co.uk/news/business-42745853

해졌고 여행은 더 편안해졌다). 이제 우리는 인터넷을 우리 모두에게 도움이 되는 방향으로 움직일 방법을 찾아야만 한다.

그 첫 단계는 인터넷이라는 시스템의 본모습을 똑바로 보는 것이다. 인터넷이 어떻게 생겨났고 어떻게 작동하는지 보여주는 이 책은 바로 그 단계를 위한 책이다.

Part 1

기술

1

설계자

1969년 10월 29일 저녁, 로스앤젤레스 캘리포니아주립대학교
(UCLA)에 모인 한 무리의 남자들이 세계를 바꿀 신기술을 시험
하고 있었다. 이들은 나중에 인터넷internet으로 불리게 될 네트워
크를 처음으로 연결하고, 그 네트워크를 통해 메시지를 전송할
수 있는지 확인하고 있었다.

당시 인터넷이 지금 우리가 아는 세계적 네트워크가 될 거
라고 생각한 사람은 아무도 없었다. 연구자들은 그저 미국 국방
부의 지시를 받아 대학들이 컴퓨터를 서로 나눠 쓸 수 있도록
주요 대학 네 곳의 컴퓨터를 연결하는 프로젝트를 하고 있을 뿐
이었다. 당시 컴퓨터는 크기가 방 하나만 한 데다 어마어마하게

비쌌다. 이 프로젝트의 목표는 대학들이 다른 대학의 컴퓨터를 원격으로 쓸 수 있게 하는 것이었다. 자기 대학의 컴퓨터를 쓸 수 없을 때 다른 대학의 컴퓨터를 사용하거나, 자기 대학의 컴퓨터에 없는 기능을 쓰기 위해서였다.

학자, 대학원생, 협력 기업으로 이루어진 연구팀은 프로젝트를 시작한 지 3년 만에 UCLA와 스탠퍼드연구소Stanford Research Institute, SRI의 컴퓨터를 연결하는 데 성공했다. 거창한 발대식은 없었다. 그저 각 대학의 연구자들이 컴퓨터 앞에 모여 두 컴퓨터가 정말 소통할 수 있는지 살펴봤을 뿐이었다.

두 컴퓨터 사이의 전송 속도는 50kbps였다(오늘날 미국의 평범한 광대역 인터넷 전송 속도는 이보다 약 374배 빠르다).[1] 연구진은 먼저 원격으로 다른 컴퓨터에 로그인할 수 있는지부터 확인했다. 당시 UCLA 측 프로젝트 책임자였던 레너드 클라인록Leonard Kleinroc 교수[2]는 양측 연구진이 'login'이라는 간단한 명령어를 보내고 받기 위해 고군분투하던 순간을 다음과 같이 회상했다.

"우리 쪽에서는 찰리 클라인Charley Kline이, 스탠퍼드연구소에서는 빌 듀발Bill Duvall이 컴퓨터 앞에 앉았습니다. 둘이 전화 통화

---

1   미국의 광대역 인터넷 속도에 관한 정보의 출처는 다음과 같다. http://fortune.com/2017/06/02/internet-speed-akamai-survey/

2   최초의 인터넷 메시지에 얽힌 일화는 다음의 글을 참고한 것이다(재미있고 읽기 쉽다). https://archive.icann.org/meetings/losangeles2014/en/schedule/mon-crocker-kleinrock/transcript-crocker-kleinrock-13oct14-en.pdf

를 하면서 전송이 제대로 되었는지 확인했어요. 전화를 대체할 기술을 만들어놓고 그 기술을 전화로 검증했으니 참 아이러니한 일이죠."

"먼저, 찰리가 L을 입력하고 전화로 물었습니다. 'L 받았어요?'"

"L을 받았다고 하더군요. 그래서 O를 입력했습니다. 'O 받았어요?' 하고 물으니, 'O 받았습니다' 해서, 다음으로 G를 입력했죠. 그랬더니 어떻게 되었는지 아세요? 스탠퍼드연구소 컴퓨터가 다운되었습니다." 인터넷을 통해 전송된 최초의 메시지는 상대편 컴퓨터를 다운시켰다. 불길한 시작이라고 볼 수도 있겠지만, 클라인록은 인터넷의 미래를 예견한 즐거운 사건으로 해석했다.

"인터넷을 통해 최초로 전송된 메시지는 'lo and behold(짜잔)'의 'LO'였던 셈입니다."

메시지를 받은 컴퓨터가 다운되기는 했지만, 일부 데이터는 주고받았으니 크게 보면 성공이었다. 컴퓨터가 다운된 원인은 사용자의 편의를 위해 자동으로 login의 남은 글자인 'g-i-n'을 전송하도록 프로그램이 짜여 있었기 때문이다. 네트워크는 이 메시지를 제대로 전송했지만, 그저 컴퓨터가 예상보다 많은 데이터를 받고 다운되었을 뿐이었다.

화려한 시작은 아니었지만, 네트워크는 제대로 작동했다. 연구자들은 한 시간 동안 재빨리 코드를 고친 뒤 다시 시도했고,

이번에는 'login'이라는 메시지를 모두 보내는 데 성공했다.

인터넷은 이렇게 서툰 첫발을 내디뎠다.

그날 UCLA에는 스티브 크로커 Steve Crocker도 있었다. 당시 대학원생이었던 그는 이제 흰 머리를 짧게 자른 정정한 70대 남성이 되었다. 나는 워싱턴DC와 가까운 메릴랜드 남부의 소도시 베데즈다에서 그를 만났다. 크로커는 프랑스 식당 라마들렌을 약속 장소로 정했는데, 그가 경영하는 온라인 연구개발 기업 신쿠로 Shinkuro에서 그리 멀지 않은 곳이었다.

우리는 커피를 사이에 두고 그의 삶과 경력에 관한 이야기를 나눴다. 크로커는 소프트웨어 엔지니어답게 사소한 것 하나도 놓치지 않는 깐깐한 사람이라 부정확하거나 명확하지 않은 것은 견디지 못했지만 친절하고 너그러웠다. 그는 자신의 이야기를 들려줄 기회를 즐기는 것 같았다. 이야깃거리가 넘치는 사람이었다.

크로커는 인터넷의 전신인 아르파넷 ARPANET을 만든 연구팀의 일원으로서 여러 규정을 정하는 일에 참여했고, 인터넷을 움직이는 주요 프로토콜(통신 규약) 중 일부를 직접 만들었으며, 그 프로토콜을 관리하는 체제도 고안했다. 그가 만든 프로토콜과 프로토콜 관리 체제는 지금도 쓰이고 있다.

크로커는 '인터넷 명예의 전당'[3]에 '개척자 pioneer'로 이름을 올린 몇 안 되는 사람 중 한 명이다('인터넷 명예의 전당'에는 현재 구글의 '수석 인터넷 전도사'인 빈트 서프Vint Cerf도 있다).[4] 크로커는 도메인 이름 시스템을 관리하는 기관인 국제인터넷주소관리기구Internet Corporation for Assigned Names and Numbers, ICANN 회장을 역임했고, 여러 기간망의 보안 체제를 만드는 데도 중요한 역할을 했다.

생각과 달리, 초기 인터넷은 자유나 혁신과는 거리가 멀었다고 그는 말한다.

크로커는 인터넷이 만들어진 배경에 관해 크게 두 가지 이야기를 들려주었다. 하나는 당시 대학에 컴퓨터가 부족해서 다른 대학 컴퓨터라도 써서 연구할 필요가 있었다는 것이었다. 그리고 또 다른 하나는 미국 국방부가 통신망이 망가졌을 때 핵억지력을 유지할 방안을 찾는 과정에서 예상치 못한 부산물로 인터넷이 생겨났다는 이야기였다.

둘 중 어느 이야기에도 자신이 만드는 네트워크가 세계를 바꿔놓을 거라고 믿은 선견지명 있는 인물은 등장하지 않는다. 인터넷은 학자들이 따분해 보이는 문제를 푸는 과정에서 예상치 못하게 탄생한 부산물이었다. 당시 연구자들은 그저 대학들이 비싼 컴퓨터를 최대한 효율적으로 사용하게 하려 했을 뿐이었다.

---

3   https://www.internethalloffame.org//inductees/steve-crocker
4   https://ai.google/research/people/author32412

1960년대 중후반에 컴퓨터는 개인은 살 엄두도 내지 못할 만큼 거대하고 비싼 기계였다. 트랜지스터 컴퓨터가 막 집적회로 컴퓨터로 바뀌고 있었다. 오늘날에는 토스터에도 집적회로가 들어 있지만, 당시 집적회로는 최신 기술이었고 매우 비쌌다. 큰 돈을 들여 집적회로 컴퓨터를 장만한 대학들은 컴퓨터를 한 시도 놀리지 않고 사용할 방안을 찾고자 했다.

처음 생각해낸 방법은 과제(고등 물리학이나 수학 문제 등)를 대기열에 올려 두었다가 차례대로 처리한 뒤 결과를 알려주는 것이었다. 이 방식을 '일괄처리batch processing'라고 부른다. 연구자들은 컴퓨터로 할 일이 있으면, 대기열에 코드나 명령어를 올려 두었다가 몇 시간 또는 며칠을 기다린 뒤 결과를 받아갔다.

요즘으로 치자면, 구글에 검색어를 입력한 뒤 열두 시간 후에 검색 결과를 확인하고, 검색 결과로 나온 사이트 중 하나를 클릭한 다음 다시 열두 시간을 기다려야 사이트를 볼 수 있는 것이나 다름없었다. 당시에는 주로 수식 계산이나 시뮬레이션에 컴퓨터를 사용했는데, 명령한 내용에 실수가 있어서 결과가 이상하게 나와도 다음 차례까지 기다렸다가 실수를 고칠 수밖에 없었다.

일괄처리는 사용자에게 답답하고 짜증 나는 방식이었지만, 당시에는 대학원생의 시간보다 컴퓨터의 시간이 훨씬 귀했다. 오늘날처럼 키보드 앞에 앉아 실시간 명령을 내리는 방식으로 컴퓨터를 사용하면, 사용자가 딴생각을 하거나 한눈을 파는 동안 컴퓨터를 놀릴 수밖에 없다. 당시 컴퓨터는 너무 비싸고 귀한 기계여서 그런 식으로 사용할 수 없었다.

그래서 연구자들은 며칠씩 기다렸다가 결과를 확인하는 대신, 오늘날처럼 실시간으로 결과를 볼 수 있으면서, 즉 '상호작용'을 할 수 있으면서 컴퓨터도 최대한 활용할 수 있는 방법을 찾기 시작했다. 당시 컴퓨터는 마치 별장 같은 존재였다. 크고 비싸고 무엇보다 한 사람이 독차지할 필요가 없었다. 그렇다면 여럿이서 동시에 쓰면 되지 않을까?

한 컴퓨터에 키보드를 여러 대 연결해 여러 사람이 쓸 수 있게 만든 다음, 컴퓨터가 받은 명령을 차례대로 처리하게 하면 기다리는 시간을 줄일 수 있을 뿐 아니라, 사용자 한 명이 끊임 없이 일하지 않아도 컴퓨터를 효율적으로 쓸 수 있을 것이었다.

이 아이디어는 컴퓨터 역사에 한 획을 그은 유명한(적어도 너드 사이에서는 무척 유명하다) 데모 시연에서 처음으로 소개되었다. 나와 크로커가 만난 날로부터 약 50년 전인 1968년 12월 9일, 샌프란시스코에서 '모든 데모의 어머니'라고 불리는 시연이 있었다. 완성 전의 제품을 시연하는 것은 당시는 파격적인 행동이었다. 이 데모는 훗날 등장한 모든 시제품 발표회의 시작이었다.

크로커는 그 일을 떠올리며 "스탠퍼드연구소의 더그 엥겔바트Doug Engelbart 연구팀이 큰 학회에서 마우스, 하이퍼텍스트, 그래픽을 시연"했다고 말했다.

지금은 일상적인 기술이지만, 당시는 천공카드(컴퓨터에 데이터나 코드를 입력하기 위해 쓰던 구멍이 뚫린 카드. OMR 카드와 비슷한 입력 장치로, 마킹 대신 구멍을 뚫어 사용했다—옮긴이)를 쓰던 시절이었다. 그래픽 화면 위에서 마우스 커서를 실시간으로 움직이는 모습은 그야말로 혁명이었다.

엥겔바트는 거기서 그치지 않고 컴퓨터 한 대에 단말기 열두 대를 연결해 여러 사람이 한번에 쓸 수 있게 한 다음, 돌아가면서 시간을 배분하면 컴퓨터를 거의 실시간으로 사용할 수 있다는 아이디어를 내놓았다(이를 '시분할 $^{\text{time sharing}}$' 기술이라 부른다.)[5] 여러 명이 한 컴퓨터를 동시에 쓰게 하자는 이 아이디어는, 곧 더 수월하게 컴퓨터를 나눠 쓰기 위해 여러 대의 컴퓨터를 네트워크로 연결하자는 생각으로 이어졌다.

엥겔바트가 데모에서 선보인 기술 중 대다수는 수십 년 뒤에야 제대로 구현할 수 있는 것들이었지만, 능숙한 시연은 이목을 끌기에 충분했다. 특히 시분할 기술이 큰 주목을 받았는데, 이는 곧 네트워크를 구축하자는 생각으로 발전했다. 한 컴퓨터를 동시에 여러 사람이 나누어 쓸 수 있다면, 여러 대의 컴퓨터를 네트워크로 연결해 여러 명이 나눠 쓸 수도 있을 테고, 그러는 편이 분명 더 효과적일 것이기 때문이었다.

---

5   《와이어드 Wired》는 다음의 멋진 기사에서 '모든 데모의 어머니'에 관한 이 사연을 자세히 다루었다. https://www.wired.com/2010/12/1209computer-mouse-mother-of-all-demos/

크로커는 당시 상황을 이렇게 설명했다. "고등 과학 연구를 하는 국가 연구소가 여러 곳 있잖아요. 시분할 기술을 본 국가 연구소 관리자들은 이렇게 생각했습니다. '연구소에 있는 컴퓨터들을 다 연결해서 네트워크로 만들면 엄청난 도움이 되겠군. 연구 공동체를 만드는 데도 큰 도움이 될 거야.' 그래서 아르파넷을 만들기 시작한 겁니다."

이렇게 만들어진 아르파넷은 나중에 인터넷으로 발전했다. 이처럼 인터넷은 비교적 소박한 목표를 품고 출발했다. 그런데도 인터넷이 컴퓨터를 연결하는 방식은 전에 없이 새로운 것이었다.

인터넷 이전에 만들어진 네트워크는 모두 제한적 네트워크였다. 비행기 예약 시스템이나 군사 지휘 시스템 등 여러 대의 컴퓨터를 연결해 만든 네트워크는 이전에도 있었다. 하지만 이들 네트워크는 각자 구성, 작동 방식, 프로토콜이 달라서 서로 소통할 수 없었다. 말하자면 네트워크마다 쓰는 언어가 다른 셈이었다. 또 네트워크마다 할 수 있는 일도 달랐다. 각 네트워크는 미리 정해진 업무만 수행할 수 있었다.

이런 네트워크는 연구에 적합하지 않았다. 창의적 연구를 하려면 정해진 일이 아니라 불특정한 일을 할 수 있는 네트워크가 필요했다. 전보다 훨씬 다양한 데이터를 전송하고 다양한 일을 할 수 있는 네트워크를 만들어야 했다.

이것은 새로운 과제였다. 데이터를 효율적으로 전송하는 방법, 실시간 상호작용을 가능하게 하는 방법, 회선이 끊겼을 때도 안정적으로 데이터를 전송하는 방법 등을 모두 새로 고안해야 했다. 이외에도 어려운 기술적 문제가 산재해 있었다. 보통 사람들은 이런 문제를 골치 아파하지만, 연구자들은 흥미를 느꼈다. 그리고 미국 국방부에 신설된 고등연구계획국Advanced Research Projects Agency, ARPA은 이를 기회로 보았다.

ARPA의 자금 지원은 인터넷에 여러 영향을 미쳤다. 이 사실은 당시에는 명확했지만 요즘은 간과되곤 한다. 하지만 그렇다고 인터넷에 남은 ARPA의 흔적이 사라진 것은 아니다. 인터넷은 군사 기밀 프로젝트는 아니었지만, 그렇다고 순수한 대학의 발명품도 아니었다. 인터넷의 발명에는 미국 정부와 군대, 그리고 냉전 시대의 상황이 복잡하게 얽혀 있었다.

그런데도 크로커는 당시 분위기가 꽤 느긋했다고 말했다. 연구를 이끈 네 대학의 컴퓨터를 연결해 네트워크를 만드는 것은 흥미로운 과제이기는 했지만, 세계를 놀라게 할 만한 연구 주제는 아니었다. 프로젝트에 참여한 교수들은 ARPA의 취지에 대체로 동의했고 네트워크가 완성되면 자기 연구에 도움이 될 거라고 기대하기는 했지만, 세세한 일들은 대학원생들에게 맡겼다.

그리고 그 대학원생들은 훗날 인터넷의 아버지로 불리게 된다.

크로커는 이렇게 말했다. "기기를 실제로 연결해서 작동하는 세부적인 일은 대학원생들이 담당했습니다. 프로젝트 책임자인 교수들은 연구의 큰 줄기만 정해줬습니다. 자기 연구를 하느라 바쁜 사람들이었거든요. 경력도 쌓아야 하고 다른 쪽에서 지원받은 연구도 해야 했으니까요. … 그런데 갑자기 일이 더 생기는 겁니다. 예를 들어 연구실로 라우터가 배달되면 컴퓨터에 연결해야 하잖아요. 그럼 그건 대학원생들이 맡아서 하는 거죠. 대충 그런 분위기였습니다."

처음에 대학들은 파일 전송과 원격 제어라는 두 가지 기능을 수행할 네트워크를 만들기로 했다. 컴퓨터끼리 파일을 주고받고 다른 대학 컴퓨터에 원격으로 로그인해 명령을 내릴 수 있게 만드는 것까지가 목표였다.

파일 전송과 원격 제어는 매우 다른 작업이어서 관행대로라면 각 기능에 특화된 네트워크 2개를 만들어야 했다. 두 작업을 모두 할 수 있는 네트워크를 만들려면 고려해야 할 사항이 많아서 네 대학 실무자들이 모여 함께 의논하는 자리가 마련되었다. 그리고 이 자리에 더 일반적인 기능을 수행하는 네트워크를 만들자는 의견이 나왔다. 인터넷이 시작되는 순간이었다.

크로커는 그날의 일을 이렇게 설명했다. "1968년 8월, 네 대학 실무자들이 일을 진행하기 위해 만났습니다. 다들 프로젝트의 수장은 아니고 직원이나 대학원생이었죠. 첫 회의가 열리던 날, 저는 빈트 서프와 함께 UCLA 대표로 참석했습니다. 스탠퍼드연구소, 샌타바버라대학교, 유타대학교에서도 대표자와 방청

객 몇 명을 보냈습니다. 참석자는 여남은 명 정도였어요. 회의를 주재한 사람이 네트워크에 대해 몇 가지 제안을 했습니다. 우리는 그 제안도 괜찮지만, 더 일반적인 네트워크를 만들자고 했죠. 고생해서 만들어놓고 나면, 더 많은 일에 네트워크를 사용하고 싶을 게 뻔했으니까요."

초기 인터넷의 연구 자금은 모두 ARPA가 지원했다. ARPA는 1965년 100만 달러를 시작으로 네트워크 연구에 자금을 투자하기 시작했는데, 일설에 따르면 1965년 당시 국장이던 찰스 허츠펠드 Charles Herzfeld가 20분 만에 설득에 넘어가 탄도미사일 프로그램 예산 가운데 일부를 네트워크 연구로 돌렸다고 한다.[6]

ARPA의 지원은 초기 인터넷 연구에 큰 도움이 되었다. 대학원생들은 시간과 노력을 들인 만큼 급여를 받을 수 있었고, 실험도 자유롭게 할 수 있었다. 각 대학이 돈 문제로 일일이 신경을 곤두세웠더라면, 아마 연구 규모가 훨씬 축소되었을 것이다. 네 대학 연구팀이 합심해서 다양한 시도를 할 수 있던 건 자금을 지원받은 덕분이었다.

크로커는 말했다. "대학은 돈을 낼 필요가 없었습니다. 연구에 참여한 사람들은 모두 급여를 잘 받았어요. 장비도 다 지원되

---

6   자금을 따낸 밥 테일러의 기억에 따르면 그렇다(https://www.computer.org/csdl/magazine/
     an/2011/03/man2011030004/13rRUxly9fL). 그러나 허츠펠드는 자금 지원에 동의하기
     는 했지만, 20분 만에 내린 결정은 아니라고 반박했다(https://www.wired.com/2012/08/
     herzfeld/).

었고요. 대학끼리 서로 경쟁하는 분위기가 아니었습니다. 기술을 사업화해야 한다는 압박도 없어서 자연스러운 분위기였어요. 그러다 보니 대학원생들까지 의욕이 넘쳤습니다. 돌이켜보면 정말 큰 행운이었죠."

과거의 통신망(유선 전화망 등)은 비용을 염두에 두고 만들어졌다. 비용을 누가 부담할지, 시간당 비용은 얼마로 할지, 사용 시간은 어떻게 측정할지는 중요한 문제였다. 하지만 아르파넷은 사용료를 정부가 부담했기 때문에, 비용을 고려하지 않아도 괜찮았다.

비용을 산정하지 않아도 된다는 점은 텍스트, 이미지, 음성, 비디오 등 데이터의 형식과 관계없이 모든 데이터를 작은 단위(패킷)로 나누어 전송하는 데 큰 영향을 미쳤다. 인터넷은 데이터를 한꺼번에 보내는 것이 아니라, 패킷 단위로 나누어 보낸다. 도착한 패킷이 어떤 데이터의 일부인지 알아내고 합치는 일은 컴퓨터가 맡는다. 패킷 전송 방식의 장점은 네트워크에 서로 운영체제가 다른 다양한 기기를 연결할 수 있다는 것이다. 이런 네트워크를 비종속적 네트워크라고 부르는데, 아르파넷 이전에는 비종속적 네트워크가 존재하지 않았다.

당시 아르파넷을 만들던 연구자들에게 40-50년 뒤에는 그 기술로 음성과 비디오를 주고받게 될 거라고 말해줘도 놀라지 않았을 것이다. 크로커는 당시 그런 생각을 한 사람이 몇 명 있었다고 말했다.

물론 그런 기술을 실제로 구현하는 건 생각만큼 쉬운 일이 아니다. 데이터를 보내고 받고 경로를 지정하는 라우터를 설치하는 일조차도 그때는 어려웠다(요즘 집마다 있는 공유기는 라우터의 기능을 간소화시켜 가정용으로 만든 라우터의 일종이다—옮긴이). 크로커의 연구소가 있던 당시 UCLA는 외부 업체에 라우터 제작을 의뢰했는데, 라우터를 받아보기까지 아홉 달이나 걸렸다.

요즘 나오는 가정용 라우터는 크기도 작고 전화선이나 랜선만 꽂으면 바로 인터넷을 연결할 수 있다. 하지만 1969년의 라우터는 완전히 새로운 기기여서 네 대학 중 처음으로 라우터를 받은 UCLA가 라우터를 제대로 설치하는 데만 몇 주가 걸렸다. UCLA가 라우터 설치를 마친 뒤, 두 번째로 라우터를 받은 스탠퍼드연구소는 빠르게 설치를 마쳤다.

2014년에 있었던 대담에서, 크로커의 지도교수이자 아르파넷 프로젝트를 이끈 클라인록 교수는 당시 상황을 다음과 같이 설명했다. "UCLA에서 북쪽으로 약 650킬로미터 떨어진 스탠퍼드연구소가 IMP(라우터)를 호스트(컴퓨터)에 연결했습니다. 처음으로 네트워크가 만들어지는 순간이었죠. 컴퓨터 두 대가 연결되었으니까요. 점 하나는 네트워크가 아니지만, 두 점을 잇는 순간 네트워크거든요."

이후의 이야기는 이 장 도입부에서 소개한 메시지 전송 시험으로 이어진다. 앞서 본 것처럼 두 대학 사이의 네트워크는 제대로 동작했다. 그러나 컴퓨터 두 대를 연결한 네트워크가 잘 동작한다고 해서 컴퓨터 네 대로 이루어진 네트워크도 잘 동작하리라는 보장은 없었다. 컴퓨터가 늘어나면 데이터를 어디로 보낼지 등 추가적인 사항을 고려해야 하기 때문이다. 네 대학의 컴퓨터가 다 연결되면 데이터 흐름을 어떻게 관리해야 할까? 나중에 컴퓨터가 더 늘어나면 그때는 어떻게 해야 할까?

ARPA가, 다시 말해 미국 정부가 국방 예산으로 연구 자금을 지원한 방식은 이 단계에서 큰 영향을 미쳤고, 그 영향은 오늘날의 인터넷에까지 미치고 있다. 왜 그런지 이해하려면 먼저 당시의 상황을 알 필요가 있다.

정부 연구소의 직원과 달리, 대학의 학자들은 정부 지원을 받는 건 좋아하지만, 정부의 명령을 그대로 따르지는 않는다. 그리고 무엇보다 정부 프로젝트보다 자신의 전문 분야를 연구하는 데 더 집중하는 경향이 있다. ARPA도 이 점을 알고 있었기에 아르파넷 프로젝트를 내부 프로젝트처럼 엄격하게 관리하지 않았다.

프로젝트에 참여한 유명 학자들은 대부분 아르파넷 프로젝트를 부차적인 일로 여긴 데다 여러 연구소와 기업에 발을 걸치고 있어서 무척 바빴다. 그러다 보니 아르파넷 프로젝트는 대학원생에게 맡겨 두는 경우가 많았다. 즉 아르파넷 프로젝트에는 ARPA도, 교수들도 그리 개입하지 않았다.

결국 뚜렷한 책임자 없이 대학원생으로 이루어진 실무자 집단이 합의를 통해 주요 결정을 내릴 수밖에 없었다. 이런 결정

체계는 인터넷에 여러 영향을 미쳤다. 그중 하나는 인터넷이 개방형 네트워크가 된 것이다. 다양한 기기를 연결할 수 있게 설계된 아르파넷의 특성상 프로젝트에 참여한 네 대학 외에 더 많은 참여자가 들어올 가능성이 무척 컸다. 하지만 아무도 최종 결정을 내리거나 네트워크를 어디까지 확장할 거라고 말해주지 않았기에, 대학원생들은 조립 키트처럼 계속 덧붙여나갈 수 있는 구조, 즉 개방형 네트워크를 만들었다.

대학원생들이 내린 또 다른 중요한 결정은 사실 갈등을 피하려는 시도에서 나왔다. 명확한 책임자 없이 여러 명이 각자 다른 생각에 따라 일을 진행하는 상황이었기 때문에, 이들은 누가 어떤 일을 왜 하고 있는지 기록하고 기준을 만들 필요를 느꼈다. 하지만 누구 한 명이 기준을 만들면 반발을 살 수밖에 없었다. 이런 골치 아픈 상황을 해결한 사람이 바로 스티브 크로커였다. 그가 '인터넷 명예의 전당'에 이름을 올린 건 그가 고안한 해결책을 아직도 쓰고 있기 때문이다. 하지만 크로커가 제안한 해결책은 기발한 컴퓨터 코드가 아니라, 일종의 처세술이었다.

'인터넷 명예의 전당' 연설에서 크로커는 당시를 다음과 같이 회상했다. "우리는 그냥 대학원생이었습니다. 누가 우리에게 그 일을 맡기지도 않았고, 무언가를 결정할 권한도 없었어요. 그런데 제가 우리가 기록하기로 한 작업 문서를 관리하는 일을 맡게 된 겁니다. 저는 제가 작성한 문서가 반발을 살까 봐 신경이 쓰였습니다."[7]

"그래서 꾀를 하나 냈죠. 중요한 문서와 가벼운 문서를 가리지 않고 모두 '의견 요망Requests For Comments, RFC'이라는 이름을 달아 배포하는 거였습니다. 저는 그걸 임시방편으로 생각했습니다. 시간이 지나 네트워크가 완성되면 매뉴얼이 생기고 제대로 문서화 작업이 이루어질 줄 알았습니다."

"그런데 40년이 지난 지금도 RFC는 인터넷에서 표준을 정하는 절차로 남아 있습니다."

크로커가 최초의 RFC를 작성한 건 1969년 4월이었다. 그로부터 50년이 지난 지금도 인터넷 프로토콜은 여전히 RFC를 통해 정해진다. 3장을 보면 느낄 수 있듯이, RFC를 발행하고 동의를 얻는 절차가 더 복잡해지고 고려해야 할 일이 더 많아지기는 했지만, 아직도 인터넷 프로토콜을 정해서 공표하는 단일 기구는 없다.

1969년에 최초의 연결에 성공한 이후, 아르파넷은 1970년대를 거치며 서서히 성장했다. 흔히 생각하는 것과 달리 이 성장을 주도한 건 ARPA였다. 연구자들은 아르파넷이 생겼다는 소식을 바로 접하지도 못했고, 소식을 듣고 나서도 사용하고 싶어 하지도 않았다. 이들은 아르파넷이 오히려 상황을 악화시킬 거라

---

7   웹사이트에서 전체 영상과 연설문을 볼 수 있다. http://opentranscripts.org/transcript/
     steve-crocker-internet-hall-fame-2012-profile/

고 믿었다. 이미 대학의 컴퓨터 대기 줄은 항상 길게 늘어져 있었다. 다른 대학의 사람까지 대기 줄에 끌어들여서 좋을 일이 뭐가 있을까?

이 상황에서 ARPA는 연구 자금 지원 기관이라는 지위를 활용해 대학을 압박하기 시작했다. ARPA는 대학의 컴퓨터를 최대한 효율적으로 사용한다는, 네트워크 구축에 자금을 지원한 이유를 명확히 밝히며 아르파넷 가입을 권했다. 사실 ARPA가 아르파넷을 만든 것이 꼭 그 이유 때문만은 아니었다(당시 ARPA에 근무하던 사람들은 ARPA가 아르파넷을 만든 계기에 대해 저마다 다른 기억을 가지고 있다). 하지만 컴퓨터를 최대한 효율적으로 사용하자는 것이 주된 계기 중 하나이기는 했다.

하지만 네트워크 구축은 관료주의적 갈등, 예산 다툼, 학문적 질투라는 암초에 부딪혔다. 경쟁 대학과 네트워크를 연결하기는커녕 한 대학 내에서 네트워크를 연결하는 것조차 어려웠다. 기술적 문제는 둘째 치고, 애초에 네트워크에 참여하려는 사람이 거의 없었다. 결국 ARPA(당시에는 DARPA로 불렸다. 1972년 ARPA로 명칭을 변경했다)가 대학의 연구 과제를 파악하고 자금을 지원할 과제를 가리겠다면서 시찰에 나섰다.

2014년 대담에서 클라인록[8]은 ARPA가 다음과 같이 말하며 네트워크 연결을 지시했다고 회상했다.

"ARPA는 모든 대학의 연구 책임자들에게 이렇게 말했습니다. '네트워크를 연결하세요. 그래야 다른 곳도 지원할 것 아닙니까. 필요한 게 생기면 다른 대학의 컴퓨터로 해결하세요. 그래픽이 필요하면 유타 컴퓨터에 로그인하고 데이터베이스가 필요하면 스탠퍼드 컴퓨터에 로그인해서 써요.'"

"반응은 한결같았습니다. '네트워크를 만들기는 싫습니다. 네트워크에 연결하면 시분할 시스템을 저희 컴퓨터랑 다른 곳이랑 나눠 써야 하지 않습니까? 지금도 컴퓨터 대기열이 꽉 차 있다고요.'"

"한마디로 안 된다는 말이었죠. 그랬더니 ARPA가 말했습니다. '우리가 돈을 대준다는 걸 잊지 말아요. 네트워크에 가입해야 할 거요.'"

"다들 항복하고 네트워크에 가입했습니다. 그리고 네트워크가 잘 돌아가니까 곧 열광했죠."

ARPA가 프로젝트 자금을 댔기 때문에 초기 아르파넷에 참여한 주체들은 대개 정부 기관이었다. 연방정부가 국방 예산을 지원해서 만들어진 기술인 만큼, 연방정부와 군에서는 일찍부터 아르파넷에 관심을 보였다. 그런데 이들 기관은 대학과 달리 기밀 정보를 다루기 때문에 모든 정보를 네트워크에 공개할 수 없었다. 이들은 공개 네트워크인 아르파넷에 연결하되, 내부 네트

---

8   이 또한 클라인록의 2014년 대화록에서 발췌했다. https://archive.icann.org/meetings/losangeles2014/en/schedule/mon-crocker-kleinrock/transcript-crocker-kleinrock-13oct14-en.pdf

워크를 따로 분리해 민감한 정보를 보호하고자 했다. 초기 아르파넷 사용자인 정부 기관의 이러한 요구는 인터넷의 구조에 큰 영향을 미쳤다.

먼저 연방정부가 아르파넷에 관심을 보이자, 다른 정부 기관들도 네트워크의 가능성에 주목하기 시작했다.

크로커는 당시를 회상하며 이렇게 말했다. "정부 기관들이 너도나도 '우리도 네트워크를 만들겠다'고 선언하기 시작했습니다. 에너지부도 산하 연구소들을 네트워크로 연결하겠다고 하고, NASA도 연구소들을 네트워크로 연결하겠다고 했어요. 국립과학재단도 그랬을 거예요. 저는 '곧 그 네트워크들을 네트워크로 연결하자고 하겠구나' 생각했죠."

당시 에너지부, NASA, 국립과학재단이 만들겠다고 밝힌 네트워크는 산하 연구소끼리 데이터를 주고받을 수 있는 내부 네트워크였다. 하지만 외부로부터의 접속을 차단하고 정보를 일부만 공개할 수 있다면 내부 네트워크를 더 광범위한 공개 네트워크에 연결할 의향도 있을 터였다. 당시 아르파넷을 만들던 연구팀은 네트워크가 다른 나라로 확장되고 데이터 전송 방식이 다양해질수록 이런 요구가 늘어나리라는 사실을 간파했다. 이들은 전화망, 라디오망, 인공위성망 등을 모두 하나로 연결할 수 있는 이상적인 네트워크를 꿈꾸기 시작했다.

'네트워크의 네트워크'를 만들자는 이 생각은 아르파넷을 인터넷으로 발전시켰다. 네트워크의 네트워크라는 개념은 인터넷의 핵심이며, 알게 모르게 우리에게 매일 영향을 미친다. 우리는 별 뜻 없이 말하지만, 사실 인터넷이라는 이름부터가 영어로 '~사이'를 뜻하는 'inter'와 '네트워크'의 줄임말인 'net'의 합성어다. 그리고 그 이름처럼 인터넷은 창의적이기보다는 실용적인 기술이다.

집 공유기에 연결된 우리의 노트북, 전화기, 스마트 스피커 등은 하나의 홈 네트워크를 이룬다. 아마 직장에도 '인트라넷'이라 불리는 업무용 내부 네트워크가 있을 것이다. 이런 네트워크들은 대개 인터넷(네트워크의 네트워크)에 연결되어 있다. 우리가 집에서 직장의 네트워크에 접속해 업무 파일을 내려받을 수 있는 것도 홈 네트워크와 직장 네트워크가 모두 인터넷에 연결되어 있기 때문이다.

인터넷이 현대인의 삶에 너무 자연스럽게 녹아들었기 때문에 사람들은 현재의 인터넷을 마치 자연물처럼 당연하게 받아들이는 경향이 있다. 하지만 현재의 인터넷은 사람들이 내린 다양한 결정과 어쩔 수 없는 타협과 현실적 해결책이 합쳐져 만들어진 결과물이다. 예를 들어 현대 인터넷의 기본적인 작동 방식은 1974년 12월 빈트 서프가 이끄는 개발자들이 정한 것으로, RFC 675[9]에 기록되어 있다.

---

9   https://www.ietf.org/rfc/rfc0675.txt

RFC 675는 전송제어프로토콜Transmission Control Protocol, TCP이라
는 데이터 전송 프로토콜에 대한 규정으로, 여전히 인터넷은 이
프로토콜을 사용해 데이터를 전송한다. 앞서 말했듯 인터넷에
서는 데이터를 '패킷'이라는 작은 단위로 나누어 보낸다. TCP는
패킷이 빠짐없이 순서대로 도착하도록 관리해 전송 오류를 최
소화하는 역할을 하는 프로토콜로, 인터넷 같은 패킷 전송 네트
워크를 구현하는 데 꼭 필요하다.[10]

패킷 전송 방식은 과거 전화망에서 쓰던 데이터 전송 방식
과는 완전히 다르다. 전화망의 경우 수신자와 발신자를 직접 잇
는다. 과거 전화 교환원들이 하던 일이 바로 발신자와 수신자 사
이를 회선으로 잇는 것이었다. 통화하는 동안 수신자와 발신자
는 둘 사이에 연결된 회선(예를 들어 보스턴의 사무실과 애틀랜타의
사무실 사이를 잇는 전화선)을 단독으로 사용한다. 둘 다 말을 하
지 않을 때도 다른 사람이 그 회선을 사용할 수는 없다.

이와 달리, 패킷 전송 방식에서는 데이터를 받는 사람과 보
내는 사람을 회선으로 직접 잇지 않는다. 패킷 전송을 하는 과정
은 다음과 같다. 일단 데이터(음성, 문자, 파일 등)를 '패킷'이라는
작은 단위로 쪼갠 뒤, 패킷마다 발신지, 목적지, 총 패킷 수, 해당
패킷의 순번을 기록한다. 그다음 패킷을 전송하면, 각 패킷은 각

---

10   아르파넷은 처음부터 패킷 전송 네트워크로 만들어졌다. TCP는 패킷 전송을 구현하는 방
      법 중 하나로, 나중에 표준으로 인정되었다.

자 자유로운 경로를 택해 목적지로 이동하고 순서에 상관없이 무작위로 목적지에 도달한다. 도착한 패킷들은 목적지에서 다시 순서에 맞게 재조립된다.

패킷 전송 방식을 쓰면, 수신자와 발신자 사이를 단일 회선으로 이을 필요도 없고, 모든 패킷을 같은 경로로 보내야 할 필요도 없기 때문에 네트워크를 훨씬 효율적으로 사용할 수 있다. 또 패킷을 다양한 경로로 보낼 수 있기 때문에 네트워크 연결이 일부 끊어지더라도 문제없이 데이터를 전달할 수 있다.

인터넷은 패킷 전송을 위해 TCP와 함께 인터넷프로토콜 Internet Protocol, IP이라는 프로토콜도 사용한다. 나중에 정식 프로토콜로 인정되어 TCP와 함께 TCP/IP라고 불리게 된 IP는 목적지를 더 쉽게 찾을 수 있도록 각 컴퓨터(또는 각 네트워크)에 고유의 숫자열을 부여한 것이다. 인터넷에는 사이트의 웹 주소(예컨대 www.jamesrball.com)에 대응하는 IP 주소(이 경우 198.185.159.14인데, 이 주소가 가리키는 곳은 캔자스 위치토에서 그리 멀지 않은 곳에 있는 스퀘어스페이스SquareSpace의 데이터센터다)가 있다. IP가 주소라면, TCP는 우리가 사이트와 정보를 주고받을 때 패킷이 제대로 배달되었는지 확인하고 관리하는 일을 한다.

인터넷은 데이터를 패킷 단위로 나누어 전 세계에 깔린 네트워크에 뿌린 뒤, 패킷을 받아 합쳐서 해석하는 일은 컴퓨터에게 맡기기 때문에, 네트워크 자체가 할 일이 많지 않다. 이러한 특징 덕분에 인터넷은 지역과 정치에 구애받지 않고 전 세계로 쉽게 확장될 수 있었다.

아르파넷 또한 일찍부터 대서양 너머 영국으로 확장되었다. 1973년, 원래 미국 대학으로만 이루어져 있던 아르파넷에 영국의 대학교(유니버시티칼리지 런던)가 처음으로 합류해 메시지를 보냈다.[11] 거리가 멀수록 통신비를 더 지불하는 것이 당연했던 당시에는 작지만 혁명적인 사건이었다.

크로커는 말했다. "아르파넷에는 사용료가 없었습니다. 패킷을 얼마나 멀리 보내든 돈을 낼 필요가 없었어요. 패킷을 아주 많이 보내도 마찬가지였습니다."

아르파넷의 또 다른 장점은 프로토콜만 새로 만들면 다양한 서비스를 제공할 수 있다는 것이었다. 초창기에 개발된 서비스 중 하나는 이메일로, 1971년부터 사용되었다. 새로운 네트워크를 걱정 없이 연결할 수 있다는 것도 장점이었다. 내부 네트워크에서 공유할 정보와 글로벌 네트워크인 인터넷에서 공유할 정보를 분리할 수 있기 때문에 누가 인터넷에 연결되어 있는지 크게 신경 쓸 필요가 없었다

하지만 당시 아르파넷이 아무런 제한 없이 퍼져 나갔다는 뜻은 아니다. 결과적으로 중앙의 통제 없이 기능하는 네트워크가 만들어지기는 했지만, 아르파넷을 만든 주체는 어디까지나

---

11   정확한 날짜는 다음의 글을 참고해 작성했다. https://www.webfx.com/blog/web-design/the-history-of-the-internet-in-a-nutshell/

미국 국방부였다.

클라인록 교수는 한 강연에서 이렇게 말했다. "아르파넷 프로젝트에 군사적 목적이 얼마나 있었냐고요? 정확히 알기 힘듭니다. 명확한 답을 할 수 없는 문제입니다."

이 문제에 관해서는 스티븐 루카식Stephen Lukasik의 논문을 참고할 만하다. 루카식은 ARPA의 부국장과 국장을 거치며 아르파넷의 초기 예산을 대부분 결재한 사람이다. 훗날 작성한 논문에서 그는 아르파넷 프로젝트가 ARPA의 직무에 부합하기는 했지만, '위험 부담이 큰 도박'이었으며, '기대하지 않은 결과'를 냈다고 평가했다.[12]

루카식의 말에 따르면, 예상대로 ARPA의 주 관심사는 대학교의 컴퓨터 사용 효율을 높이는 것이 아니었다. 당시는 냉전 시대였고, ARPA는 지휘 통제 시스템을 개선하는 문제를 두고 고심하고 있었다. 특히 핵무기 통제 시스템을 개선할 필요가 있었다.

ARPA는 핵무기 통제 시스템을 개선할 방안으로 패킷 전송 방식을 고려하기 시작했다. 위에서 설명한 대로 패킷 전송을 하면 각 패킷이 지나는 경로가 고정되어 있지 않기 때문에 네트워크가 일부 망가져도 국내외로 신호를 보낼 수 있다. 심지어 적

---

12   스티브 루카식의 말은 모두 그의 논문 〈아르파넷은 어떻게 만들어 졌는가Why the ARPA-
      NET Was Built〉에서 인용한 것이다. 다음 주소에서 볼 수 있다. https://www.academia.
      edu/34728504/WHY_THE_ARPANET_WAS_BUILT

국의 공격으로 네트워크의 대부분이 망가져도 남은 네트워크만으로 통신이 가능하다. 최악의 경우에도 보유 중인 핵무기를 통제하는 데 적합한 방식이 있을까? 하지만 군사적 용도로 쓰려면 안정적이고 검증된 시스템이 필요했다. 그래서 ARPA는 우선 학계에 자금을 지원해 위험 부담이 낮은 환경에서 이 기술을 검증하기로 했다.

아르파넷 개발에 참여한 연구자들은 자신이 미국의 핵무기 통제 시스템에 쓰일지도 모르는 기술을 개발하고 있다는 사실을 몰랐다. 루카식은 이렇게 말했다. "ARPA와 계약한 이들은 대부분 국방부가 왜 그 연구를 지원하는지 몰랐고, 알려고도 하지 않았습니다."

아르파넷이 서서히 커지면서 아르파넷의 군사적 성격은 점점 옅어졌고, 돈을 지원한 기관인 ARPA와의 연관성도 약해졌다. 초기에 아르파넷은 천천히 성장했다. ARPA가 돈을 지원해 만든 네트워크였으므로 정부는 군사용 사이트를 늘리려 했지만, 곧 학술 사이트 수가 군사용 사이트 수를 앞지르기 시작했다.

1975년, ARPA는 아르파넷의 공식 감독 권한을 방위통신국에 넘겼다. 처음에 방위통신국은 승인받지 않은 사용자가 아르파넷에 접속하는 것을 막으려 했다. 하지만 아르파넷에는 접속을 막거나 사용을 추적할 장치가 없었다. 그래서 결국 군사용 네트워크를 아르파넷에서 분리하기로 했다(이렇게 분리된 군사용 네트워크는 오늘날 외교 및 기밀 정보를 다룰 때 쓰이는 보안 네트워크의 기초가 되었다). 이후 아르파넷은 오늘날 우리가 알고 있는 인터넷으로 대체되어 서서히 사라졌다.

루카식은 아쉬움이 남는다는 듯 다음과 같은 말을 남겼다. "ARPA는 패킷 전송 기술을 군 지휘 통제에 유용하게 쓸 수 있는지 검증하겠다는 목적을 훌륭히 달성했다. 다만 아르파넷의 뒤를 이은 인터넷이 군사적 용도를 넘어, 보편적 '지휘 통제' 수단으로 쓰일 거라는 사실은 예상하지 못했다."

즉 ARPA는 자신이 자금을 지원한 아르파넷 프로젝트가 장기적으로 어떤 결과를 낼지 예상하지 못한 것으로 보인다. 논문에서 루카식은 당시 예측 가능하고 단기적인 과제에 초점을 맞추고 장기 과제는 자연스럽게 해결되도록 두었다고 말했다. 그런데 세부적인 사항이 야심 찬 대학원생들의 손에 맡겨지면서 예상치 못한 네트워크가 만들어진 것이다.

루카식은 다음과 같이 썼다. "사전에 모든 가능성을 따져 보거나 부정적인 결과를 막으려고 하지는 않았다. 일을 시작하기도 전에 그렇게 했다면, 긍정적인 결과를 낼 수 없을 거라는 생각에 사로잡혀 앞으로 나아가지 못했을 것이다. 어떻게 보면 ARPA와 개발자들은 하나의 기술적 기습으로부터 나라를 지키는 과정에서 또 다른 기술적 기습을 만들어냈다고 할 수 있다."

정리하자면, 인터넷은 세 집단의 복잡한 합작으로 생겨났다. 하나는 국방 연구 자금을 지원하는 정부 기관(ARPA)으로, 지휘 통제 시스템에 적용할 신기술을 시험하고 국방 연구에 사용할 네트워크를 만들고자 했다. 두 번째 집단은 연구를 중요시한 명문 대학의 저명한 교수들로, 대개 자금과 네트워크를 다른 연구에 더 쓰고 싶어 했다(네트워크 구축 자체에 관심이 있던 클라인록은 예외적인 경우였다). 세 번째 집단은 실제로 네트워크를 구축하는 일을 맡은 대학원생들로, 대개 자신들이 잡무를 처리하고 있다고 생각했지만, 흥미롭게도 훨씬 대단한 일을 해냈다.

아무도 예상치 못한 결과가 나온 건 당연한 일이었다.

인터넷을 누가 만들었고 왜 만들었는지 딱 부러지게 이야기할 수 없다 보니, 인터넷의 발명에 관해서는 여러 확인되지 않은 이야기들이 떠돈다. 아이러니하게도 이 역시 대개 인터넷상에서 떠돈다.

널리 알려진 이야기 중 하나는 미국이 핵전쟁이 났을 때 쓰기 위해 인터넷을 만들었다는 것이다. 왜 그런 말이 도는지는 알 만하지만, 이 주장은 사실과는 거리가 멀다.

스티브 크로커는 루카식 밑에서 ARPA의 직원으로도 일했기 때문에 아르파넷을 보는 대학 쪽 시각과 ARPA의 시각을 모두 알고 있는 몇 안 되는 사람 중 하나인데, 그는 자신이 겪은 일화를 소개하며 이 주장에 반박했다. 크로커는 자기가 한 제안 때문에 군 네트워크 전체가 다운된 적이 있다고 말했다. 인터넷은 핵전쟁은커녕 크로커의 제안조차 버텨내지 못했다.

ARPA에 들어간 직후 크로커는 한 공군 기지에 방문해 네트워크의 처리율throughput을 알아낼 방법을 조언했다(네트워크가

1초당 전송하는 데이터의 양을 처리율이라고 부른다—옮긴이). 거기서 그는 마치 '기관총을 쏘듯' 메시지 하나를 한 번에 여러 경로로 전송해보라고 말했다. 이야기를 끝낸 뒤, 그는 기지를 떠났고 그 일을 까맣게 잊고 있었다.

몇 달 뒤, 공군 기술자들은 그의 제안에 따라 처리율을 측정하려 했지만, 곧 아르파넷에 연결된 모든 라우터에 과부하가 걸리면서 네트워크 전체가 다운되었다. 당시에는 자동 재시작도 없고 대체 네트워크도 없었다. 기술자들은 열심히 수동으로 네트워크를 다시 켰고, 어리둥절한 채 다시 한번 시도했다. 그러자 네트워크가 또 다운되었다.

크로커는 그 사건으로 논란이 생기기는 했지만 아무도 옷을 벗지 않았다면서 다음과 같이 말했다.

"핵 공격에 대비해 아르파넷 프로젝트를 시작했는데 그렇게 사소한 일로 네트워크 전체가 다운되어버렸다면, 누군가 책임지고 물러나야 했을 겁니다. 군사용 네트워크는 그런 오류를 허용하지 않습니다. 연구용 네트워크는 이야기가 다르지만요."[13]

인터넷(아르파넷)은 핵전쟁이 벌어졌을 때 최후의 통신 수단으로 사용하기 위해 만든 네트워크가 아니라, 신기술을 시험해볼 의도로 만든 네트워크에 불과했다. 그런데 이 시험용 네트

---

13   크로커와 클라인록의 대화에서 발췌했다.

워크가 의도치 않게 발전해 오늘날의 모습으로 진화한 것이다.

국방부가 자금을 지원한 데다 국방 연구소들이 분리되기 전이었기 때문에, 초기 인터넷에는 주요 연구기관만 가입할 수 있었다. 1969년 10월, 아르파넷에는 UCLA와 스탠퍼드연구소라는 2개의 노드nod(노드는 네트워크상의 한 점을 말한다. 라우터 하나당 노드 하나라고 생각하면 된다)가 있었다. 1970년 1월이 되자 아르파넷 개발에 참여한 네 대학이 모두 네트워크로 연결되었다. 그해 말까지 대학 9개가 더 연결되었고, 그 뒤에는 미국 군사 연구소와 정부 연구소가 합류했다. 대학들도 느리지만 꾸준히 합류했다. 하지만 1970년대 말까지만 해도 인터넷이 전 세계를 연결하는 필수적인 네트워크가 될 거라는 생각은 비현실적으로 보였다. 1970년대 말까지 인터넷에 연결된 노드의 수는 100개가 채 되지 않았다.

첫 20년 동안 인터넷은 아주 서서히 확장되었다. 네트워크에 속한 사람들은 서로 아는 사이였다. 문제가 생기면 전화를 걸어 해결했고, 연구 분야가 비슷해서 학회에서 자주 만났다. 프로토콜은 서서히 개발되고 검증되었다. 제안에서 채택까지 몇 년이 걸리는 경우도 많았다.

당시에는 네트워크 보안이 필요 없었기 때문에, 보안 기술이라고 할 만한 것이 거의 없었다. 아르파넷은 어디까지나 아는 사람들끼리 쓰는 네트워크였다. 로깅logging 같은 추적 관찰 기술도, 다른 사람이 정보를 마음대로 수정하지 못하도록 방지하는 기술도 없었다. 현재 우리가 쓰는 인터넷 보안 장치들은 인터넷의 중요성이 커지면서 필요에 따라 그때그때 개발해 덧붙인 것들이다.

하지만 보안 기술을 제외한 다른 주요 기술들은 당시에도 이미 안정적이고 확장성이 좋았다. 1980년대 초, 국방 네트워크가 아르파넷에서 분리되어 독립하고 TCP/IP 등 중요한 프로토콜이 표준으로 정해지면서 인터넷의 확장성은 더 좋아졌다. 1980년대 동안 인터넷은 꾸준히 몸집을 불렸다. 하지만 본격적으로 성장하기 시작한 건 1980년대에 등장한 혁신적인 기술 덕분이었다.

그 기술은 영국의 과학기술자 팀 버너스리가 제안한 월드와이드웹으로, 그가 월드와이드웹을 개발한 이야기는 비교적 잘 알려져 있다. 당시 유럽핵입자물리연구소 Conseil Européenne pour la Recherche Nucléaire, CERN 소속 과학자였던 버너스리는 1989년 3월 12일, 훗날 월드와이드웹의 기초가 된 문서인 〈정보 관리에 관한 제안서 Information Management: A Proposal〉를 상사에게 제출했다.[14]

버너스리의 상사는 그 제안서를 "모호하지만 흥미롭다"고 평가했다. 당장 전 세계가 버너스리의 제안에 주목하지는 않았

---

14 https://webfoundation.org/about/vision/history-of-the-web/

다. 하지만 버너스리의 제안서는 인터넷판 '모든 데모의 어머니'라 불릴 만한 것이었다. 그 제안서에는 웹 주소(URL, URI), HTML(웹페이지를 만들고 꾸미는 데 사용하는 언어), HTTP(웹에서 정보를 주고받을 때 사용하는 프로토콜) 등 현재 우리가 쓰는 월드와이드웹(줄여서 '웹')의 기초가 담겨 있었다.

쉽게 말해 월드와이드웹은 인터넷의 대중화를 위한 기초를 마련했다. 게다가 버너스리가 웹을 제안했을 때, 마침 인터넷은 상업적 서비스와 네트워크를 받아들일 준비가 된 상태였다.

우리가 아는 상업화된 인터넷이 시작되는 순간이었다. 이렇게 인터넷은 연구 네트워크를 벗어났지만, 20년 동안 정립된 문화 때문에 상업화된 이후에도 전화망처럼 엄격하게 관리되지는 않았다(전화망에 관해서는 다음 장에서 더 논의한다).

크로커는 이렇게 설명했다. "상업용 네트워크를 받아들이기로 한 일이 큰 전환점이 되었습니다. 인터넷은 상업용 네트워크를 연결하기 시작했고, 날아오르기 시작했습니다. 1990-1991년에 폭발적으로 성장하더니 그 후로도 쭉 성장했죠. (…) 그게 전통이었기 때문에 모두에게 혁신할 권한이 주어졌습니다. 성공과 실패는 시장의 판단에 맡기자는 분위기였죠. 인터넷은 처음부터 확실한 표준이 있었고 관리가 엄격했던 전화망과는 역사와 전통이 사뭇 달랐습니다."

돌이켜 보면 인터넷의 성장 속도는 처음에는 답답할 정도로 느렸고, 나중에는 제대로 파악이 안될 정도로 빨랐다. 1970년까지 인터넷에 연결된 컴퓨터는 열 대였고, 1977년에도 약 100대밖에 되지 않았다. 이 숫자가 1000을 넘어선 건 8년이 더 지난 1985년이었다. 그런데 1987년에 1만 대를 넘어서더니 1990년에는 10만 대, 1993년에는 100만 대를 돌파했다.[15]

오늘날에는 세계 인구 가운데 약 절반이 인터넷에 연결되어 있다.[16] 인터넷에 연결된 기기의 총 수는 약 250-300억 개로 추정된다. 한 명당 약 네 대의 기기를 인터넷에 연결하고 있는 셈이다.[17]

크로커는 현대 사회의 기반인 인터넷을 만드는 데 중요한 역할을 한 사람이다. 하지만 그는 인터넷에 관해 말할 때 거리를 두었다. 그는 젊은 시절 작은 실험 프로젝트로 네트워크를 하나 만들었다. 이제 그 네트워크가 수십억 명을 연결하는 글로벌 네트워크로 성장했지만, 그에게 두 네트워크는 같은 것으로 느껴지지 않았다.

크로커는 아르파넷 프로젝트가 자신의 주 연구 분야가 아니라고 생각했고, 프로젝트가 끝나자 다른 일을 했다. 하지만 몇 년 뒤 다시 인터넷의 프로토콜과 거버넌스에 관한 일을 맡게 되

---

15   자료의 출처는 인터넷서비스컨소시엄Internet Services Consortium이지만 위키피디아에서 보는 게 더 편하다. https://en.wikipedia.org/wiki/Global_Internet_usage

16   https://www.bbc.co.uk/news/technology-32884867

17   https://www.statista.com/statistics/471264/iot-number-of-connected-devices-worldwide/

었다. 크로커는 어떤 면에서 보면 인터넷은 처음부터 방대한 네트워크에 잘 맞게 설계되었다고 말했다. 다양한 기계를 연결할 수 있다는 점이나 확장이 쉽다는 점, 중앙의 지휘 통제가 필요하지 않다는 점 등이 그랬다. 하지만 다른 면에서는 그렇지 않았다. 사실 인터넷 같은 최신 기술을 연구하는 사람 중에 그 기술이 너무도 널리 퍼져서 공기처럼 자연스러운 것이 되는 모습을 생전에 볼 수 있으리라 생각하는 사람이 있을까? 당시 연구팀도 그렇게 될 거라는 생각은 하지 못했다. 그래서 인터넷에는 규모가 큰 네트워크에 맞지 않는 면이 꽤 있었다. 크로커는 IP 주소(인터넷에 연결된 기기는 모두 IP 주소를 가지고 있다)를 예로 들어 설명했다.

한때는 IP 주소가 수십 개 정도만 있어도 충분해 보였다. 하지만 곧 주소가 다 떨어졌다. 그래서 개발자들은 시스템을 고쳐 사용할 수 있는 주소의 수를 약 40억 개로 늘렸다. 그들은 그 주소가 다 떨어지는 일은 없을 거라고 생각했다. 하지만 몇 년이 지나자 그 주소도 다 떨어졌다. 그래서 또 한 번 시스템을 손봐야 했다. 그런데 그때는 이미 인터넷이 사상 초유의 글로벌 네트워크가 되어 걷잡을 수 없이 자라는 상황이었다.

"아르파넷은 주소 단위가 작았습니다. (…) 쓸 수 있는 주소가 최대 60개 정도였어요. 제가 다른 곳으로 직장을 옮기고 나서, 연구팀은 32비트 주소를 쓰기로 결정했습니다. 32비트면 주소를 최대 40억 개 정도 쓸 수 있습니다. 옛날엔 60개도 많다고 생각했는데 (…) 40억이라니 60보다는 훨씬 큰 숫자잖아요. 근데 그것조차 다 떨어지는 당황스러운 상황이 온 거죠."

크로커는 당시 연구팀이 주소를 비롯한 일부 구조를 바꾸기 어렵게 만들었는데 요즘은 인터넷이 커져서 구조를 바꾸기가 더 어려울 것이라면서, 기술적인 면에서 후회가 남는다고 말했다. 하지만 더 큰 문제는 기술보다는 운영 철학과 관련이 있는 보안 문제다.

물론 당시 암호화 기술은 수준이 매우 낮았고, 그 기술조차 국가 기밀로 관리되었기 때문에, 암호화 기술을 적용하려 했다면 네트워크 개발 속도가 느려졌을 것이다. 그런데도 크로커는 작은 학술 네트워크가 글로벌 통신의 중추로 발전하는 과정에서 겪는 성장통 중 하나로 보안을 지적했다.

"당시 아르파넷을 쓰는 사람은 시분할 시스템을 사용하려는 사람들밖에 없었습니다. 각 시분할 시스템마다 관리 조직이 있었고요. 누군가 이상한 짓을 하면, 해당 시스템 관리자에게 전화해서 알릴 수 있었습니다. 그러면 누군가가 그 사람을 직접 찾아가서 그만하라고 말할 수 있었죠. 하지만 누군지도 모르는 전 세계 수십억 명의 사용자가 있는 네트워크를 이렇게 관리할 수는 없습니다. 이 점이 큰 문제지요."

나는 그에게 인터넷이 세상에 어떤 영향을 미쳤다고 생각하는지 물었다. 그리고 혹시 인터넷이 권력 구조를 바꾸거나 권력을 집중시키거나 기존 권력에 도전했다고 생각하는지 물었다.

크로커의 답변은 철학적이었다. 그는 엔지니어답게 당장 답을 내놓기보다 질문하는 쪽을 택했다.

그는 생각에 잠겨 말했다. "권력에 관해서는 … 아직 파악을 시작하지도 못한 것 같습니다. 인터넷이 정부에 어떤 영향을 미칠까요? 정부 권력은 어떻게 진화할까요? 은행 등 금융 기관의 권력은 어떻게 변할까요…?"

결국 그가 내놓은 답은 다음과 같았다.

"인터넷이 권력을 공평하게 분배할 거라는 유토피아적 시각도 있지만 … 현실적으로는 그저 권력이 이전과는 다른 방식으로 분배되지 않을까요? 낡은 질서가 계속 이어지는 것도 아니고, 유토피아적으로 평등해지는 것도 아니고, 그냥 달라지는 거죠. 단순한 모형으로 예측할 수 있는 문제가 아니니까 어렵군요. 하기야 미래가 어떻게 될지 정확히 알 수 있었다면 부자나 권력자가 되었겠죠."

크로커가 처음 접한 인터넷은 그저 서로 몇백 킬로미터 떨어진 미국 서부의 대학 두 곳을 잇는 연결이었다. 오늘날 그 네트워크는 기간망의 길이만 120만 킬로미터가 넘고 모든 대륙을 잇는, 기기 수십억 대가 연결된 네트워크가 되었다.[18]

18　텔레지오그래피TeleGeography의 통계를 참고했다. https://www2.telegeography.com/ submarine-cable-faqs-frequently-asked-questions 텔레지오그래피는 주요 해저 인터넷 케이블을 표시한 멋진 지도를 제공하고 있다. https://www.submarinecablemap.com/

나는 네트워크가 최초의 두 글자('LO')를 전송하는 모습 그리고 컴퓨터가 다운되는 모습을 두 눈으로 목격하고, 네트워크의 규칙을 정하는 방식을 제안하고, 그 네트워크가 세계를 뒤덮는 과정을 보아온 그의 50년은 분명 특별했을 것 같다고 말했다.

　　크로커는 말했다. "지난날을 돌아보면 마치 유체이탈 체험이라도 한 것 같습니다. 현장에 있었지만, 그저 관찰자였던 것처럼 느껴져요. 저는 많은 일 중에서 아주 작은 일을 했을 뿐입니다. 연구팀에 소속되어 있기는 했지만, 사람이 너무 많았기 때문에 인터넷을 제가 만들었다거나 정확히 이 부분은 내가 했다는 느낌이 없어요. 물론 흥미진진하고 엄청난 경험이었습니다. 세상이 바뀌는 걸 직접 경험하고 뒤돌아보며 얼마나 많은 것이 바뀌었는지 생각하는 건 분명 멋진 일입니다."

2
망 사업자

2007년 8월 미국 버지니아 머내서스. 75세의 전직 공군 간호사 모나 쇼Mona Shaw는 인내심의 한계를 느꼈다. 그녀는 벌써 며칠 동안 컴캐스트Comcast가 인터넷 케이블을 연결하러 오기를 기다리고 있었다.

《워싱턴포스트Washington Post》기사에 따르면 쇼가 겪은 일은 다음과 같다.[1] 컴캐스트는 새 케이블을 설치하겠다더니 약속을 어겼다. 이틀이나 늦게 도착해서는 공사도 마무리하지 않은 채

---

[1] http://www.washingtonpost.com/wp-dyn/content/article/2007/10/17/AR2007101702359.html?hpid=artslot

가버렸다. 결국 그동안 썼던 느린 인터넷마저 쓸 수 없게 되어버렸다. 쇼는 항의하기 위해 남편과 함께 컴캐스트 사무실을 찾아갔다. 직원은 버지니아의 여름 땡볕 아래 노부부를 두 시간이나 방치했다. 그러더니 결국 한다는 말이 담당 직원이 자리를 비워 그들을 상대할 사람이 없다는 것이었다.

이틀 뒤, 모나 쇼는 망치를 들고 다시 컴캐스트를 방문했다.

신문에 따르면 쇼는 잘 가꾸어진 집에 살면서 스퀘어댄스 모임 친구들과 함께 봉사활동을 하고 유기견 일곱 마리를 키우는 친절한 할머니다. 그런 그녀가 화를 참지 못하고 컴캐스트 사무실의 전화기와 키보드, 모니터를 망치로 때려 부쉈다.

그렇게 화풀이를 하고 있자니 구급차와 함께 경찰이 도착했다. 쇼는 집행유예 3개월에 345달러의 벌금, 그리고 (당연하게도) 1년 동안 컴캐스트 사무실 접근 금지를 선고받았다.

이 일은 미국에서 잠시 화제가 되었다. 하지만 곤란해진 쪽은 쇼가 아니라 컴캐스트였다. 사무기기가 부서진 건 둘째 치고, 쇼가 국민 영웅 대접을 받았기 때문이다. 미국인들은 인터넷 회사에 질려 있었다. 컴캐스트뿐 아니라 모든 케이블 회사(미국에서는 주로 케이블 TV 회사가 인터넷까지 제공하기 때문에, 인터넷 망 사업자를 주로 케이블 회사라고 부른다—옮긴이)의 이미지가 최악이었다.

이 사건은 2000년대 후반 미국의 케이블 회사들이 얼마나 인기가 없었는지 보여주는 수많은 사건 가운데 하나일 뿐이다.

결국 컴캐스트는 이미지를 살려보고자 전문가를 고용했다. 그 전문가가 바로 이 장에서 만날 프랭크 엘리어슨Frank Eliason이다.[2] 엘리어슨은 한동안 미국인이 가장 혐오하는 산업을 대표하는 얼굴이었다.

엘리어슨은 말했다. "컴캐스트에서 제일 먼저 겪은 일을 말해드리죠. 좀 이상하게 들릴 수는 있지만 … 결과적으로는 좋은 일이었습니다. 사무실에 앉아 있는데 저보다 훨씬 직급이 높은 지역 부사장이 들어오더니 이렇게 말하더군요. '1년 전이었다면 절대 당신을 고용하지 않았을 겁니다.' 사실 이것보다 더 신랄했습니다. 그 후 1년 동안 저는 그 사람이 저보다 훨씬 키가 큰 줄 알았어요. 사실은 30센티미터나 더 작았는데 말이지요."

엘리어슨은 같은 업계 사람만 고용하기로 유명한 케이블 업계에서 보기 드문 외부 영입 인사였다. 컴캐스트는 모두의 미움을 받는 케이블 산업의 이미지를 개선하기 위해 이례적으로 금융 업계에서 일하던 엘리어슨을 고객 지원 부서의 중간 관리자로 발탁했다. 엘리어슨 자신도 자기가 "전형적인 케이블 업계 사람과는 거리가 멀다"고 말했다.

엘리어슨은 좋은 고객 서비스 담당자에게 필요한 모든 것을 갖춘 사람이었다. 그는 긍정적이고 카리스마 있고 상대방의

---

2   이 장에 등장하는 엘리어슨의 말은 모두 저자와의 인터뷰를 토대로 작성했다.

말을 주의 깊게 듣고 공감할 줄 알았다. 엘리어슨은 아이러니하게도 컴캐스트가 제공하는 서비스인 인터넷에서 유명세를 얻었다. 그는 사람들이 트위터^Twitter에서 컴캐스트에 대한 불만을 토로하는 것을 보고 (스스로) @ComcastCares라는 트위터 계정을 만들어 혼자서 수백 명의 고객과 소통하기 시작했다. 곧 이 숫자는 수천 명으로 늘어났다.

요즘 기업들은 모두 트위터를 운영하지만, 2000년대 중반에 트위터로 고객을 응대하는 건 혁신적인 방법이었다. 엘리어슨은 경영 잡지와 기술 잡지에 몇 번이나 실렸고, 아버지로부터 물려받은 중견 케이블 기업을 손꼽히는 대기업으로 키운 CEO 브라이언 로버츠^Brian Roberts보다 더 유명해졌다.

어느새 엘리어슨은 케이블 산업을 대표하는 얼굴이 되었고, 그가 고객을 응대하는 방식이 곧 케이블 업계가 고객을 응대하는 방식으로 여겨지기 시작했다. 고객들은 가입한 상품에서 좋아하는 채널이 빠지게 되었다거나 인터넷이 안 된다는 이유로 그에게 화를 냈다. 엘리어슨은 화가 난 고객을 상대하는 데 익숙했다. 그를 괴롭힌 건 고객이 화를 낼 만하다는 사실이었다.

컴캐스트처럼 광케이블, 전화선, 인공위성, 무선통신 등으로 우리를 인터넷에 연결해주는 회사를 인터넷 망 사업자 또는 인터넷 서비스 제공자^Internet service providers, ISP라고 부른다. 평소에 우리가 인터넷이나 인터넷 산업이 벌어들이는 돈, 인터넷의 권력 관계 등에 관해 이야기할 때, 망 사업자가 언급되는 경우는 많지 않다. 어쩌면 이는 망 사업자들이 의도적으로 모습을 감추기 때문인지도 모른다. 돈을 제때 낸다는 가정 아래, 이사를 가서 어쩔 수 없이 인터넷 회사를 알아봐야 하는 상황이 아니라면, 망 사업자가 소비자의 눈에 띄는 일은 거의 없다.

컴캐스트 같은 망 사업자들은 IT 기업처럼 화려한 유명세를 누리지는 못하지만, 매출과 수익 면에서는 절대 IT 기업에 뒤처지지 않는다. 이들은 광고비를 받는 게 아니라, 매달 사용자로부터 직접 돈을 받기 때문에 소셜 미디어 기업보다 사용자 수는 적어도 돈은 더 많이 번다. 예를 들어 미국 내에서만 사업을 하는 컴캐스트의 2018년 매출액은 페이스북보다 약 300만 달러 더 많았다. 그해 컴캐스트는 고객 한 명당 평균 646.80달러를 받았다. 단순히 인터넷을 연결해주는 대가로 한 달에 50달러 이상을 받은 것이다.[3]

여러 채널을 묶어서 제공하고 대다수 채널은 돈을 내야 볼 수 있는 케이블 TV 사업과 달리, 인터넷 망 사업에는 간접비가 거의 들지 않는다. 방송 채널을 구매할 필요도 없고 프로그램 저작권료를 낼 필요도 없기 때문이다. 케이블 업계는 인터넷 때문에 사업 기반이 약해지고 있다고 우려하지만, 단순히 데이터를 흘려보내는 통로를 제공하는 일만으로도 돈을 쓸어 담고 있다.

---

3   가입자 한 명당 평균 매출(ARPU)로 계산했다. 출처: https://www.nscreenmedia.com/comcast/

돈이 있는 곳에는 권력도 있는 법이다. 케이블 회사들은 상당한 권력을 가지고 있다. 물론 이들은 오랫동안 정계와 좋은 관계를 유지해 정치적 영향력도 크지만, 더 중요한 사실은 이들이 고객의 정보에 접근할 수 있다는 것이다. 우리는 구글, 페이스북, 온라인 광고 회사 등이 가진 데이터를 걱정할 뿐, 우리의 집에 인터넷을 제공하는 회사가 우리의 정보를 볼 수 있다는 생각은 잘 하지 않는다. 하지만 이들은 컴퓨터와 전화로 오가는 모든 암호화되지 않은 데이터에 접근할 수 있다. 어쩌면 앞으로 이 데이터가 망 사업자들에게 더 많은 권력과 돈과 영향력을 안길 수도 있다.

도시에서 도시로, 대륙에서 대륙으로 데이터를 실제로 전송해야 하는 망 사업자들의 입장과 콘텐츠를 만드는 회사의 입장은 서로 다를 수밖에 없다. 넷플릭스^{Netflix}는 HD보다 슈퍼 HD를, 또 그보다는 울트라 HD를 제공하고 싶어 하겠지만, 전송할 데이터가 늘어날수록 인력과 돈을 더 들여야 하는 망 사업자는 이를 달가워하지 않을 것이다.

콘텐츠 사업자인 IT 기업과 인터넷 망 사업자 사이의 갈등은 아직 해결되지 않은 과제로 남아 있다. 이 싸움에는 사용자, 활동가, 정부, 규제기관, 법정 등 여러 사람의 이해관계가 얽혀 있다. 인터넷 망만 제공하는 일부 망 사업자의 경우 비교적 이 논쟁에 걸려 있는 이해관계가 단순한 편이다. 하지만 컴캐스트처럼 인터넷 사업 외에 전화나 유료 방송 같은 기존 미디어 사업을 병행하는 회사들은 내부에서조차 이해관계가 충돌하기 때문에 더 복잡하다.

그 이유를 설명하기 전에, 망 사업자들이 사업을 하는 이유부터 명확히 알고 넘어가자. 케이블 회사를 비롯한 망 사업자들은 이 책 전체를 통해 그리고자 하는 권력 다툼에서 중요한 역할을 하기 때문에 이들이 움직이는 동기를 알아 둘 필요가 있다. 엘리어슨의 말에 따르면, 다행히 이들의 동기는 단순하다. IT 기업과 달리 이들은 세상을 바꾸겠다고 주장하지 않는다. 오로지 이윤을 추구할 뿐이다. 진부하지만 명쾌하다.

엘리어슨은 말했다. "솔직히 인터넷 가입자를 한 명 늘릴 때마다 들어가는 추가 비용은 그리 많지 않습니다. 가입자가 한 명 늘어날 때마다 월 50달러를 벌 수 있는데, 추가로 들어가는 비용은 5달러 정도죠. 아주 많이 남는 장사인 셈입니다." 이렇게 큰 이문을 유지하는 일이 그냥 될 리 없다. 만일 인터넷 회사가 충분히 많다면, 분명 그중 하나는 월 5달러의 비용이 드는 서비스를 50달러가 아닌 45달러에 팔겠다고 나설 것이다. 그래서 망 사업자들은 독점적 지위를 유지하기 위해 사업에 들어가는 막대한 초기 비용을 과시해 경쟁자의 진입을 막고, 유리한 규제를 적용받으려고 노력한다.

그런데 다른 망 사업자와 달리 케이블 회사에는 신경 써야 할 일이 더 있다. 옛날에는 사람들이 여러 채널을 묶어 파는 값비싼 케이블 TV 상품을 구입했다. 그런데 인터넷이 등장하면서 젊은 세대가 케이블 TV 상품을 구매하지 않기 시작했다. 인터넷도 수익성 좋은 사업이기는 하지만, 쇠락하는 케이블 사업을 그냥 보고만 있는 모습을 주주들에게 보일 수는 없는 노릇이다.

이런 이유로 케이블 회사는 콘텐츠를 제공하는 IT 기업과 더 첨예하게 대립할 수밖에 없다.

엘리어슨은 현재 케이블 회사가 겪고 있는 갈등 상황을 다음과 같이 설명했다. 케이블 회사들은 현재 가정에 인터넷을 공급하는 사업으로 돈을 벌고는 있지만, 이 사업은 이전의 케이블 TV 사업보다 수익성이 낮다. 그런데 IT 기업들은 자기들이 공급하는 인터넷으로 유료 케이블 방송을 대체할 콘텐츠를 공급해 돈을 버는 모습을 지켜봐야 하는 것이다.

엘리어슨에 따르면 "현재 케이블 회사는 순전히 인터넷으로 돈을 벌고" 있다.

케이블 회사를 비롯한 망 사업자들의 꿈은 소비자에게는 인터넷 사용료를 청구하고, 웹사이트에게는 콘텐츠를 전달해준 대가를 청구해 양쪽에서 수익을 올리는 것이다. 모든 웹사이트로부터 돈을 받을 순 없겠지만, 일부 웹사이트에게 더 빠른 서비스를 제공하는 대가로 돈을 받을 수는 있을 것이다. 물론 IT 기업들은 이를 막기 위해 맹렬히 싸우고 있다.

이 싸움은 흔히 망 중립성 논쟁으로 불린다. 망 중립성은 인터넷상의 모든 데이터 패킷이 (음성이든 텍스트든 이미지든 비디오든, 보낸 사람과 받는 사람에 관계 없이) 똑같은 취급을 받아야 한다는 원칙인데, 망 사업자들의 주장은 망 중립성 원칙에 명확히 위배된다. 어떤 사람들은 망 중립성 논쟁을 원칙을 지키기 위한 고결한 싸움으로 여기지만, 거대 기업 사이의 흔한 알력 다툼 정도로 생각하는 사람들도 있다. 어느 쪽이든 분명한 사실은 이 논쟁에 큰돈이 걸려 있다는 것이다.

케이블 회사가 인터넷을 관리하고자 하는 데는 다른 이유도 있다. 그중 한 가지는 케이블 회사에서 하는 콘텐츠 사업이 인터넷으로 인해 손해를 보고 있다는 것이다. 즉 케이블 회사의 인터넷 사업 부문과 콘텐츠 사업 부문 사이에는 이해갈등이 존재할 수밖에 없다. 이러한 이해갈등을 겪고 있는 대표적인 회사가 컴캐스트다. 컴캐스트는 인터넷 망 사업자이기도 하지만, NBC 방송국과 유니버설스튜디오를 소유한 대형 콘텐츠 기업이기도 하다.

콘텐츠 제작자에게 콘텐츠를 불법으로 취득해 공개하는 인터넷 해적은 두려운 존재다. 특히 2000년대 후반에는 인터넷 해적에 대한 콘텐츠 업계의 공포가 극에 달해 있었다. 당시 컴캐스트는 온라인 해적 행위를 방지하기 위해 무리한 조치를 했다가 발각되기도 했다.

사건이 벌어진 경위는 이랬다. 인텔Intel에서 엔지니어로 일했던 컴캐스트 사용자 롭 토폴스키Robb Topolski는 음악을 공유하기 위해 P2P 서비스에 음악 폴더를 올렸다. 그런데 이상하게 아무도 음악을 받아가지 않았고, 토폴스키는 의구심을 느꼈다.《AP

통신》의 기사에 따르면, 토폴스키는 원인을 추적한 끝에 컴캐스트가 트래픽을 막지는 않았지만, 소프트웨어를 무력화하는 은밀한 방식으로 파일 공유 서비스를 막았다는 결론에 이르렀다.[4]

고객에게 인터넷을 제공해야 할 기업이, 많은 사람이 뉴스와 정보를 주로 인터넷에서 얻는 시대에, 자사의 이익을 위해 오히려 고객이 인터넷에 접근하는 것을 막았다는 소리였다. 당연히 사람들은 분노했다.

이 사건은 소비자들에게 컴캐스트 내부의 이해갈등을 보여주었고, 사람들은 컴캐스트를 의심하게 되었다. 사람들이 인터넷에 문제가 생기면 일단 컴캐스트를 의심했기 때문에 고객을 응대하는 일은 한층 더 어려워졌다. 프랭크 엘리어슨은 컴캐스트를 믿지 않는 고객을 상대해야 했다. 웹사이트에 접속할 수 없거나 특정 서비스를 사용할 수 없을 때면 사람들은 이렇게 생각했다. 분명 컴캐스트가 차단했을 거야!

엘리어슨의 말에 따르면 고객들은 접속이 안될 때마다 "컴캐스트가 차단했다"고 믿었으며 "컴캐스트 같은 회사"는 그럴 만하다고 생각하기까지 했다. 문제를 더 복잡하게 만든 건, 컴캐스트가 실제로 간혹 특정 사이트를 차단한다는 것이었고, 그래

---

4   이 이야기는 컴캐스트의 CEO인 브라이언 로버츠의 《와이어드》 인터뷰에 실려 있다.
http://www.wired.com/techbiz/people/magazine/17-02/mf_brianroberts?current
Page=all

서 사람들은 컴캐스트가 차단한 게 아니라는 말을 들어도 믿지 않았다. 하지만 그 말은 사실일 때가 많았다.

사실 사이트에 접속할 수 없는 이유가 누군가 차단했기 때문인 경우는 많지 않다. 대개는 중간에 오류가 생겨서 그런 일이 벌어지는데, 왜 그런 오류가 생기는지 알려면 평소에 우리 눈에 잘 띄지 않는 인터넷의 다른 층위를 들여다봐야 한다. 그리고 그곳에는 온라인 세상의 또 다른 상업적 격전지가 있다.

우리는 대개 인터넷 회사(케이블 회사나 통신사 등 망 사업자)가 내라는 돈을 낼 뿐, 인터넷 사용료에 큰 주의를 기울이지 않는다. 웹 서핑, 다운로드, 스트리밍 등을 마음 편히 이용하기 위해 '무제한'(하지만 대개 공정 이용 제한이라는 애매모호한 약관이 있는 경우가 많다) 요금제에 가입하는 사람도 많다. 그렇지 않은 사람이라도 한 달에 몇 기가바이트까지는 무료인 상품에 가입해 제한을 넘긴 부분에 대해서만 사용료를 더 내면 그만이다.

일단 상품에 가입하면, 우리는 스웨덴에 서버가 있는 사이트를 방문할 때 자국 사이트를 방문할 때보다 돈이 더 많이 나올지도 모른다고 걱정하지 않는다. 넷플릭스를 보면서 혹시 다른 나라의 인터넷 망을 거쳐 온 패킷이 있으면 그 나라 망 사업자에게 돈을 지불해야 할지도 모른다는 생각을 하지도 않는다. 이런 일들은 우리의 생각 밖에 있다. 우리는 우리가 요금을 내는 회사가 인터넷 망 전체를 관리한다고 생각하는 경향이 있다.

하지만 안 보이는 곳에서 벌어지는 일은 우리 생각과 전혀 다르다. 1장에서 말했듯, 인터넷은 '네트워크의 네트워크'다. 초기 아르파넷 시절의 네트워크는 아주 단순했다. 네 대학은 컴퓨터를 한 대씩 가지고 있었고, 이 컴퓨터들을 연결한 네트워크의 사용료는 ARPA가 냈다.

나중에는 다른 연구소들도 네트워크에 합류했다. 이들은 컴퓨터를 몇 대씩 가지고 있었는데 모든 정보를 아르파넷에 공유하고 싶어 하지 않았다. 그래서 이들은 자기네 컴퓨터를 이어 내부 네트워크를 만든 다음, 이 네트워크를 아르파넷에 연결했다. 이때까지도 비용은 미국 정부가 냈다. 이런 일이 반복되고, 아르파넷이 인터넷이 되면서 네트워크는 점점 더 복잡해지고 다층적으로 되었다. 미국 정부는 이미 오래전에 인터넷 비용을 부담하는 일을 그만두었다.

예전이나 지금이나 인터넷을 이루는 모든 컴퓨터와 케이블에는 소유권이 있다. 집에 있는 컴퓨터와 공유기로 이루어진 유선 또는 무선망은 우리 소유다. 그리고 집에서 지역 통신 단자함까지를 잇는 케이블은 시내에 설치된 다른 많은 케이블과 마찬가지로 우리가 인터넷 요금을 내는 회사의 소유다.

팀 버너스리가 발명한 월드와이드웹에 힘입어 가정용 인터넷이 점차 보급되기 시작할 무렵, 인터넷은 기존에 깔린 전화망을 이용했다. 1980년대와 1990년대에 인터넷을 사용해본 사람들은 모뎀을 사용한 전화접속 방식 인터넷을 기억할 것이다. 전화접속 인터넷에서는 디지털 신호를 아날로그 신호로 바꿔주는 모뎀을 사용해 전화선을 통해 데이터를 전송한다. 당시 인 터넷을 쓸 때 실수로 수화기를 들면 귀에 거슬리는 삑삑 소리 가 났는데, 그 소리가 바로 아날로그 신호로 변환된 디지털 신 호였다.

오늘날에는 사정이 완전히 바뀌었다. 데이터 전송이 주가 되면서 전화가 인터넷 망을 사용하기 시작했다. 이제는 음성을 비롯한 소리(아날로그 신호)를 디지털 신호로 변환해 인터넷 케 이블로 전송한다. 케이블의 성능도 더 좋아져서, 가정으로 직접 들어가는 몇 미터 남짓한 거리만 제외하면 거의 다 이전의 구리 선이 광케이블로 바뀌었다. 그러나 여전히 도시나 마을에 연결 된 케이블을 소유하고 관리하는 주체는 (이전에 전화망을 관리하 던) 통신사들이다.

통신사들이 소유한 지역 내 케이블은 다시 더 멀리까지 이 어지는 케이블에 연결되는데, 그 케이블의 소유주는 또 다르다. 예를 들어 미국과 영국 사이를 연결하려면 대서양을 가로지르 는 광케이블 중 하나를 사용해야 하는데, 이 광케이블도 모두 소 유주가 있다.

이제 꼭 우리가 가입한 인터넷 회사가 잘못하지 않아도 인 터넷이 잘 안될 수 있다는 말이 이해가 될 것이다. 우리는 웹사 이트에 접속할 때까지 다양한 주체가 소유하고 관리하는 여러 케이블과 컴퓨터를 거친다. 그중 하나가 잘못되면 인터넷이 잘 안될 수 있다.

이해를 돕기 위해 우리가 보낸 신호가 어떤 경로를 거쳐 전송되는지 직접 확인해보자. 컴퓨터에는 우리가 어떤 경로를 통해 웹사이트에 접속하는지 보여주는 경로 추적 기능[traceroute]이 있다. 아래는 이 기능을 사용해 런던 북부에 있는 내 컴퓨터가 트위터에 접속하는 경로를 알아본 결과다.[5]

```
1  bthub (192.168.1.254) 2.182 ms 3.725 ms 2.480 ms

2  ***

3  ***

4  31.55.186.188 (31.55.186.188) 22.822 ms 23.552 ms  24.048
ms

5  195.99.127.94 (195.99.127.94) 23.502 ms  core3-hu0-6-0-3.
faraday.ukcore.bt.net (195.99.127.194) 22.314 ms host213-
121-192-120.ukcore.bt.net (213.121.192.120) 22.590 ms

6  peer6-hu0-12-0-0.telehouse.ukcore.bt.net(213.121.193.
189) 23.932 ms 213.121.193.191 (213.121.193.191) 24.328 ms
peer6-hu0-12-0-0.telehouse.ukcore.bt.net (213.121.193.189)
24.062 ms

7  xe-1-1-0.cr1-lon1.twttr.com (195.66.225.142) 23.625 ms
25.017 ms 25.550 ms
```

---

5   매킨토시에서 터미널을 연 뒤, 'traceroute www.twitter.com'이라고 입력하면 몇 분 뒤에
     비슷한 결과를 얻을 수 있다.

```
8 104.244.42.129 (104.244.42.129) 23.949 ms 29.694 ms 23.778
ms
```

평범한 사람의 눈에는 의미 없는 기호의 나열처럼 보일 것
이다. 하지만 이 의미 없는 기호는 해석할 수 있다. 일단 위에 보
이는 긴 숫자들은 내 컴퓨터와 트위터(내가 접속하고자 하는 사이
트)를 연결하는 사슬에 위치한 각 장치의 IP 주소다.

대충 설명하자면 위 문서의 내용은 이렇다. 컴퓨터는 먼저
런던의 내 방에 있는 공유기 'bthub'에 신호를 보냈다. 내 공유
기 이름이 'bthub'인 이유는 이름은 내가 쓰는 인터넷 회사가 브
리티시텔레콤^{British Telecom, BT}이기 때문이다. 약간의 딜레이(2와 3의
'***') 후, 신호는 브리티시텔레콤의 런던 네트워크로 전달되어
이곳저곳을 떠돈다. 5열의 '195'로 시작되는 긴 숫자열들이 바로
런던 내에서 신호가 이동한 경로다.[6]

내가 이렇게 말할 수 있는 까닭은 IP 주소를 알면 장치의
대략적인 위치를 알 수 있기 때문이다. 인터넷에 있는 수많은 위
치 정보 사이트 중 한 곳(iplocation.net 등)에 접속해, IP 주소를
입력하기만 하면 신호가 어떤 지리적 경로를 통해 이동했는지
알 수 있다.

---

6   https://iplocation.com을 이용해 IP를 위치 정보로 변환했다. 2019년 2월의 결과다.

6열에서 신호는 영국의 다른 지방에 있는 브리티시텔레콤 네트워크로 건너간다. 브리티시텔레콤이 영국의 국영 통신사로, 과거 영국에서 가장 많은 지역에 전화를 공급했고 지금도 영국 내에 촘촘한 인터넷 망을 가지고 있다는 점을 고려하면 이해할 만한 일이다. 웨일스에 있는 장치들을 거친 신호는 7열에서 다시 런던으로 돌아온다. 그리고 브리티시텔레콤 네트워크를 벗어나 트위터 런던 서버('lon1.twtter.com')로 들어가고, 마지막으로 내가 보고자 하는 웹사이트의 정보가 있는 캔자스의 트위터 데이터센터로 전달된다.

대체로 내가 인터넷 요금을 내는 회사의 네트워크를 거친다는 면에서, 이 경로는 상당히 단순하다. 하지만 대서양을 가로지르는 해저 케이블 가운데 트위터가 소유한 케이블은 없기 때문에 트위터는 분명 누군가에게 그 케이블을 사용하는 대가를 지급하고 있을 것이다. 우리는 이 경로를 보며 돈이 오갔으리라는 사실을 유추할 수 있다.

이는 상당히 합리적인 추론이다. 대양을 가로지르는 케이블을 설치하고 관리하는 건 엄청난 일이다. 광케이블은 생각보다 가늘다. 보통 수도관 정도의 굵기인데, 광섬유가 매우 가늘어 부피의 대부분을 보호층이 차지한다. 하지만 설치하고 유지하고 관리하는 데 상당한 노력이 든다.

수심이 얕은 해안의 광케이블은 대개 손상과 정보 유출을 막기 위해 땅에 묻혀 있다. 하지만 바다에 있는 케이블은 파도나

저인망에 의해 손상될 수 있으며, 심지어 상어의 공격을 받기도 한다.[7] 깊은 바다에 있는 케이블을 수선하는 건 만만치 않은 일이다. 직접 배를 타고 나가 케이블의 손상 부위를 알아낸 뒤, 갑판으로 끌어올려 망가진 부분을 교체해야 한다.

우리가 인터넷으로 데이터를 보내고 받을 때마다 신호는 다양한 사람이 소유한 케이블과 그보다 더 많은 사람이 소유한 데이터센터, 라우터, 각종 기기를 거친다. 그리고 이 여정은 단 몇 마이크로초 만에 완료된다.

우리가 인터넷을 쓸 때마다 보이지 않는 곳에서는 위에서 말한 일들이 눈 깜빡할 사이에 벌어진다. 그리고 그 과정에는 중간에 신호가 거치는 네트워크를 관리하는 여러 망 사업자들이 관여한다.

망 사업자들은 다른 망 사업자와 네트워크를 공유하기로 협약을 맺기도 한다. 하지만 '1계층 망 사업자tier 1 ISP'라 불리는 국제 기간망 사업자가 지역망 사업자와 이런 협약을 맺는 경우는 거의 없다. 지역망 사업자들은 보통 기간망 사업자에게 사용료를 내고 국제 기간망을 사용한다.

하지만 인터넷은 비용 정산을 고려하지 않고 만들어졌고 그 시절의 전통은 여전히 남아 있다. 여전히 우리는 바로 옆집으

---

7   정말이다. https://www.wired.co.uk/article/shark-cables

로 데이터를 보낼 때나, 세계를 두 바퀴쯤 돌아 데이터를 전송해야 할 때나 같은 돈을 내길 바란다.

일반적으로 인터넷에서 거리에 따른 데이터 전송 비용의 차이는 그리 크지 않다. 그래서 기업은 전송 거리를 고려하기보다는 땅값과 전기료가 싸면서 능력 있는 직원을 고용할 수 있는 곳을 선택해 데이터센터를 짓는다. 거리가 멀어져서 전송 비용이 늘어나거나, 케이블을 새로 설치해야 하더라도 그 편이 더 나은 경우가 많다. 사용자의 눈에는 잘 보이지 않지만, 인터넷 기업들은 이들 데이터센터에 저장된 우리의 데이터를 보내고 받고 소유권을 거래하며 돈을 번다. 우리가 모르는 또 다른 숨은 격전지가 있는 셈이다.

이처럼 인터넷 트래픽이 전 세계로 흐를 때 물밑에서 벌어지는 일은 생각보다 훨씬 복잡해서 아직도 이야기할 거리가 많다. 트래픽이 왜 그런 경로를 택하는지, 중간에 누가 그 트래픽을 볼 수 있는지, 누가 우리가 보는 정보를 결정하는지, 누가 우리가 무엇을 봤는지 알 수 있는지 등은 가려져 있지만 중요한 이야기다.

무대 뒤에서 벌어지는 일을 엿볼 수 있는 한 가지 방법은 웹사이트에 '핑ping'을 보내는 것이다. 핑이란 웹사이트에 보내는 아주 단순한 요청으로, 웹사이트에게 '안녕' 하고 인사하는 것과 비슷하다. 핑을 보내고 응답을 받을 때까지 걸리는 시간을 재는 것을 '핑테스트ping test'라고 하는데 대개 문제를 진단할 때 쓰인다. 가장 단순한 요청을 보내 컴퓨터가 잘 동작하는지, 네트워크 연결에 이상이 없는지 확인하는 것이다. 하지만 핑테스트는 안 보이는 곳에서 일어나는 일을 엿보는 데도 도움이 된다.

내가 영국에서 스탠퍼드(아르파넷이 최초로 연결된 두 곳 중 한 곳)로 핑을 보내 얻은 결과는 다음과 같다.

```
jamesball$ ping stanford.edu
PING stanford.edu (171.67.215.200): 56 data bytes 64 bytes
from 171.67.215.200: icmp_seq=1 ttl=239 time=182.686 ms
```

해석하자면 내가 보낸 요청이 스탠퍼드까지 갔다가 영국으로 돌아오기까지 182.686밀리초가 걸렸다는 내용이다. 나쁘지 않은 속도지만, 대형 IT 기업 사이트의 응답보다는 느리다. 내가 스탠퍼드처럼 미국 서부에 서버를 둔 구글에 핑을 보냈을 때의 응답 속도는 겨우 17밀리초였다. 응답 속도에 차이가 나는 이유는 구글이 더 빠른 케이블을 사용하기 때문이 아니라, 구글이 검색 시간을 단 몇 밀리초라도 줄이기 위해 전 세계에 데이터센터를 복제해두었기 때문이다. 그래서 구글은 데이터를 대서양 너머로 보내지 않고도 바로 내 요청에 응답할 수 있는 것이다. 이처럼 구글은 대양을 가로질러 데이터를 전송하는 횟수를 줄이기 위해 전 세계 도시 주변에 거대한 데이터센터를 지어 파일, 이메일, 검색 데이터베이스 등의 사본을 보관하고 있다.

앞서 우리는 경로 추적 기능을 통해 평소 볼 수 없던 세상을 잠깐 엿보았다. 한편, 컴캐스트의 고객 서비스팀을 이끌던 엘리어슨에게 이 기능은 고객이 웹사이트에 접속할 수 없는 이유가 컴캐스트 잘못이 아니라는 사실을 증명해주는 유용한 도구이기도 했다.

정부가 인터넷 사용료를 지원하고 인터넷을 관리하던 시절은 이미 오래전에 끝났다. 인터넷이라는 복잡하고 국제적인 '네트워크의 네트워크'를 관리하는 일은 이제 망 사업자들이 서로 돈을 더 벌기 위해 경쟁하는 경주가 되었다. 그리고 컴캐스트는 영리한 한 수로 경쟁에서 유리한 위치를 차지했다.

망 사업자들이 서로의 네트워크를 사용하기 위해 맺는 협약은 크게 무정산 협약과 일방향 정산 협약으로 나뉜다. 국제 기간망을 관리하는, 즉 대양을 가로지르는 케이블을 관리하는 1계층 망 사업자는 아무래도 특정 국가에 접근하기 위해 다른 1계층 망 사업자의 케이블을 사용해야 할 때가 많다. 그래서 트래픽 양이 비슷한 1계층 망 사업자들끼리는 서로 비용을 지급하지 않기로 하는 '무정산 peering(동등 접속)' 협약을 맺는다. 이 협약에 가입한 망 사업자들은 다른 망 사업자를 협약에 참여시킬지를 함께 결정한다.

특정 지역이나 국가에서만 사업하는 망 사업자들은 1계층 망 사업자가 가진 네트워크를 사용해야 할 때가 많지만, 1계층 망 사업자들은 이들의 네트워크를 사용하는 경우가 그만큼 많지 않기 때문에 보통 지역망 사업자들은 1계층 망 사업자와 '일방향 정산' 계약을 맺고 사용료를 지불한다. 이처럼 계층을 나누어 동등한 계층의 네트워크와는 무정산 협약을 맺고 무료로 사용하되, 상위 계층 네트워크가 필요하면 사용료를 지불하는 것이 업계의 관례다.

하지만 브라이언 로버트가 경영하는 컴캐스트(1계층 망 사업자가 아니다)는 이 관례를 깰 방법을 찾아냈고, 결국 1계층 망 사업자들과 무정산 협약을 맺었다. 이 일로 2014년 컴캐스트 부회장 배리 티쉬가트Barry Tishgart가 온라인 기술 정보 사이트 '아스 테크니카Ars Technica '에 긴 해명글을 싣기도 했다.[8]

사실 과거에 컴캐스트를 비롯한 케이블 회사들은 AT&T가 독점했던 통신 시장의 새로운 경쟁자로 환영받았다. 이 분위기에 힘입어 컴캐스트는 전통적으로 한 지역 내에서만 사업하던 미국의 소규모 케이블 회사들을 사들이며 공격적으로 사업을 확장했다.

가입자가 점점 늘면서 컴캐스트는 점차 중요한 망 사업자가 되었다. 가입자 수뿐 아니라 컴캐스트가 소유한 물리적 네트워크의 규모도 엄청났다. 얼마 지나지 않아 컴캐스트는 AT&T를 제외하면 미국에서 가장 광범위한 케이블 네트워크를 가진

---

8   https://arstechnica.com/information-technology/2014/07/how-comcast-became-a-powerful-and-controversial-part-of-the-internet-backbone/

사업자가 되었다.

미국이 너무 크고 중요하고 붐비는 시장이었기 때문에 컴캐스트는 1계층 망 사업자들(무대 뒤에 있는 진짜 국제 케이블 거대기업들)을 설득해 무정산 협약을 맺을 수 있었다. 컴캐스트에게 그들의 네트워크가 필요한 만큼 그들에게도 컴캐스트의 네트워크가 필요했기 때문이다. 무정산 협약 덕분에 컴캐스트는 대양을 가로지르는 케이블을 설치하거나 사들이지 않고도 기간망 사용료를 내지 않게 되었다.

어떻게 보면 무정산 협약은 존재 자체로 인터넷의 '페어플레이' 정신을 대표한다고 볼 수 있다. 하지만 설혹 그런 시절이 존재했다고 쳐도, 컴캐스트가 미국의 영향력을 행사해 무정산 협약을 맺는 순간, 그 시대는 끝나버렸다. 이제 인터넷은 수익의 원천일 뿐이다. 콘텐츠 기업도, 지역망 사업자도, 기간망 사업자도 수익을 늘리기 위해 할 수 있는 일은 다 하고 있다. 이제 인터넷은 완전히 상업화되었다. 케이블 회사들은 한때 소비자 편에서 통신 대기업과 싸우는 용감한 도전자였지만, 이제는 도전에 직면한 낡은 기업이 되었다.

몇 년 안에 5세대 이동통신(5G)이 보급될 것이라는 말이 돌고 있다. 아직 시험 단계지만, 5G가 도입되면 이동통신의 최대속도는 4G보다 10-15배 더 빨라질 것이다.[9] 이렇게 되면 무선 인터넷이 유선 인터넷만큼 빠르거나, 오히려 더 빨라지는 지역이 생길 것이다.

무선 인터넷도 기간망은 광케이블로 이루어진 유선 네트워크를 사용하지만, 소위 '가입자 구간'이라 불리는 소비자와 직접 연결되는 구간은 케이블이 아닌 3G, 4G, 5G 등의 무선 네트워크를 사용한다. 현재는 주로 스마트 폰과 연결하지만, 뭐든 연결할 수 있다. 무선 인터넷의 전송 속도가 유선 인터넷 이상으로 빨라지더라도 인터넷의 기본 구조에 큰 변화는 없겠지만, 소비자와 표준을 둘러싼 망 사업자들 사이의 경쟁 양상은 완전히 달라질 수 있다.

그렇게 되면 완전히 새로운 다툼과 경쟁의 장이 열릴지도 모른다. 기업들은 우리가 인터넷에 쓰는 돈을 두고 서로 더 많은 몫을 차지하기 위해 다툰다. 무선 인터넷이 유선 인터넷보다 초기 비용이 낮아 이론적으로는 5G가 도입되면 인터넷 공급자가 늘어나면서 현재 망 사업자들이 가진 독점적 지위가 약해질 가능성이 있다.

그러므로 이론적으로만 따지면, 5G의 도입은 소비자들에게 도움이 될 것이다. 도입 초기에는 사용료가 비싸겠지만, 결국 가격이 떨어지면서 소비자에게 이득이 될 것이기 때문이다.

하지만 5G의 도입이 우리에게 도움이 될지는 소비자를 생각하는 좋은 기업을 찾아내 가입하는 데 달린 게 아니라 국회와

---

9   https://www.trustedreviews.com/news/what-is-5g-vs-4g-2911748

규제 당국이 어떻게 움직이는지에 달렸다.

문제는 케이블 회사를 비롯한 망 사업자들이 이 부분에서 우리보다 한 발, 아니 두 발은 더 앞서 있다는 것이다.

사실 망 사업자는 콘텐츠를 전달하는 중개자에 불과하다. 그래서 소비자들은 문제없이 안정적이기만 하다면, 어떤 회사가 인터넷을 공급하든 크게 신경 쓰지 않는다. 우리는 데이터를 전송하는 선이나 라디오파를 직접 본 적이 없다. 그래서인지 특정 회사의 인터넷 서비스를 고집하는 사람은 많지 않다.

다른 나라도 마찬가지겠지만, 미국의 망 사업자들이 대중에게 사랑받아야 할 필요성을 전혀 느끼지 못하는 건 이 때문일 것이다. 프랭크 엘리어슨은 컴캐스트에서 일한 지 몇 년 만에 그들이 고객에게 잘 보이는 데 관심이 없다는 사실을 깨달았다. 2010년, 세계 금융위기로 금융 산업의 이미지가 최악이던 시점에 그는 금융 업계의 고객 서비스 담당자로 자리를 옮겼다. 케이블 산업의 얼굴로 유명해진 대가를 톡톡히 치른 셈이다.

엘리어슨은 말했다. "일이 굉장히 힘들었습니다. 저도 그 때문에 떠났고요. 제가 보기에 컴캐스트는 별로 변한 게 없었습니다. 저는 컴캐스트 쪽에 솔직히 말했습니다. … 컴캐스트는 제 평판을 팔 뿐이라고요. 저는 어느 곳에 가든 고객을 위해 일하고 고객을 위해 싸웠습니다. 그게 제가 하는 일이니까요. 컴캐스트에서는 옳지 않은 일을 하는 기분이었습니다."[10]

엘리어슨의 마음이 불편했던 이유는 어쩌면 케이블 회사가 누구에게 잘 보여야 사업에 도움이 되는지 너무 잘 알고 있었기 때문인지도 모른다. 케이블 회사는 고객보다는 정치인이나 규제 기관의 눈에 들어야 한다는 사실을 잘 알고 있었다.

연방통신위원회 조사에 따르면 미국인 중 3분의 1 이상(1억 2900만 명 이상)이 광대역 인터넷 회사가 단 한 곳밖에 없는 지역에 살고 있다. 이들에게는 '선택'의 여지가 없으므로 케이블 회사는 고객을 잃을 걱정을 하지 않는다. 이런 상황에서 고객을 유치하고 잡아두기 위해 노력할 필요가 있을까?[11]

지역 내 케이블 회사의 수익은 고객 서비스보다는 개발 계획이나 규제를 유리한 쪽으로 움직여 독점을 유지하는 데 달려 있다. 한 나라 또는 전 세계에서 거두는 수익 또한 정치에 달려 있기는 마찬가지다. 망 사업자들의 수익은 실리콘밸리의 대형 기술기업이나 다른 망 사업자와의 수많은 내부 협상 결과에 달려 있다. 그래서 이들은 어떻게든 정치인에게 잘 보여서 유리한 위치를 점하려 한다.

망 사업자들은 수십 년 동안 전략적으로 정계를 공략했다. 이들은 미국의 다른 산업과 마찬가지로 워싱턴DC의 로비스트들에게 거침없이 돈을 쓴다. 오픈시크릿OpenSecret이 공개한 자료

---

10   다만 엘리어슨은 요즘은 다시 돌아가는 것도 괜찮아 보일 만큼 케이블 산업이 나아진 것 같다고 말했다. 그는 이렇게 덧붙였다. "그쪽에서 저를 다시 받아줄지는 모르겠지만요."

11   https://motherboard.vice.com/en_us/article/bjdjd4/100-million-americans-only-have-one-isp-option-internet-broadband-net-neutrality

에 따르면, 실리콘밸리가 국회 로비 명목으로 7700억 달러를 지출한 반면, 통신 산업은 9200만 달러를 지출했다.[12] (통신 회사 가운데 가장 많은 돈을 쓴 기업은 1500만 달러를 지출한 컴캐스트로, 이들이 지출한 돈은 구글의 모회사 알파벳이 지출한 2200만 달러를 조금 밑돈다).[13]

망 사업자들은 다른 주요 기업과 마찬가지로 양 당 모두에 선거 자금을 기부한다. 하지만 이 정도는 기본이다. 이들은 정치인을 포섭하기 위해서라면 훨씬 더 영악한 일도 한다.

엘리어슨은 이렇게 말했다. "고객의 행복이 아니라 정치인의 행복이 중요했습니다." 그저 화려한 파티에 정치인을 초대하는 정도가 아니었다. "특별히 정치인에게만 좋은 서비스를 제공했습니다."

즉 케이블 회사는 정치인들이 사는 곳을 파악해두었다가, 그들이 회사를 나쁘게 생각하지 않도록, 유권자들에게는 보장되지 않는 더 좋은 서비스를 제공한다.

이외에 케이블 회사가 관심을 기울이는 부분은 경쟁사가 존재하는 지역의 서비스를 개선하는 것이다. 케이블 회사는 다른 지역의 반발을 살까 봐 대놓고 홍보하지는 않지만, 다른 지역보다 이들 지역에 더 좋은 서비스를 제공한다. 2-3개의 케이블

---

12 https://www.opensecrets.org/lobby/indusclient.php?id=B09&year=a
13 https://www.opensecrets.org/lobby/indusclient.php?id=B13&year=2018

회사 중 하나를 선택할 수 있는 곳에 사는 운 좋은 사람들은 선택권이 없는 다른 지역 사람보다 훨씬 좋은 조건으로 인터넷을 쓸 수 있다.

엘리어슨은 같은 회사(일례로 컴캐스트)의 인터넷을 쓰더라도 경쟁이 있는 지역과 없는 지역은 서비스가 다르다고 말했다. 예를 들면 뉴잉글랜드에 사는 사람은 다른 주에 사는 사람보다 같은 돈으로 데이터를 훨씬 많이 쓸 수 있다.

"제가 사는 곳은 다른 곳과 달리 최대 몇 테라바이트라거나 하는 용량 제한이 없습니다."

이는 케이블 회사가 경쟁이나 정부의 압박이 없으면 최대한 돈을 뜯어낸다는 뜻이기도 하다.

만일 망 사업자들이 유토피아적 인터넷을 믿는 시대(실리콘밸리 기업들이 모두 자신이 세상을 더 좋은 곳으로 만드는 원동력이며, CEO는 천재라고 선전하는 시대)에 속하지 않았더라면, 지금처럼 미움을 받지는 않았을 것이다. 지금껏 망 사업자들은 IT 기업과 비교되어왔다. IT 기업이 인터넷이라는 혁신을 이끄는 기업이라면, 망 사업자는 그 혁신을 가로막는 낡은 기업에 불과했다.

여기에는 화려한 구석이 없는 이 산업의 본질적인 따분함도 한몫했을 것이다. 인터넷을 연결해주는 대가로 매달 50달러씩을 징수하고 지불을 깜빡하면 재촉까지 하는 회사, 인터넷이 제대로 안될 때 가장 먼저 의심할 수밖에 없는 회사를 다른 회사와 똑같은 닳고 닳은 기업이 아닌, 혁신을 이끄는 기업으로 보기는 어렵다.

현재 컴캐스트를 떠나 독립 컨설턴트로 일하는 엘리어슨은 객관적으로 볼 때 IT 기업을 망 사업자와 다른 종류의 기업이라고 보는 시각에는 문제가 있다고 말했다. 그가 보기에 IT 기업은 망 사업자와 그리 다르지 않다.

그는 말했다. "우리는 페이스북 같은 IT 기업이 이타적이라고 생각합니다. 페이스북은 우리를 세상과 이어주고 친구들과 이어주는데, 케이블 회사는 돈만 뜯는다고 생각하죠. 요즘에 와서야 사람들은 페이스북 같은 기업조차 그저 돈을 벌기 위해 존재한다는 사실을 서서히 깨닫고 있습니다. IT 기업도 수익을 내려고 사업합니다. 서비스는 무료로 제공하지만, 사실 우리가 그들의 상품이죠. IT 기업은 우리의 사생활을 보호하고 우리를 사람들과 이어주기 위해 사업하는 게 아닙니다. 돈을 벌려고 사업하는 거죠. 우리는 너무 오래 이들을 믿었기 때문에 이런 생각을 잘 하지 못합니다. 반면 … 케이블 회사는 한번도 이런 신뢰를 얻은 적이 없습니다."

엘리어슨은 IT 기업 경영자와 케이블 회사 경영자 사이에도 별 차이가 없다고 말했다. 우리는 대형 IT 기업의 CEO나 설립자가 다른 기업 경영자보다 훨씬 더 영향력이 크다고 생각한다. 마크 저커버그가 이상한 지분 구조를 밀어붙여 페이스북의 의결권 있는 주식을 장악한 것만 봐도 알 수 있지 않은가![14] 하지만 컴캐스트의 CEO인 브라이언 로버츠는 아버지로부터 회사를 물려받은 데다 자신이 살아 있고 직무 수행을 원하는 한, 자신이 회장이자 CEO여야 함을 아예 정관으로 못 박았다.[15] 과연 태양 아래 새로운 것은 없다.

엘리어슨의 말처럼 CEO는 CEO다. 이들은 자신을 퍽 좋은 사람이라고 생각하지만, 이들이 움직이는 동기는 다른 사람을 위해서가 아니다. 이런 면에서 저커버그와 로버츠는 다양한 이권 다툼에서 서로 반대되는 처지인데도 서로 무척이나 닮았다.

"CEO들은 본질적으로 자신감이 넘치고 크게 되고 싶어 하는 사람들입니다. 최고가 되고 싶어 하는 사람들이죠. 이러한 성향은 케이블 회사를 이끌며 다양한 과제를 해결하는 데 도움이 됩니다. 문제는 … 이들에게 도움이 되는 일이 꼭 소비자에게 도움이 되리라는 법은 없다는 거죠. CEO들은 직원 수가 많고 커다란 기업이 좋은 기업이라고 생각합니다. 하지만 소비자들은 자기가 봤을 때 옳은 일을 하는 기업을 좋은 기업이라고 생각하죠. 결국 소비자와 CEO 중 누가 주도권을 쥐느냐에 따라 기업의 성향이 달라집니다."

"저커버그가 자기 회사를 자랑스러워하는 만큼, 로버츠도 자기 회사를 자랑스러워합니다. 하지만 만족하지 못하고 최고를

---

14   이 지분 구조는 다음 기사에 잘 요약되어 있다. https://www.cnbc.com/2018/03/20/shareholders-wont-force-zuckerbergs-hand-in-facebook-management.html

15   놀랍게도 정말이다. https://bgr.com/2018/06/13/comcast-ceo-brian-roberts-customer-satisfaction/

추구하는 건 인간의 본성이죠. 이들은 주가나 매출 등의 수치로 최고를 가리고 싶어 합니다. 이 과정에서 문제가 생기죠."

페이스북은 컴캐스트보다 훨씬 역사가 짧지만, 고객과 대면할 일이 많고 고객의 호감에 의존해야 하기 때문에 고객 서비스에는 훨씬 더 능숙하다. 컴캐스트에게는 광대역 인터넷을 쓰려면 어쩔 수 없이 컴캐스트에 가입할 수밖에 없는 사람이 1억 명 넘게 있다. 하지만 다른 소셜 네트워크를 제쳐두고 꼭 페이스북만 써야 하는 사람은 없다. 물론 그중 몇 개는 페이스북 소유이기는 하지만 아예 소셜 미디어를 쓰지 않는 사람도 있다.

컴캐스트는 페이스북보다 고객의 이익에 반하는 행동 또는 자사의 이익을 위해 소비자의 이익에 반하는 쪽으로 정부에 협조하는 일을 더 거침없이 할 수 있다. 다음 장에서 다루겠지만, 망 사업자들은 그들의 고객인 자국 시민과 전 세계인을 대상으로 한 정부 감시에 적극 협조하고 있다. 이 사실만 봐도 망 사업자들이 고객의 이익에는 관심이 없다는 것을 알 수 있다.

오랫동안 기업 경영자로 일했으며 자본주의의 적도, 비평가도 아닌 엘리어슨은 망 사업자가 이렇게 행동하는 이유를 간단히 설명했다.

"현실을 인정해야 합니다. 지금껏 사람들은 다들 인터넷을 차지하려고 애썼습니다. 이제는 인터넷을 아예 차지하지는 못한다고 해도 … 최대한 돈을 벌기 위해 노력하는 거죠."

3

관리자

2014년 2월, 나는 로스앤젤레스 엘세군도의 밋밋한 건물에서 열린, 솔직히 좀 수상해 보이는 행사에 공식 증인으로 참석했다.[1]

그 행사에는 세계 각지에서 온 보안 전문가가 참석했다. 참석자들은 신기술이 적용된 철저한 보안 장치를 통과해 행사장 안으로 들어갔다. 홍채 스캔을 하고 암호를 입력하고 카드키로 문을 연 뒤 맨트랩(뒷문이 잠길 때까지 기다려야 앞문이 열리는 구조

---

[1] 《가디언Guardian》 주말판이 이 행사에 관해 더 자세히 다루었다. 다음 주소에서 온라인으로 볼 수 있다. https://www.theguardian.com/technology/2014/feb/28/seven-people-keys-worldwide-internet-security-web

의 보안 장치)까지 통과하고 나면 '스키프^{SCIF}(민감특수정보시설)'라고 불리는 특별히 설계된 공간이 나왔다. 스키프는 어떠한 통신 신호도 통과시키지 않는 방으로, 군대나 정보기관에서 기밀 정보를 논의할 때 주로 사용한다.

하지만 그 행사는 군인이나 첩보요원과는 전혀 관련이 없었다. 그저 인터넷의 보안 수준을 높이기 위해 만들어진 '정기' 행사로, 목적은 보안 암호를 갱신하는 것이었다. 갱신된 암호(이론적으로 알아내기 불가능하다고 알려진 매우 긴 문자와 숫자의 조합)는 그 후 여섯 달 동안 인터넷 주소 시스템과 '.com'이나 '.net' 같은 도메인 확장자를 관리할 때 쓰이게 될 것이었다. 철저한 보안 검색을 한 이유는 혹시 있을지 모르는 조작 시도를 막고, NSA나 기업 등에 암호가 유출되는 것을 방지하기 위해서였다.

그 행사의 궁극적인 목적은 우리 같은 일반 인터넷 사용자들이 인터넷의 아주 기본적인 기능을 믿고 쓸 수 있도록 보장하는 데 있었다. 그 기능이란, 브라우저에 'google.com'을 치면 다른 서버가 아닌 구글 서버에 접속하게 해주는 것이다.

웹 주소를 입력했을 때, 다른 서버가 아닌 내가 원하는 서버에 접속하게 해주는 기능은 인터넷의 아주 중요하고 기본적인 기능이다. 사용자를 진짜와 비슷하게 생겼지만 주소는 약간 다른 가짜 웹사이트로 유인하는 것은 흔한 인터넷 사기 수법이다. 사기꾼들은 그럴싸해 보이는 이메일을 보내 진짜처럼 보이는 가짜 온라인 뱅킹 사이트로 사용자를 유인하곤 한다.

이 방법에도 속는 사람이 많은데, 누군가 은행의 진짜 웹 주소로 향하는 트래픽의 일부 또는 전부를 가짜 서버로 빼돌린다면 정말 위험할 것이다. 은행도 그렇지만, 독재 정권이 시민단체나 반대파의 사이트에 로그인한 사람을 찾아낼지도 모르고, 동성애를 탄압하는 정부가 동성애자 데이트 앱에 로그인한 사람을 색출할지도 모르는 일이다.

무서운 사실은 이런 일이 언제든 일어날 수 있다는 것이다. 인터넷의 주소 시스템(DNS)은 신뢰에 기초하고 있어서 공격에 취약하다. 그저 이론적으로 가능하다는 말이 아니라, 실제로 여러 차례 공격이 행해지고 있다.

DNS는 인터넷의 가장 핵심적인 기능이자 다른 모든 활동을 뒷받침하는 기능이다. 그래서 인터넷의 보안을 강화하고 신뢰를 회복하기 위해 주소 시스템을 개선하려는 노력은 계속되어왔다. 2014년 내가 참석한 로스앤젤레스 행사 또한 더 안전한 새로운 주소 시스템을 만들려는 시도의 일부였다. 1장에서도 언급했듯이 아르파넷은 보안이 취약했다. 시험 삼아 만든 연구용 네트워크가 전 세계의 필수 서비스가 되면서 보안이 중요해졌고, 엔지니어들은 마치 비행 중인 우주선을 수리하듯 보안을 강화하려 노력하고 있다.

인터넷의 보안을 강화하려는 시도는 자주 실패로 돌아갔다. 모두 최선을 다했는데도 그 행사로부터 6년이 지난 현재도 DNS

의 보안 수준은 사실상 제자리에 머물러 있다. 전문가들은 시스템을 개선할 여력이 거의 없어 보이는 현 상황에 두려움을 느끼고 있다.

DNS는 도메인 이름이라고 불리는, 우리에게 익숙한 온라인 주소(wikipedia.org, google.com 등)를 그에 해당하는 IP 주소로 바꿔주는 일을 한다. IP 주소는 인터넷이 특정한 네트워크나 컴퓨터의 위치를 찾을 때 실제로 사용하는 주소다.

네트워크에 연결된 컴퓨터가 적었던 초기 인터넷에서는 도메인 이름과 그에 해당하는 IP 주소를 텍스트 파일로 정리해 컴퓨터 한 대에 저장했다. 다른 컴퓨터들은 필요할 때마다 그 컴퓨터에 접속해 IP 주소를 확인했다. 이전에 한번도 연락한 적 없는 곳으로 신호를 보낼 때는 그 컴퓨터에 접속해 파일을 열어보면 그만이었다.

당시에는 네트워크에 새로운 컴퓨터가 연결될 때마다 사람이 직접 파일에 새로운 컴퓨터의 이름과 IP 주소를 적어 넣어야 했다. 예를 들어 수학과에서 새 컴퓨터를 장만했는데 'math.대학명.edu'라는 도메인 이름을 쓰고 싶다면(그래야 학과 이메일 등을 쓸 수 있을 테니까), 주소 파일을 관리하는 사람에게 연락해야 했다. 관리자가 도메인 이름과 IP 주소를 묶어 텍스트 파일에 추가하기만 하면 되었기 때문에, 이틀 안에 그 주소를 쓸 수 있었다.

실제로 1980년대 중반까지만 해도 인터넷은 HOSTS.TXT

라는 이름의 텍스트 파일을 이용해 도메인 주소를 관리했다.[2] 도메인 주소를 저장하는 컴퓨터가 있었고, 다른 컴퓨터들은 주기적으로 그 파일을 복사해 주소 정보를 갱신했다. 컴퓨터가 몇십 대 정도 연결된 네트워크에서 쓰기에는 이런 방식도 괜찮았다. 하지만 기기 수십억 대가 연결된 오늘날의 인터넷에서 사람이 직접 주소 파일을 업데이트하고 관리하는 것은 비효율을 넘어 불가능에 가깝다.

이러한 이유로 1987년에 DNS라는 새로운 시스템을 제안하는 RFC가 발행되었다. RFC는 '의견요망'이라는 수동공격적인 이름을 달고 있지만, 사실 인터넷 프로토콜을 이루는 중요한 문서다. DNS의 등장으로 파일을 수동으로 업데이트하고 지정된 컴퓨터에 저장하던 기존의 방식은 정보를 실시간으로 업데이트해 배포하는 방식으로 바뀌었다.

DNS는 1987년 이후 몇 번의 수정을 거쳐 현재의 모습을 갖췄다. 현재의 DNS는 DNS용 서버들끼리 말 전하기 게임을 하듯이 동작한다. 사무실에서 누군가 'IT팀 개빈 전화번호 아는 사람 없어요?'라고 외치면, 다른 사람이 '저한테는 없는데 IT팀 전화번호를 가진 사람은 알거든요. 여기라도 연락해보세요'라고 답하고 그 사람에게 연락하면 또 다른 알 만한 사람(두세 명이 될

---

2   이 내용과 이어지는 내용은 DNS를 처음으로 규정한 다음 RFC를 참고해 작성했다. 다음 주소에서 볼 수 있다. https://www.ietf.org/rfc/rfc1034.txt

수도 있다)을 소개해주는 식이다. 이 과정은 브라우저에 입력된 주소가 가리키는 곳을 아는 서버를 만날 때까지 계속된다.

웹주소의 구성을 살펴보면 DNS가 실제로 어떻게 동작하는지 감을 잡는 데 도움이 된다. 모두에게 익숙할 https://www.google.com을 예로 들어보자. 이 주소는 네 부분으로 이루어져 있다. 그중 '.com' 부분은 최상위 도메인이라 불리는데, 해당 웹사이트를 소유한 기관의 종류 또는 위치를 대략적으로 알려준다. 예를 들어 .com은 상업용commercial이라는 뜻이고, '.org'organisation는 비영리 기구, '.gov'는 미국 정부, '.edu'는 미국 대학만 쓸 수 있다. 또 프랑스의 '.fr'처럼 나라마다 자체 도메인이 있다.

인터넷에는 이들 최상위 도메인을 보고 길을 알려주는 소수의 DNS 주소록 서버가 있다(이들 서버는 DNS 시스템의 '루트 root' 서버로 불리며, 앞서 소개한 행사에서 갱신한 암호는 이 '루트' 서버에 접근하기 위한 암호다). 이들은 같은 최상위 도메인을 가진 사이트들의 주소를 모아놓은 하위 주소록 서버로 사용자를 인도한다.

주소에서 가장 주가 되는 부분은 'google'이라는 이름으로, 하위 주소록 중 어딘가에 저장되어 있을 구글의 IP 주소를 찾게 해준다. 서브도메인이라고 불리는 'www' 부분은 구글이 자사 네트워크 내 어떤 부분으로 사용자의 요청을 전송할지 결정하는 데 사용된다. 구글의 경우, 'google' 앞에 'www'가 붙으면 검색, 'mail'이 붙으면 이메일, 'maps'가 붙으면 지도 서비스로 각각 사용자를 인도한다. 'https' 부분은 사용자가 웹 서핑, 이메일, 파일 공유 같은 여러 인터넷 서비스 가운데 어떤 서비스를 요청했는지 알리는 역할을 한다.

이처럼 기본적으로 인터넷 주소 시스템은 사용자의 요청이 들어오면 컴퓨터들이 연쇄적으로 길을 인도해 목표 지점에 도달하게 하는 방식으로 작동한다. 당연하게도 이런 방식을 사용하면 중간에 있는 컴퓨터가 잘못된 답을 알려줄 경우 잘못된 곳으로 향할 위험이 있다. 물론 이런 문제가 발생하는 것을 막기 위한 예방책도 존재한다. 그 예방책이란, 쉽게 설명하면 999대의 컴퓨터가 한 곳을 가리키는데 한 대만 다른 곳을 가리킬 때 더 다수가 가리키는 쪽을 택하는 방식이다. 하지만 국가 기관 등이 조직적으로 조작에 나서서 사용자가 요청한 사이트로 향하는 트래픽을 중간에 빼돌려 자신들이 운영하는 서버를 지나게 함으로써 로그인 정보를 빼내거나 트래픽을 감시할 가능성은 여전히 남아 있다.

2019년 1월, 인터넷 보안 기업 파이어아이FireEye는 정확히 그런 공격이 일어났음을 알렸다. 파이어아이는 "전례 없는 규모의 국제적 DNS 납치(특정 사이트로 향하는 트래픽을 다른 곳으로 향하게 만드는 사이버 공격—옮긴이) 시도"가 있었다고 알리면서 "중동, 북아프리카, 유럽, 북미의 정부, 통신사, 인터넷 기반시설 공급자 등의 도메인 10여 개가 공격받았다"고 밝혔다.[3]

파이어아이의 발표에 따르면, 이 공격은 이란과 연관이 있으며, 신뢰 기반 시스템인 DNS의 약점을 공략해 "통신사, 망 사업자, 인터넷 기반시설 공급자, 정부, 민감한 정보를 다루는 기업"의 로그인 정보를 모을 목적이었던 것으로 보인다.

만일 공격자가 DNS의 핵심 서버들에 접근할 수 있다면, 특정 도메인을 납치하는 것이 아니라 DNS 시스템을 아예 다운시켜버릴 수도 있다. 이 경우 한 나라나 대륙 전체가 인터넷을 제대로 쓰지 못하게 된다.

DNS는 워낙 중요하고 필수적인 시스템이기 때문에 우리는 누군가 이 시스템을 강하게 통제하고 다른 사람의 접근을 막을 거라고 믿는다. 하지만 눈에 안 보이는 곳에서 인터넷을 움직이는 프로토콜들이 대개 그렇듯, DNS에도 그런 책임자는 없다.

물론 DNS의 관리 주체가 누구냐고 묻는다면, ICANN이라고 간단히 답할 수 있다. ICANN은 미국에 있는 비영리 기구로, 인터넷 DNS 시스템의 '루트'를 관리하는 역할을 맡고 있다.

겉보기에 ICANN은 매우 강력한 기구처럼 보인다. ICANN은 DNS의 운영 규칙과 작동 방식을 정하고, 특정 최상위 도메인을 누가 쓸지도 정한다. 예를 들어 우리가 '.xxx'나 '.catsstink'나 '.england' 같은 주소를 쓸 수 있을지는 ICANN의 결정에 달

---

3   https://www.fireeye.com/blog/threat-research/2019/01/global-dns-hijacking-campaign-dns-record-manipulation-at-scale.html

렸다. 게다가 ICANN은 DNS 시스템의 주요 하드웨어와 데이터베이스를 관리하는 일도 한다.

여기까지 읽으면 ICANN이 인터넷의 숨은 실세처럼 느껴질 수도 있다. 우리 눈에 보이는 수백억 달러 규모의 인터넷 기업들 아래에는 ICANN이 다져 놓은 인터넷이라는 기반이 있는 게 아닐까? 사실 초기 인터넷과 인터넷의 프로토콜을 만든 많은 '스타'들이 ICANN을 거쳐 가기는 했다.

예를 들어 UCLA 대학원생 시절 아르파넷 프로젝트에 참여한 존 포스텔Jon Postel은 1998년 이른 나이로 세상을 뜨기 전까지 ICANN의 설립에 중요한 역할을 했다.[4] '인터넷의 아버지'라 불리는 빈트 서프도 ICANN 이사장을 거쳤으며, 이어서 바로 스티브 크로커가 이사장을 맡았다. 그러니까 인터넷이 비주류 문화이던 시절에 ICANN에 주요 인물이 모여 있던 건 사실이다.

하지만 ICANN의 현 CEO 예란 마르비Göran Marby는 ICANN이 강한 권력을 가졌다는 주장을 부인한다. 그는 로스앤젤레스의 사무실에서 나를 반갑게 맞았다. ICANN 사무실은 인터넷 산업으로 유명한 실리콘밸리보다는 최초의 인터넷이 연결된 UCLA에 더 가까이 있다. 고국 스웨덴에서 인터넷 관련 기업

---

4   ICANN의 초대 이사장은 엔젤 투자자인 에스더 다이슨Esther Dyson으로, 인터넷 관련 기관
     치고는 드물게도 여성이 이사장을 맡았다. 다이슨은 1998년부터 2000년까지 이사장직을
     수행했다.

임원과 고위 공무원으로 일했던 마르비는 2016년에 ICANN의 CEO가 되었다.

그는 책상 위에 놓인 비상 정지 버튼을 가리키며, 자신이 인터넷 관리 기구의 장이 되었다는 소식을 들은 친구가 선물로 준 것이라고 말했다. 그 친구는 인터넷에는 '종료 버튼'이 없다는 팀 버너스리의 유명한 말을 듣고 그 선물을 했다고 한다.

마르비는 스웨덴 사람답게 직설적으로 자신을 인터넷의 최고경영자로 보는 시각은 잘못되었다고 말했다. 그는 ICANN에는 사실 권력이라고 할 게 없다고 했다. ICANN은 사실 아무것도 결정하지 않는다. ICANN의 역할은 사람들을 모아서 앞으로의 일을 협의하는 자리를 마련하고, 인터넷이 제대로 기능하도록 관리하는 것뿐이다.

그는 이 관리라는 것도 매우 제한적인 수준이라고 덧붙였다. ICANN은 그저 인터넷이 기술적으로 제대로 기능하도록 관리할 뿐, 그 인터넷을 좋은 의도로 사용하든 나쁜 의도로 사용하든 관여하지 않으며, 관여할 권한도 없다. 이런 기술적 관리를 제외하면 ICANN의 역할은 사람들이 인터넷의 주요 프로토콜을 논의하는 자리를 마련하는 것뿐이다.

"ICANN에 인터넷을 규제할 힘이 있다고 계속 주장하는 사람에게는 이렇게 말합니다. '은행에 강도가 들었다고 칩시다. 그때 강도가 지나간 도로에 책임을 물을 수 있을까요?' 그럴 때 경찰이 도로가 문제라고 보고 구덩이를 파서 모두에게 피해를 주지는 않을 겁니다. 그냥 강도를 잡아서 처벌하겠죠. ICANN이 인터넷을 규제할 수 있다는 생각은 그래서 잘못되었습니다. 저희가 관리하는 건 길입니다. '국제인터넷주소관리기구'라는 이름처럼 ICANN이 관리하는 건 인터넷이 아니라 주소입니다. 사람들이 인터넷에서 자유롭고 안전하게 이동할 수 있도록 길을 관리하는 게 저희의 역할입니다. 사람들이 그 길을 어떤 목적으로 사용하는지는 저희가 관여할 부분이 아닙니다."

실제로 ICANN의 역할은 최상위 도메인 이름을 관리하는 데 한정되어 있다. ICANN은 '.com' '.net' '.org' 등 수백 종의 최상위 도메인을 사용하는 사람의 자격 요건을 정하고(예를 들어 .kr은 한국에서만 사용할 수 있다—옮긴이), DNS 루트 서버의 관리자를 지정하고, DNS 시스템의 작동을 위해 필요한 규칙과 프로토콜을 관리하는 등의 일을 한다.

하지만 모든 결정은 합의를 통해 내려야 한다. ICANN이 독자적으로 변화를 이끌 수는 없다. 사실 처음에 ICANN은 국방부로부터 인터넷 관리 감독 권한을 위임받은 미국 상무부 산하 기관으로 만들어졌다.

ICANN은 언제나 비교적 독립적이고 투명하게 운영되었지만, 인터넷의 힘과 중요성이 커지면서 미국의 공공기관이 인터넷을 관리하는 것을 놓고 논란이 일었다. 특히 중국과 러시아를 중심으로, DNS 등의 주요 프로토콜 관리 업무와 도메인 주소 배정 업무 등을 국제연합^{United Nation, UN} 같은 국제기구가 맡아야 한다는 목소리가 커졌다.

2013년에 에드워드 스노든이 미국 NSA의 인터넷 사찰 사실을 폭로하면서 이 주장은 더욱 거세졌다. 스노든의 폭로에 관해서는 6장에서 더 자세히 다루겠지만, 간단히 말하자면 미국 정부가 인터넷의 보안과 프로토콜을 관리하는 지위를 남용해 외국의 기밀 정보에 접근했다는 사실을 보여준 사건이었다. 이 폭로 이후 ICANN을 감독하는 역할을 미국 정부에 맡겨선 안 된다는 주장에 힘이 실렸다. 결국 2016년 초에 미국은 ICANN을 독립 기관으로 만드는 데 합의했다. 실제로 오바마 정부의 임기가 끝나가던 그해 말 ICANN은 미국 정부로부터 독립했다.[5]

이로써 ICANN을 둘러싼 외부의 정치적 논쟁은 누그러졌지만, 내부의 정치적 공방은 오히려 더 치열해졌다. 미국 정부가 ICANN의 관리감독 권한을 포기한 뒤 아무도 그 권한을 이어받지 않았기 때문이다. 마르비는 ICANN의 독립을 승리로 규정한다. 그에 따르면 ICANN은 평범한 설득보다 더 의미 있는 방식으로 미국 정부가 손을 떼게 했다.

"어떤 방식이었냐고요? 130여 개 나라에서 수천 명을 불러 모았습니다. 130개였는지 135개였는지 정확한 숫자는 기억이 나지 않지만요. 정부 대표자도 있었지만 다양한 사람들이 왔어

---

5   https://www.theguardian.com/technology/2016/mar/14/icann-internet-control-domain-names-iana

요. 그리고 모두 모여 해결책을 도출했죠. 서로 다른 배경을 가진 사람들, 다양한 이해관계자들이 한자리에 모였습니다. 인터넷을 돈벌이에 이용하는 데 반대하는 시민단체도 참여했고요. 지금까지 이런 자리가 몇 번이나 있었을까요? 민주주의가 자리 잡지 않은 나라는 물론이고 민주주의 국가에서도 유례를 찾기 힘들 겁니다. 모두 모였고 그 자리에서 의미 있는 해결책이 도출되었습니다."

현재 ICANN은 진정한 독립 기구다. ICANN의 결정은 모두 합의를 통해 내려진다. 이 과정에서 아무도 배제하지 않기 위해 노력하다 보니 ICANN은 아주 느리게 움직일 수밖에 없다. 만일 누군가 불만을 품고 ICANN을 대체할 기구를 만들겠다고 나선다면 아무도 그를 막을 수 없다. 과거 ICANN은 정부 기관이었으므로 미국 정부로부터 운영 자금을 지원받았다. 하지만 이제는 웹 주소를 구매한 사람들이 내는 사용료 중 일부를 운영비로 사용한다. 그러므로 ICANN보다 더 많은 사람의 지지를 받는 다른 기구가 등장한다면, 그 기구가 ICANN을 대체하는 것도 불가능한 일은 아니다.

마르비는 말했다. "만일 누군가 사람들을 더 잘 연결할 방법을 찾아낸다면, 우리는 물러나야 할 겁니다. 사람들을 연결하는 게 우리 일이니까요. 우리는 전 세계를 연결하기 위해 일할 뿐, 다른 목적은 없습니다."

"문제는 새로운 기술을 도입하자고 주장하는 사람들이 대부분 다른 목적을 가지고 있다는 겁니다. 그 사람들은 현재 ICANN의 운영 방식을 좋아하지 않습니다. 현재 ICANN은 상당히 포용적이고 개방적으로 운영되고 있습니다. 이 방식을 좋아하지 않는 개인, 기업, 나라가 있는데, 이들은 인터넷을 통제하고 싶어합니다." 마르비는 국가 이름은 언급하지 않고 조심스럽게 인터넷에 정보를 올릴 자격이나 인터넷 주소를 가질 자격을 제한하려는 나라가 있다고만 말했다. 예를 들어 홍콩, 티베트, 크리미아반도의 도메인 이름 관리는 매우 정치적인 문제다

"그들은 모든 사람에게 IP 주소와 도메인 이름을 가질 권리를 주면 안 된다고 생각합니다. 기술을 핑계로 자기들의 정치적 목적을 달성하려는 거죠."

ICANN의 실제 업무는 정말 느리고 솔직히 말해 지루하다. 합의를 통해 결정을 내리고 합의된 사항을 실제로 적용하기까지 수많은 공문을 작성하고 회의를 열어야 한다. 결정 사항을 밀어붙일 권한이 없는 기관이 전 세계 수백 개 나라를 상대하다 보니 엄청난 인내력과 신중함이 필요하다. 결정을 내릴 때마다 동의를 얻고 논쟁에 휘말리지 않는 것이 중요하다.

일하는 모습만 보면 ICANN을 별로 중요하지 않은 단체 또는 너드 집단으로 폄훼하기 쉽다. 하지만 ICANN이 하는 일, 즉 전 세계가 사용에 동의한 인터넷 주소 시스템(DNS)을 관리하는 일은 무척 중요하다. 사실 그 일은 너무 중요해서 ICANN처럼 권한 없는 독립 기구가 맡을 수밖에 없다. 누구도 다른 이가 그

중요한 일을 맡기를 바라지 않기 때문이다.

정부와 기업은 자신이 인터넷 주소 시스템을 관리하는 권한을 포기할지언정, 경쟁 국가나 기업에 넘겨줄 수는 없다고 생각한다.

결국 그들은 그 권한을 정치적 영향력(또는 야심)이 없는 기술 단체에 맡김으로써 경쟁 상대가 인터넷의 핵심 프로토콜이자 주요 기능을 관리하게 되는 상황을 피할 수 있었다. 하지만 중심 세력 없이 다양한 이해관계자의 의견을 취합해야 하다 보니, 인터넷의 기반구조는 아주 느리게 변할 수밖에 없게 되었다.

인터넷의 기반구조를 수리하는 일은 수십억 명을 태우고 날아가는 우주선의 엔진을 수리하는 일과 닮았다. 잘못 수리했을 때 닥칠 위험을 생각하면 아무것도 손대지 않고 그대로 두고 싶지만, 그렇다고 수리를 하지 않으면 우주선이 폭발해버릴지도 모른다.

마르비는 수십만 개에 달하는 전 세계 망 사업자를 모두 설득해야 한다는 것이 큰 걸림돌이라고 말했다. 세계의 망 사업자들은 저마다 우선순위도 다르고 운영 형태 또한 사기업부터 국영 기업까지 다양하다. ICANN이 주요 사항을 바꾸기 위해서는 이들을 모두 논의에 참가시켜야 한다.

마르비는 말했다. "무언가 바꾸고 싶고, 꼭 바뀌어야 한다는 생각이 들어서 실제로 어떻게 바꿀지 고민하다 보면 '아, 망 사업자들을 어떻게 다 설득하지?'라는 생각이 듭니다. 세계 망 사업자의 수가 25만에서 30만 개쯤 되거든요." 인터넷을 바꾸는 일은 어렵다. 인터넷의 관리자는 누구일까? 인터넷 전체를 관리하는 사람이 없다면, 인터넷 기반구조를 관리하는 사람이라도 있지 않을까? 마르비의 대답은 단순했다.

"없습니다."

그 말을 들으니 오프라인에서 비교 대상을 찾기 힘든 ICANN이 맡은 일의 어려움을 확실히 느낄 수 있었다. 그리고 이야기는 이 장 첫 부분에서 언급한 행사로 되돌아간다.

현재 ICANN은 보안을 강화하기 위해 DNS라는 말 전하기 게임의 허점을 메우려 하고 있다. DNS가 공격에 취약한 가장 큰 이유는 다른 서버가 DNS 서버인 척 사칭해도 그 진위를 명확히 가릴 방법이 없다는 것이다. 그래서 ICANN은 DNS 루트 서버들만이라도 진위를 확실히 가릴 수 있게끔 시스템을 개선해, 가짜 서버가 중간에 끼어들 위험을 낮추려고 노력 중이다.

로스앤젤레스의 철저한 보안 시설에서 열린 그 행사의 목적은 DNS 루트 서버들의 진위를 보증해줄 인증서(즉 암호)를 갱신하는 데 있었다(온라인에서는 주로 암호를 주고받아서 진위를 인증한다).

만약 DNS 루트 서버가 진짜임을 보증할 수 있다면 그 서버에 저장된 주소록과 그 서버가 추천하는 다른 서버도 믿을 수 있을 것이다. 기존 시스템에서는 아무 서버나 '안녕! 구글닷컴을 찾으려면 어디로 가야 하는지 알려줄게'라고 말할 수 있었지만, 새로운 시스템에서는 진짜 서버만 '안녕! 구글닷컴을 찾으려면 어디로 가야 하는지 알려줄게. 여기 내가 믿을 만한 서버라는 사실을 보증하는 (거의) 위조 불가능한 빛나는 인증서가 있어'라고 말하게 될 것이다.

ICANN은 사람들에게 자신들이 발급한 인증서를 그냥 믿으라고 또는 자신들이 보안상 문제를 일으킬 소지가 없음을 믿으라고 말하는 대신, 신뢰를 얻기 위해 갖가지 정교한 보안 장치와 투명성 확보 장치를 동원했다. ICANN은 인증서를 만드는 장소의 물리적 보안을 철저히 하고, 인증서 생성 행사를 생중계하고, 다양한 국적의 증인을 세웠다. 그리고 각국 전문가들이 가진 열쇠를 한곳에 모아야만 인증서를 발행할 수 있게 했다.

여러 나라에 흩어진 열쇠가 모이면 인증서가 만들어진다는 이 부분은 판타지 팬의 흥미를 자극하는 면이 있다. 더 자세히 설명하자면, 미국 서부 해안에서 열리는 인증서 생성 행사에 필요한 열쇠는 전 세계에 흩어진 일곱 명의 전문가가 하나씩 가지고 있다. 인증서를 갱신하려면 이 중 적어도 세 명이 열쇠를 들고 행사장에 나타나야 한다. 이들이 전기 신호가 통과하지 못하는 방에 설치된 금고를 열어 카드키를 꺼내야 그 카드키로 인증서를 만들 수 있다.

인증서를 갱신할 책임을 분산하기 위해 미국 동부 해안에서도 동일한 행사가 열린다. 이 행사는 서부 해안에서 열리는 행사와 교대로 열리며, 마찬가지로 열쇠를 가진 전문가 일곱 명이 있다. 마지막으로 비상용 백업 열쇠를 가진 전문가들도 있다. 시스템이 손상되었거나 다운된 경우 이 백업 열쇠들을 모으면 시스템을 처음부터 다시 시작할 수 있다. 이만하면 허술하다고 비난하기는 어렵다.

전문가들의 카드키는 기기가 새로운 암호를 만들어내는 것을 승인하는 용도로 쓰인다. 앞서 말했듯 일곱 명 중 세 명 이상의 카드키가 있어야 암호를 생성할 수 있다. 기기는 카드키 3개를 인식하는 순간 새로운 암호를 만들어낸다. 실제로 벌어지는 일은 더 복잡하지만, 이 정도면 대략적인 과정을 파악할 수 있을 것이다.

아직은 이르지만, 이 시스템이 제대로 정착되면 이란이 관여한 것으로 추정되는 2019년의 DNS 공격처럼 중간에 트래픽을 다른 곳으로 유도해 로그인 정보를 훔치는 공격은 불가능해질 것이다.

또 2019년의 공격처럼 지능적이고 치밀하지는 않지만, 더 직접적이고 광범위한 피해를 미치는 형태의 DNS 공격, 예를 들면 DNS 서버를 대상으로 한 분산서비스거부Distribute Denial of Service(디도스DDoS) 공격도 막아낼 수 있다. 2016년에 실제로 DNS 서버를 대상으로 디도스 공격이 벌어졌다. 이 공격은 다른 디도스 공격과는 차원이 다른 혼란을 초래했으며, 규모도 훨씬 커서 여전히 역사상 두 번째로 큰 온라인 공격 시도로 남아 있다.[6] 심지어 성공했다고 볼 수 있는 공격 중에서는 가장 규모가 컸다.

디도스 공격은 매우 영리하면서도 단순한 공격 방식이다. 영리하다고 말한 이유는 적게는 수천 대에서 많게는 수백만 대의 온라인 기기를 동원하는 공격이기 때문이다. 해커는 대개 매우 빠르게 퍼지는 바이러스나 웜(사용자가 파일을 클릭하지 않아도 알아서 퍼진다)을 퍼뜨려 여러 대의 컴퓨터를 감염시킨 뒤, 감염된 컴퓨터를 원격 조정해 공격에 동원한다.

2016년에 벌어진 DNS 서버 디도스 공격에서 해커는 '사물 인터넷' 기기들을 감염시켰다. 사물 인터넷 기기란 일반 컴퓨터가 아니지만 인터넷에 연결되어 있는 텔레비전, 셋톱박스, 비디오카메라, 스피커, 유아용 모니터 등의 기기를 말한다. 이 기기들은 컴퓨터나 휴대전화보다 훨씬 보안이 취약하고 업데이트하기가 어려워서 쉽게 감염시킬 수 있다.

이렇게 감염된 기기들의 집단을 '봇넷botnet'이라고 부르는데, 일단 봇넷을 만들고 나면 다음 단계는 아주 단순하다. 그저 봇넷들에게 특정 사이트 또는 서버에 동시에 반복해서 접속하라는 명령을 내리기만 하면 금세 사이트나 서버가 트래픽 초과로 다운되어버린다. 2016년의 디도스 공격 때는 DNS 루트 서버를 운영하는 기업 중 하나인 다인Dyn을 공격했다.

---

6   https://www.theguardian.com/technology/2016/oct/26/ddos-attack-dyn-mirai-botnet

이 비교적 투박한 공격은 DNS 시스템을 담당하는 여러 회사 가운데 고작 한 곳을 공격하는 것만으로도 전 세계 수백만 사용자가 몇 시간 동안 사이트 수천 개를 사용하지 못하게 만드는 데 성공했다.

피해를 입은 웹사이트 운영자들은 할 수 있는 일이 없었다. 웹사이트가 직접 공격받았다면 웹사이트 서버를 고쳤을 테지만, 웹사이트 서버에는 아무 문제가 없었다. 그저 도메인 주소를 보고 IP 주소를 알려주는 시스템이 다운된 것뿐이었다. 그러니 IP 주소를 아는 사람은 문제없이 웹사이트에 접속할 수 있었다. 하지만 평범한 사용자 중에 IP 주소를 외우고 다니는 사람이 얼마나 되겠는가?

이 디도스 공격은 장기적으로는 그리 심각한 영향을 미치지 않았다. 다인은 24시간 안에 문제를 해결했고 이후 이러한 공격이 일상적으로 행해지지도 않았다. 하지만 걱정스러운 점은 누가 그 공격을 했는지 밝히지 못했을 뿐 아니라, 왜 그 공격을 했는지조차 분명하지 않다는 것이다. 이런 단순한 공격의 배후조차 파악할 수 없다면 안심하기는 어렵다.

그래서 ICANN은 이해관계자들과 함께 앞서 소개한 새롭고 안전한 시스템을 고안했고, 여전히 정기적으로 인증서를 갱신하고 있다. 새로운 시스템은 현 DNS의 문제를 적어도 일부는 해결해줄 것으로 기대되었다. 하지만 주요 이해관계자들이 참여를 약속했는데도 새로운 시스템이 나온 지 10년이 다 되어가는 오늘날까지 이 시스템은 거의 사용되지 않고 있다.

'규정에 맞춰 천천히'라는 말은 '실패를 두려워 말고 빠르게 움직이라'는 실리콘밸리의 신조에 묻혀 이제는 거의 사라진 말이 되었다. 하지만 어찌 된 일인지 인터넷 인프라 분야에서만은 '빨리 움직이고 빨리 성장하되, 답답할 정도로 느리게 고치는 것'이 관행이 된 것 같다.

여러 이해관계자를 중재해야 하는 ICANN의 고충을 가장 잘 드러내는 업무는 의외로, 적어도 첫눈에 보기에는 비교적 간단해 보이는 일인 최상위 도메인을 정하는 일과 그 도메인을 사용할 권한을 누구에게 줄지 결정하는 일이다.

각 최상위 도메인마다 그 최상위 도메인을 누가 쓸 수 있는지가 정해져 있다. 예를 들어 '.com'은 원래 상업용으로만 쓸 수 있었지만, 나중에는 누구나 사용료만 내면 쓸 수 있게끔 개방되었다. 다른 최상위 도메인은 기준이 더 엄격하다. '.edu'는 미국 교육 기관만 쓸 수 있고 '.ac.uk'는 영국 교육 기관만 쓸 수 있다. '.eu'는 유럽연합Europe Union, EU 국가들만 사용할 수 있고 '.cat'는 카탈루냐자치주만 쓸 수 있다.

이들 최상위 도메인의 자격 조건을 정하는 일은 ICANN이 하는데, 종종 같은 최상위 도메인을 두고 경쟁하는 두 집단 가운데 한쪽의 손을 들어줘야 하는 일이 벌어진다. 예를 들어 어떤 도메인 업체가 '.cat' 주소를 고양이 애호가들에게 판매하고자 할 경우, 이 업체는 카탈루냐자치주와 경쟁해야 한다. 대개 결정은 간단하다. 이 사례에서라면, 카탈루냐자치주 쪽에 결정 권한을 줄 것이다. 한편, 기업이 상표명을 새로운 최상위 도메인으로 등록하고자 하는 경우도 있다. 예를 들어 구글(예전에는 'www.google'을 주소창에 치면 오류가 났지만, 이제는 구글에 접속된다. '.com'을 치지 않아도 되므로 더 편리하다)과 BMW 등은 별문제 없이 상표명을 최상위 도메인으로 등록했다.

하지만 논란이 되는 경우도 있다. 예를 들어 아마존의 경우, 등록하고자 하는 상표명이 세계 최대 열대 우림의 이름과 같다. '.amazon'이라는 최상위 도메인을 누가 사용할 것인가를 두고 수년 동안 치열한 공방이 이어졌고, 그 과정에서 점점 더 많은 나라가 논의에 참여하고 있다(중국이나 일본의 상징이 대상이 될 수도 있다). 기업과 아마존 주민 중 누가 그 이름을 소유해야 할까? 마르비의 책상에는 이런 문제가 쌓여 있다.

마르비는 말했다. "국제 상표법은 없습니다. 그래서 상표권과 관련된 문제도 저희가 처리해야 합니다 … 예를 들어 제가 지금 가장 관심을 가지고 있는 문제는 '아마존이라는 이름의 소유주가 누구냐'는 것입니다. 이 문제를 풀어나가고 있는데, 당사자들의 불만이 많습니다. 우리는 아마존 지역에 실제로 거주하는 주민의 대표자와 기업 아마존이 그 이름을 공유할 방법을 찾고자 했습니다. 그게 우리가 원하는 방향이니까요. ICANN만 제안할 수 있는 해결책이기도 하고요. 흥미로운 사실은 기업 아마존이 아마존 열대 우림이 속한 일부 국가에서 '아마존'의 상표권을 가지고 있다는 겁니다. 문제를 해결하려고 모였는데, 같은 편에 속한 남아메리카 국가들끼리도 편이 갈리는 것 같아요. 지금 그들은 저를 정말 싫어합니다."

'.amazon'의 소유주가 누가 될지 결정하는 것은 ICANN의 다른 일, 인터넷 트래픽이 제대로 흐르도록 관리하고 악의적 세력으로부터 DNS를 지키는 일에 비하면 단순해 보인다. 하지만 이런 일에서조차 법과 규제의 발전 속도가 인터넷의 발전 속도를 따라잡지 못하고 있음이 드러난다.

아마존 관련 논쟁을 마무리할 법은 현재로선 없다. 상표법은 이런 국제적인 갈등을 어느 쪽으로 해결하라고 조언해줄 수 있을 만큼 발전하지 않았다. 법원이나 의회가 공식적으로 해결할 수 없는 문제라는 뜻이다. 마르비는 이 문제에 관한 법 자체가 존재하지 않기 때문에 UN이 나선다고 해도 결정할 수 없다고 말했다. ICANN으로서는 이해관계자들을 한 자리에 모아 어느 정도의 합의를 도출할 수밖에 없다.

비영리 단체인 ICANN이 도메인 이름을 관리해서 많은 돈을 벌어들인다는 사실을 비판하는 의견도 있다. 기술 전문 인터넷 언론 《더레지스터The Register》에 따르면, 2018년 ICANN은 최상위 도메인 수를 늘려 거의 1억 달러의 수익을 냈고, 인기 있는 최상위 도메인을 경매에 부쳐 2억 4000만 달러를 벌었으며, 대중에게 도메인 이름을 파는 회사들로부터 1년에 약 1억 3000만 달러를 받았다.[7] 이 정도면 골치 아픈 일도 감내할 만해 보인다.

이 문제에 관해 마르비는 우연히 이렇게 되었다는 입장이다. DNS라는 시스템이 계획적으로 만들어지지도 않았고 아무도 지금처럼 돈을 벌어들이리라 생각하지도 못했기 때문에 ICANN이 이 일을 맡게 되었을 뿐이라는 것이다.

"사람과 사람을 잇는다는 개념에는 유토피아적인 면이 있다고 생각합니다. 우리는 현재의 혁신적인 사업 모델을 의도적으로 만든 게 아닙니다. 과거에 이 상황을 예상할 수 있었다면 모두 회사를 세우려 했겠죠. 하지만 그러지 않은 건, 아무도 이 사업이 돈이 될 줄 몰랐기 때문입니다."

DNS 외에도 현재 인터넷의 주요 프로토콜 중에는 1980년대에 만들어진 것을 대충 고쳐서 사용하고 있는 것이 많다. 네트워크에 겨우 컴퓨터 수천 대가 연결되어 있던 시절에 만들어진 프로토콜을 수십억 대가 연결되어 있는 지금도 쓰는 것이다.

인터넷이 동작하게 하고 네트워크의 네트워크를 실패 없이 동작하게 하는 또 다른 근본적인 기술은 말 그대로 냅킨의 뒷면에 그려졌다.

그중 하나는 경계경로 프로토콜Border Gateway Protocol, BGP로, 1980년대에 냅킨에 휘갈겨 쓴 메모에서 시작되었다. BGP는

---

7   https://www.theregister.co.uk/2018/02/12/icann_corp_home_mail_gtlds/

DNS와 함께 인터넷을 떠받치는 또 다른 기둥으로, 이 프로토콜이 없으면 인터넷이 돌아가지 않을 정도로 중요한 기술이다.

정확히 말하자면, 냅킨은 세 장이었는데,[8] 현재 사본이 시스코Cisco의 기록 보관소에 남아 있다. 원본은 쓰레기통에 버려진 지 오래지만, 거기 쓰여 있던 아이디어는 인터넷이 국제 기반시설이 된 오늘날에도 여전히 인터넷을 움직이고 있다.[9] 월드와이드웹이 발명된 1989년에 작성된 이 냅킨은 시스코와 IBM의 두 엔지니어가 한 인터넷 학회에서 만나 주고받은 아이디어를 기록한 것이었다.

그때 이미 인터넷은 삐걱거리고 있었다. 데이터를 더 효율적으로 전송할 방법을 찾아야 했다. 문자 주소를 IP 주소로 바꿔주는 DNS가 있기는 했지만, 데이터를 더 빠르게 전송하려면 라우터들이 물리적으로 어떻게 연결되어 있는지, 즉 실제로 케이블이 어떻게 연결되어 있는지 알아야 할 필요가 있었다.

두 엔지니어가 '냅킨 세 장'에 휘갈긴 BGP가 바로 네트워크에서 물리적 경로를 찾는 방법에 관한 프로토콜이었다. DNS와 비교해 BGP의 역할을 간단히 설명하자면 이렇다. DNS가 이

---

8   냅킨이 정확히 몇 장이었는지에 관해서는 의견이 나뉜다. BGP는 일반적으로 '냅킨 두 장' 또는 '냅킨 세 장'짜리 프로토콜로 불린다. 하지만 이 프로토콜을 발명한 당사자가 냅킨 세 장짜리 프로토콜로 부르므로 그에 따르기로 했다. https://www.washingtonpost.com/sf/business/2015/05/31/net-of-insecurity-part-2/?utm_term=.07bae5cfc2d9
9   https://www.computerhistory.org/atchm/the-two-napkin-protocol/

름을 보고 주소를 찾을 수 있게 해주는 인터넷의 주소록이라면, BGP는 그 주소로 가는 길을 알려주는 GPS에 해당한다.[10]

아이디어를 냅킨에 휘갈긴 걸 보면 알 수 있듯, 사실 두 사람은 당시 골칫거리였던 문제를 단기적으로 해결하고자 했을 뿐, 수십 년 뒤까지 사용할 만큼 확장성 있는 기술을 만들 생각은 없었다.

그러나 (예상했겠지만) 인터넷은 아직도 그들이 발명한 프로토콜을 쓰고 있다. 냅킨에 쓴 아이디어는 RFC로 발행되었고, 몇 번의 수정을 거쳤다. 하지만 1994년에 마지막으로 수정된 이래 지금까지 한 번도 바뀌지 않았다.[11]

2015년, BGP의 제안자 중 한 명인 IBM 엔지니어 야코프 레히터 Yakov Rekhter는 《워싱턴포스트》에 이렇게 말했다. "제가 경험을 통해 배운 바로는 단기적 조치가 생각보다 훨씬 오래가는 경향이 있더군요. 장기적 해결책은 절대 안 나오고요."

인터넷에 기반을 둔 연 매출 수십억 달러 규모의 기업들은 하룻밤 만에 뚝딱 보안을 강화하고 프로토콜을 새로 만든다. 그러고는 우리에게 안심하고 삶의 더 많은 부분을 인터넷으로 옮기라고 재촉한다. 이들 기업에는 업계 최고 대우를 받는 세계에

---

10   BGP는 GPS와 비슷하기는 하지만 똑같지는 않다. BGP는 도로가 끊어졌는지는 알려주지만, 그 도로가 얼마나 붐비는지는 전혀 알려주지 않는다. 신통치 않은 위성 내비게이션과 비슷하다고 할 수 있다.

11   https://tools.ietf.org/html/rfc1105

서 가장 뛰어난 엔지니어들이 있고, 이들은 데이터베이스 이주나 서버 이동, 초고속 기반구조 설계 같은 엄청나게 복잡한 작업을 척척 해낸다.

하지만 이들 대형 인터넷 기업 사이를 메우는 인터넷 공간의 보안과 프로토콜은 정치, 관성, 법적 책임 문제 등으로 인해 매우 원시적인 수준에 머무르고 있다. 그래서 오래 쓰일 것을 생각하지 않고 만든, 구시대 인터넷에나 적합할 프로토콜이 여전히 많이 쓰이고 있다. 행동하지 않은 대가는 고스란히 우리가 치러야 할 몫이다.

패스틀리Fastly의 인프라 부문 부사장 톰 데일리Tom Daly는 BGP에 해박하다. 패스틀리는 인터넷 기업을 상대로 서버 부하와 관리 비용을 낮추고 웹페이지 로딩 시간을 줄여주는 서비스를 제공하는 회사다(그 외에도 많은 일을 한다).

데일리가 BGP를 연구하게 된 건 인터넷의 주요 서버를 실수로 다운시키지 않기 위해서였다. 패스틀리가 관리하는 트래픽이 너무 많았기 때문에 데일리는 트래픽을 분산시키기 위해 BGP를 연구해야 했다.

데일리는 화면을 보여주며 말했다. "여기 보시는 게 저희 홈페이지입니다. 현재 초당 800만 개의 요청을 처리해 초당 5테라비트 이상을 인터넷으로 내보내고 있습니다.[12] 이 트래픽을 전부 한 망 사업자에게 보내서 '거기 망 사업자님, 이 트래픽 좀 사용자에게 보내줘요'라고 말하면 들어줄 리 없죠."

데일리는 BGP의 원리를 공항에서 사용하는 항공기 위치 정보 송신 장치에 비유해 설명했다. 그는 BGP가 인터넷의 전체 지도를 볼 수 없다고 말했다. BGP가 감지할 수 있는 건 가까이 있는 장치들이 내보내는 신호뿐이다. 인터넷에 연결된 장치들은 자기가 누구이고 어디로 트래픽을 전송해줄 수 있는지 알리기 위해 신호를 내보낸다.

"BGP를 이해하는 한 가지 방법은 지상에서 항공기에게 위치 정보를 알려주는 장치에 비유하는 겁니다. 미국에서 유럽으로 가는 비행기가 어떻게 하늘에서 경로를 찾아 공항에 도착하는지 생각해보세요. 지상에는 수많은 위치 정보 송신 장치가 있습니다. 이 장치들은 공항이나 항로 중간에서 라디오파를 보내 항공기에게 위치를 알려줍니다."

"다른 점이 있다면, BGP의 경우 각 장치가 자기 위치 정보 외에 주변에 있는 장치의 정보까지 알려준다는 겁니다. 마치 런던 히스로공항에 설치된 장치가 비행기에게 '나를 거쳐서 암스테르담, 파리, 에든버러, 브뤼셀, 로마로 갈 수 있습니다'라고 소리치는 것처럼 말이죠."

마찬가지로 파리에 있는 장치도 '나를 거쳐서 런던, 암스테르담, 브뤼셀, 마드리드, 로마로 갈 수 있습니다'라는 신호를 보

---

12   사이트를 방문해 실시간 통계를 볼 수 있다. https://www.fastly.com/

낼 것이다. 그러면 어떤 경로가 최선인지는 몰라도, 목적지로 가는 경로를 여러 개 알 수 있게 된다.

전반적으로 BGP 시스템은 DNS보다 분산화되어 있다. 주요 서버들의 목소리가 더 크기는 하지만, BGP 시스템에는 '루트'도, ICANN 같은 관리 및 요금 정산 기구도 존재하지 않는다. 그런데도 평소에 BGP는 별문제 없이 인터넷의 물리적 구조와 논리적 구조를 파악해, 트래픽이 엄청나게 복잡한 네트워크 안에서 제대로 이동하도록 돕는다.

하지만 시스템 엔지니어 벤 콕스Ben Cox는 BGP가 중립적인 프로토콜은 아니라고 강조했다. 정치와 금융은 인터넷에 연결된 기기들이 가르쳐주는 경로에까지 영향을 미친다.

콕스는 말했다. "세상은 우리가 바라는 것만큼 아름답지 않습니다." 그는 한 회사의 네트워크가 다른 회사의 네트워크로 가는 길을 잘 알려주지 않는다고 말했다. 다른 회사의 네트워크로 가는 길을 알려주는 때는 자기 회사 고객의 트래픽을 처리하기 위해 그 네트워크가 꼭 필요할 때나 자기에게 돌아오는 이익이 있을 때뿐이다. 콕스는 덧붙였다. "아무도 그저 사람 사이를 잇기 위해 네트워크를 운영하지 않습니다. 네트워크에는 기본적으로 상업적 목적이 있습니다."

그래서 BGP를 통해 누가 누구와 연결되어 있는지 살펴보면 생각보다 많은 정보를 얻을 수 있다.

"저는 BGP가 아름답다고 느낍니다. … 정치적 결정으로 생겨난 78만 개의 길이 있지요. 어떤 길은 그저 '당신은 고객이고 돈을 냈으니까 이 길을 터주겠습니다'라는 일상적인 결정으로 생겨납니다. 하지만 더 흥미로운 경우도 있죠. 아프리카의 인터넷 시장을 들여다보면 네트워크에서 경로를 찾는 일이 절대 논리적으로만 이루어지지 않는다는 사실을 알게 됩니다. 사실 BGP는 논리적이지 않습니다. 사람이 논리적이지 않으니까요."

"BGP를 움직이는 건 정치와 돈입니다. 돈은 그냥 돈이죠. 어디든 돈에 의해 움직이니까요. 하지만 정치는 정말 흥미롭습니다. 예를 들어 아프리카의 인터넷 시장을 봅시다. 아프리카에는 식민 지배를 받았던 국가가 많습니다. 그런데 인터넷 트래픽이 거치는 경로만 봐도 어떤 나라가 어디 식민지였는지 쉽게 알 수 있습니다. 트래픽이 대개 과거 식민 지배를 했던 나라를 거쳐 가거든요. 즉 영국 식민지였던 나라를 오가는 트래픽은 영국을 먼저 거친 뒤 목적지로 가고, 프랑스 식민지였던 나라를 오가는 트래픽은 프랑스를 먼저 거친 뒤 목적지로 갑니다. 이건 과거 식민 지배국들이 아프리카 국가에 전화망을 처음 설치했기 때문입니다. '이미 경로가 그렇게 정해져 있는데 굳이 바꿀 필요가 있어?'라는 생각인 거죠."

BGP처럼 실용적이고 일상적인 기술에서조차 권력 관계가 드러날 정도로 인터넷은 전혀 중립적이지 않으며, 중립적인 적도 없었다. 엔지니어들이 일부러 과거 식민 지배국을 거치도록 경로를 짠 것은 아니지만, 기존 전화망이 그렇게 연결되어 있다 보니,

새로운 인터넷 망에까지 지난 세기의 권력 관계가 반영된 것이다.

이외에도 BGP에는 공격에 취약하다는 약점이 있다. 앞서 말했듯 인터넷이 중요한 사회 기반시설로 자리 잡은 21세기에도 BGP를 비롯한 인터넷의 핵심 프로토콜들은 여전히 전적으로 신뢰에 기반을 두고 있다. 문제는 이제 인터넷이 아는 사람끼리 쓰는 작은 네트워크가 아니라는 것이다. 데일리는 BGP의 이러한 약점을 노리는 공격 방식, 특별히 복잡하지 않은 이런 방식을 다시 항공기 위치 정보 송신 장치에 비유해 설명했다.

데일리의 말에 따르면, 사실상 BGP에는 서비스를 제공하는 사람(지역망 사업자 등)이 제멋대로 잘못된 정보를 알려주는 것을 막을 방법이 없다.

"히스로공항이 갑자기 '이제부터 이곳 장치들은 여기가 보스턴이라는 정보를 송출한다'는 결정을 내렸다고 해봅시다. 그러면 보스턴으로 가야 할 비행기들이 런던으로 갈 겁니다. BGP에서도 비슷한 일이 일어날 수 있습니다."

비행기가 다른 도시에 내리는 것 같은 끔찍한 재난이 일어나지는 않겠지만, 트래픽이 잘못된 곳으로 이동하는 일은 비행기가 잘못된 장소에 내리는 일만큼이나 큰일이다. 이처럼 다른 기기를 사칭하는 공격 방식을 'BGP 납치' 공격이라고 부르는데, 한때 파키스탄에서 유튜브로 가는 트래픽을 납치하는 바람에 대중의 관심을 받았다. 당시 파키스탄 정부는 무슬림을 모욕하는 내용이 담겼다고 주장하며 특정 유튜브 영상을 막으려다가

다른 트래픽까지 잘못된 곳으로 유도하는 실수를 저질렀다.[13]

데일리는 그 사건을 다음과 같이 회상했다. "이유는 모르겠지만, 유튜브에 파키스탄 정부를 비난하는 영상이 몇 개 올라와 있습니다. 파키스탄 정부는 파키스탄 망 사업자들에게 '이 영상을 사람들이 보지 못하게 하라'고 말했죠."

파키스탄 정부는 영상 URL 1개와 IP 3개를 막으라고 주문했다. 파키스탄텔레콤Pakistan Telecom은 그 URL이나 IP로 가는 트래픽을 일종의 '블랙홀'로 밀어 넣기로 했다. 이는 경로 정보를 담고 있는 표(BGP 테이블)를 수정해 트래픽을 존재하지 않는 장소로 보내거나 무한 루프에 빠뜨리는 방식으로, 마치 그 사이트에 접속할 수 없는 것처럼 보이게 만든다.

그런데 이 과정에서 파키스탄텔레콤이 두 가지 실수를 저질렀다. 첫째, 그들은 정부에서 요청한 영상이 아니라 유튜브 전체를 막아버렸다(파키스탄 정부가 명령을 변경해 유튜브 전체를 막으라고 했다는 말도 있다). 두 번째 실수는 파키스탄텔레콤이 자사 고객뿐 아니라 대형 국제 망 사업자에게까지 수정된 경로를 알려준 것이었다. 이 실수로 국제적 관심을 끌게 되었다.

데일리는 말했다. "파키스탄텔레콤이 망을 빌려 쓰던 상위 계층 망 사업자가 어디였는지는 기억이 나지 않습니다만(홍콩의

---

13   https://dyn.com/blog/pakistan-hijacks-youtube-1/

망 사업자였다), 거기서 파키스탄텔레콤이 수정한 경로를 받아들여 이웃 라우터들에 이 정보를 전달했습니다. 결국 인터넷의 상당 부분에 잘못된 정보가 전달되었습니다. BGP는 언제나 다른 사람으로부터 경로 정보를 받아야 동작하기 때문에 서로 믿어야 하는 시스템이거든요."

다른 기기의 말을 신뢰할 수밖에 없다 보니, 결국 세계의 주요 망 사업자들이 대부분 파키스탄텔레콤을 거치는 경로를 유튜브로 가는 새로운 주 경로라고 믿게 되었다. 유튜브로 가던 신호들은 파키스탄텔레콤으로 향했고, 바로 블랙홀로 빨려 들어갔다. 유튜브 서버에는 아무 문제가 없었지만, 마치 전 세계 유튜브 서버가 다운된 것처럼 보였다.

데일리는 말했다. "파키스탄 사례는 인터넷에 예상치 못한 블랙홀이 생기는 과정을 보여주는 전형적인 사례입니다. BGP는 옆 사람 말을 그대로 믿는다는 문제가 있습니다. 친구들이랑 말 전하기 게임을 할 때, 마지막 친구까지 가면 메시지가 어떻게 변해 있던가요? 아마 의미를 알 수 없는 말이 되어 있을 겁니다. BGP에서도 똑같은 일이 일어날 수 있습니다."

블랙홀이 생기는 것도 심각한 일이지만, 더 심각한 일도 벌어질 수 있다. 트래픽이 정상적으로 목적지에 도달하게 하되, BGP를 납치해 중간에 거치는 경로를 바꾸는 교묘한 BGP 납치 공격도 있기 때문이다. 정부처럼 잘 조직된 세력은 신호를 자기 소유의 네트워크로 유도해 상당한 양의 정보를 빼낼 수 있다. 광케이블을 지나는 신호를 중간에 가로채 따로 저장할 수도 있고, 심층 패킷 분석이라는 기법을 사용하면 실시간으로 의미를 분석할 수도 있다.

이런 수법은 중국 등이 전 세계 트래픽을 자국 네트워크 쪽으로 유도해 산업 기밀을 빼내는 데 활용될 수 있다. 이렇게 경로를 바꿔도 걸리는 시간은 거의 같기 때문에, 아무리 보안이 철저한 기업이라도 납치 여부를 알아차리기 어렵다. 게다가 나중에 경로 정보를 되돌려 없던 일처럼 만들 수도 있다.

2018년 11월, 갑자기 구글 소유의 IP 주소 수백만 개로 향하는 개인 및 기업용 구글 클라우드 트래픽이 모두 중국을 경유하도록 바뀐 적이 있었다. 당시 많은 사람이 중국을 의심했다. 중국이 BGP 시스템의 약점을 이용해 정보전에 나선 게 아닐까?

하지만 적어도 위 사건은 중국과 관련이 없는 것으로 밝혀졌다. 위 사건이 계획적인 범죄가 아니라 실수라는 증거가 있기 때문이다. 밝혀진 바에 따르면, 한 나이지리아 망 사업자가 BGP 테이블을 수동으로 업데이트하는 과정에서 저지른 실수가 세계에서 가장 큰 기업의 서비스에 차질을 불러일으키고 국제적 소동으로까지 이어진 것으로 보인다.[14]

위와 비슷한 사건은 지금까지 여러 번 있었다. 2017년 12월

---

14 https://arstechnica.com/information-technology/2018/11/major-bgp-mishap-takes-down-google-as-traffic-improperly-travels-to-china/

에는 페이스북, 마이크로소프트Microsoft, 구글, 애플 등으로 가는 트래픽이 잠시(약 3분) 러시아로 우회한 일이 의심을 샀다. 물론 실수였을 수도 있지만, 어쩌면 공격 능력을 확인하려 했던 것인지도 모른다.[15] 2018년 4월에는 아마존 클라우드 서비스에 사용되는 IP 주소로 향하는 트래픽을 일부 빼돌려, 암호화폐 15만 달러가량을 편취하는 사건이 벌어졌다.[16] 그해 7월, 이란에서 대규모 길거리 시위가 일어나기 하루 전, 갑자기 텔레그램 트래픽이 이란을 경유하는 일이 생기기도 했다.[17]

파키스탄 정부가 실수로 유튜브를 막아버린 사건이 벌어진 지 10년이 넘었지만, 아직도 BGP는 전혀 바뀌지 않았고, 앞으로도 바뀌지 않을 것처럼 보인다. BGP 납치는 실수로든 계획적으로든 몇 분마다 한 번씩 일어나고 있으며, 알려지지는 않았지만 이미 BGP 납치로 인해 기밀 정보나 중요한 지적 재산이 유출되었을 가능성이 크다. 교묘하게 공격하면 기사 한 줄 안 나가게 할 수 있기 때문이다.

BGP는 구조적으로 보안이 취약하다. 하지만 사람들은 전혀 경각심이 없어 보인다.

데일리는 말했다. "이건 실제 상황입니다. BGP 시스템에 속

---

15   https://bgpmon.net/popular-destinations-rerouted-to-russia/
16   https://arstechnica.com/information-technology/2018/04/suspicious-event-hijacks-amazon-traffic-for-2-hours-steals-cryptocurrency/
17   https://www.cyberscoop.com/telegram-iran-bgp-hijacking/

해 있는 누군가가 악의적으로 경로를 잘못 알린다면, 심각한 문제가 벌어질 수 있습니다. DNS 납치 사건 때는 모두 실제 사이트가 아닌 다른 사이트로 트래픽이 전송될까 봐 두려워했죠. 이를테면 제가 뱅크오브아메리카Bank of America 웹페이지와 똑같이 생긴 피싱 사이트를 만들었다고 해봅시다. … 진짜 은행 페이지와 똑같이 생긴 페이지를 만들고 DNS를 공격해 은행 웹 주소를 입력한 사용자들을 그 페이지로 끌고올 수만 있다면 ID, 비밀번호, 사회보장번호 등 뭐든 알아낼 수 있을 겁니다. 어쩌면 계좌에 들어 있는 돈을 빼내서 부자가 될 수도 있겠죠. 잘 알려졌다시피 BGP도 마찬가지입니다. 꼭 주요 서버를 공격하지 않아도 트래픽을 잘못된 장소로 보낼 수 있습니다. 그냥 자기가 그 트래픽이 도달해야 할 목적지라고 선언해버리기만 하면 그만이죠. 항상 BGP를 들여다보는 사람이 아니라면, 트래픽이 납치되었다는 걸 눈치조차 못 챌 겁니다.”

BGP를 제안한 야코프 레히터 또한 자신이 만든 시스템의 약점을 잘 알고 있었다. 하지만 그가 《워싱턴포스트》 인터뷰에서 말했듯, 문제는 BGP 자체가 아니라 인터넷 관리 기술이 발전하는 속도가 인터넷이 성장하는 속도에 비해 너무 느리다는 것이다.

레히터는 말했다. “보안을 강화하는 데는 돈이 필요합니다. 문제는 ‘비용을 누가 치를 것이냐’죠. 비용을 치른 만큼 수익을 얻을 수 없다면, 아무도 보안을 강화하려 하지 않을 겁니다.”

사정이 이렇지만, 인터넷에는 관리자가 없으므로 비난할 사람도 책임질 사람도 없다.

미국은 세계에서 가장 부유한 나라다. 대통령 선거부터 지방 국회의원 선거까지, 미국 정치인들은 모든 선거 유세에서 이 사실을 자랑스럽게 내세운다.

그러나 미국에는 감추고 싶은 비밀이 있다. 미국의 사회 기반시설은 무너져 내리는 중이다. 미국 도로의 약 3분의 2와 다리 11개 중 1개는 '시급한 수리'가 필요한 상태다.[18] 미국의 낡은 상하수도는 제대로 수리되지 않아서 가계와 기업에 수천억 달러의 손실을 입히고 있다.[19] 미시건 플린트의 수돗물은 비용을 절감하기 위해 상수원을 옮긴 이후 납에 오염되어 4년째 음용 불가능한 상태다.[20]

인터넷 망도 예외는 아니다. 미국의 광대역 인터넷은 선진국치고 아주 느린 편이다. 초고속 인터넷 망 설치가 지지부진해서 여전히 많은 사람이 초고속 인터넷을 사용하지 못하고 있다. 서비스가 이렇게 형편없는데도 인터넷 요금은 무척 비싸다.[21]

---

18   https://www.industryweek.com/economy/infrastructure-crumbles-so-does-us-manufacturing

19   https://www2.deloitte.com/insights/us/en/economy/issues-by-the-numbers/us-aging-water-infrastructure-investment-opportunities.html

20   https://edition.cnn.com/2016/03/04/us/flint-water-crisis-fast-facts/index.html

21   https://www.theregister.co.uk/2018/02/06/us_broadband_fcc_report/

물론 미국이 사회 기반시설에 투자하지 않는 이유가 돈이 없어서는 아니다. 낡고 삐걱대는 시설이 미치는 손해를 참을 만하다고 생각하거나, 정치적 이유로 기반시설을 고치지 못하고 있는 게 틀림없다.

현재 인터넷의 모습은 어쩌면 인터넷을 처음 만든 나라인 미국을 닮은 게 아닐까? 인터넷을 처음 만든 사람 중 많은 사람이 이제 억만장자가 되었다. 일찍부터 인터넷에 투자한 사람들은 원래도 부자였지만 이제는 더 큰 부자가 되었다.

미국처럼, 인터넷은 전 세계 경제에 필수적인 존재이자, 국제 무대의 주역이 되었다. 미국처럼, 인터넷의 기반시설은 투자 부족으로 취약한 상태이며 앞으로 개선될 가망도 별로 없다. 미국처럼, 인터넷의 민간 부문은 사람들의 원대한 꿈을 뛰어넘는 수준으로 발전했지만, 공공 부문은 무대책과 불신, 투자 부족, 상상력 부족, 책임 부재에 사로잡혀 꼼짝없이 낡아가고 있다.

인터넷의 공공 부문을 관리하는 사람들은 나쁜 사람과는 거리가 멀다. 이들은 민간 부문에서 일하는 동료보다 훨씬 적은 보수를 받으며, 지루하고 승산 없어 보이는 전쟁에서 기약 없는 싸움을 하고 있다. 조금 감상적으로 말하자면 이들은 골리앗에 맞서는 다윗이라 할 수 있다.

성경에서는 다윗이 골리앗을 이겼지만, 현실에서는 거의 항상 골리앗이 이긴다. 게다가 신경 써야 할 문제도 한두 개가 아니다. 앞서 말한 것처럼 우리는 차가운 진공 속을 날아가는 우주선을 고쳐야 한다. 우주선에 탄 승객을 신경 쓰지 않아도 된다면 좋겠지만, 그럴 순 없다. 이는 너무나도 어려운 일이고, 지금까지 투입된 자원과 관심으로는 어림도 없는 일이다. 하지만 실리콘밸리가 힘을 합쳐 자금과 인력을 지원한다면 불가능할 리 없다.

인터넷은 세계 경제의 주춧돌이지만, 그 주춧돌은 작은 실험용 네트워크를 위해 설계된 토대 위에 놓여 있다. 물가의 모래 위에 성을 지을 수 없고, 다 부서진 도로에서는 IT 기업 설립자의 3억짜리 테슬라가 달릴 수 없듯이, 흔들리는 인터넷 인프라 위에 거대한 기업을 올릴 수는 없는 법이다.

인프라를 다시 만드는 건 쉽지 않은 일이다. 하지만 미룰수록 더 어려워질 뿐이다. 문제는 누가 인터넷으로 어마어마한 부자가 된 이들을 설득해 시스템을 고치게 할 것이냐다. 누가 그런 일을 할 수 있을까?

다시 ICANN의 최고경영자 예란 마르비와 친구가 그에게 선물했다는 정지 버튼 이야기로 되돌아가자. 마르비는 그 버튼을 볼 때마다 현실 인터넷에는 정지 버튼이 없다는 사실을 상기하고 힘을 얻는 듯했다. ICANN이 존재하는 건 정지 버튼을 쥐고 있기 때문이 아니라 사람들에게 도움이 되는 서비스를 제공하고 사람들이 그 서비스를 선택했기 때문이다.

마르비는 말했다. "ICANN은 인터넷 기반시설의 한 부분이 아닙니다. 그저 지금껏 사람들이 사용해왔고, 앞으로도 사용하기로 한 시스템을 잘 관리하도록 도울 뿐이지요. 이 시스템을 사용하기로 정한 건 망 사업자들이고, 저희 일은 그 시스템을 잘 관리하는 것뿐입니다. ICANN에는 정지 버튼이 없습니다."

마르비가 가진 버튼은 SF 드라마 세트장에나 어울릴 법한 새빨간 버튼이어서 눈에 띄었다.

인터뷰를 마치며, 마르비에게 물었다. "그 버튼, 누르면 어떻게 되나요?"

그는 웃으며 권했다. "눌러보세요." 나는 버튼을 눌렀다. '딸깍' 하고 생각보다 작은 소리가 났다. 그리고 아무 일도 없었다. 나는 방을 나왔다.

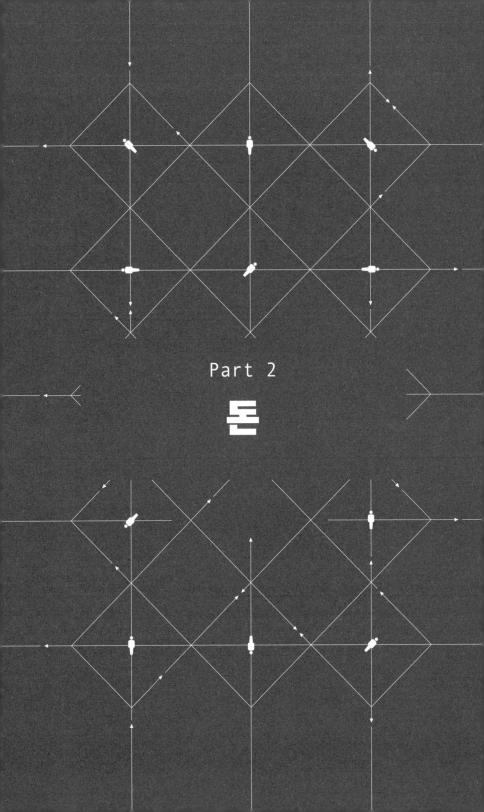

Part 2

돈

4

투자자

베타웍스betaworks의 뉴욕 사무실은 전형적인 잘나가는 인터넷 스타트업 사무실처럼 생겼다. 명품 의류점, 레스토랑, 바가 즐비한 맨해튼의 미트패킹 지구에 자리한 빌딩은 허드슨강에서도 그리 멀지 않다.

빌딩에 들어서면 베타웍스가 투자한 크라우드 펀딩 사이트 킥스타터Kickstarter의 성공 사례가 진열된 벽이 보인다. 내가 갔을 때는 오큘러스리프트Oculus Rift의 VR 헤드셋(모금액 240만 달러) 시제품과 히키스HICKIES의 묶을 필요 없는 신발 끈(모금액 58만 달러), 아주 단순한 휴대전화인 라이트폰Light Phone(모금액 41만 5000 달러), 물건을 잃어버리지 않도록 스마트폰에서 경고음이 울리는 새미스크리머 Sammy Screamer(모금액 9만 840달러)가 전시되어 있었다.

리셉션을 지나 넓고 탁 트인 공간으로 들어서면 식당, 휴식 공간, 세련된 현대식 의자가 눈에 들어온다. 귀로 들어오는 대화조차 벤처 캐피털에 왔음을 실감하게 한다. 한 남자가 공공장소라는 사실을 잊은 듯 통화에 열을 올리는 중이다. "'버즈피드 BuzzFeed'라고 할 수도 있겠죠. 일종의 '버즈피드'입니다. 대시보드(그래픽을 활용해 사업 관련 데이터를 한눈에 보기 쉽게 정리한 것, 사업 결정을 내릴 때 참고자료로 사용한다—옮긴이)가 좋아요. 몇몇 페이스북 채널이…."

'스타트업 스튜디오' 베타웍스는 여러 유명 인터넷 기업의 초기 투자자다. 베타웍스는 나중에 트위터에 인수된 회사 두 곳에 투자해 트위터의 투자자가 되었으며,[1] 텀블러 Tumblr에도 투자했다. 이외에도 소셜 미디어 관련 기업 여러 곳에 투자했는데, 비틀리 bit.ly(데이터 분석 및 URL 길이를 줄여주는 서비스를 제공한다. 웹사이트 URL이 트위터 글자 수 제한을 넘어설 때 특히 유용하다), 지피 Giphy(온라인 gif 저장소로 여러 소셜 미디어 사이트에서 쓴다) 등이 대표적이다.

베타웍스는 앞서 말한 크라우드 펀딩 사이트 킥스타터를

---

1   https://techcrunch.com/2016/05/20/twitter-and-betaworks-are-teaming-up-in-a-new-fund/

비롯해 트위터의 공동 창업자 에번 윌리엄스^{Evan Williams}가 만든 블로그 서비스 미디엄^{Medium}과 팟캐스트 기업 김렛미디어^{Gimlet Media}(스포티파이에 인수되었다)에도 투자했다.[2] 또 소셜 미디어 회사와 콘텐츠 제작자를 위한 여러 데이터 분석 회사에도 투자했으며, 심지어 아이폰과 안드로이드용 게임으로 큰 인기를 끈 '다츠^{Dots}'와 '투다츠^{Two Dots}'를 만들기도 했다. 현재 게임 부문은 베타웍스에서 분사한 상태다.[3]

베타웍스는 기업 규모가 아주 작을 때 투자한다. 어떨 때는 투자를 한 번도 유치한 적 없고 직원 수도 몇 안 되는(이 경우 직원 대다수가 공동 창업자다) 기업에 공간을 내주고 베타웍스에서 일하게 하기도 한다. 창업 자금만 지원하는 경우에도 베타웍스는 대개 벤처 캐피털 업계에서 '창업^{seed}' 단계라고 부르는 갓 시작한 기업에 투자한다.

이런 투자는 고위험 고수익이다. 기업이 안정적으로 자리 잡기 한참 전에 돈을 투자하기 때문에 경쟁 기업에 밀려나거나 소리 없이 사라질 위험이 크다. 베타웍스처럼 초기 단계에서 투자하는 벤처 캐피털은 많은 기업에 투자하는 대신, 한 곳당 적은 금액만 투자한다(회사가 성장한 다음에 투자하는 벤처 캐피털은 대

---

2   https://betaworksventures.com/our-companies
3   https://www.bizjournals.com/newyork/blog/techflash/2015/03/playdots-betaworks-mobile-video-game-twodots.html

개 기업 한 곳당 수천만 달러에서 수억 달러를 투자한다).

그러니까 베타웍스가 이렇게 많은 유명 인터넷 기업(그중 일부는 전 세계에 수억 명의 사용자를 보유하고 있다)에 투자했다는 사실이 놀랍게 느껴졌다면, 그건 벤처 캐피털 투자의 특성상 당연한 일인 셈이다.

인터넷 산업에 일반적으로 적용되는 법칙 중 하나는 하루 아침에 이윤을 내려 해선 안 된다는 것이다. 벤처 기업은 먼저 규모를 키우는 데 집중하고 어떻게 수익을 낼지는 나중에 걱정한다(규모의 경제를 누리기 위해 먼저 사용자부터 빠르게 늘리는 전략을 편다). 이 말은 처음 몇 년 동안 계속 새로운 투자를 유치해야 사업을 유지할 수 있다는 뜻이고, 그래서 이들은 벤처기업에만 전문적으로 투자하는 벤처 캐피털로부터 자금을 지원받는다.

인터넷 기업에 전문적으로 투자하는 벤처 캐피털(소셜 네트워크, 데이터 분석, 빅데이터, 생체의학 등 특정 분야의 기업에만 투자하는 회사도 있다)은 투자 자금을 제공하는 한편, 한 회사의 업무 방식을 다른 회사로 퍼뜨리는 역할도 한다. 이들은 투자받는 기업의 기업 문화, 사업 모델, 이사회 구성 등에 영향을 미친다. 인터넷이 어떻게 지금의 모습을 갖추게 되었는지 그리고 그 과정에서 패자와 승자가 어떻게 갈렸는지를 파악하려면 인터넷에 자금을 지원해 수익을 올리는 벤처 캐피털을 이해해야만 한다.

나는 베타웍스를 방문해 창업자 존 보스윅John Borthwick을 만나기로 했다. 그는 베타웍스가 일하는 방식이 일반적인 벤처 캐피털과 다르다고 주장하는데, 인터뷰를 수락한 것을 보면 일리 있는 말 같다. 보스윅은 나를 회의실로 안내하면서 2000년에 마이크로소프트 반독점 재판의 원고 측 증인으로 참석한 일을 자랑스럽게 들려주었다. 그 재판의 결과로 마이크로소프트는 둘로 분할되었다. 보스윅은 회의실로 가는 길에 잠시 멈춰서 벽에 걸린 그림을 가리키며 이 이야기를 했다. 그가 증인으로 섰던 날, 재판 기록 화가가 그린 그림이었다.

당시 보스윅은 타임워너Time Warner 이사직을 그만두고 스타트업을 경영하고 있었다. 지금은 투자자지만, 그에게도 투자자들의 질문에 답하고, 투자자들의 이상하고 융통성 없는 요청을 따라야 했던 시절이 있던 셈이다.

보스윅은 말했다. "저도 기업가였습니다. 기업을 세우고 팔고 키우고 쪼개봤지요. 기업을 만드는 걸 돕기도 하고요. 저는 당시 벤처 캐피털의 투자 기법이 상당히 투박하다고 생각했습니다. 한두 건만 성공시키면 다른 건은 실패해도 된다는 식이었거든요."

보스윅은 스타트업 CEO로서 겪은 일을 회상하며, 주장을 더 날카롭게 다듬어나갔다.

"그때 벤처 캐피털에 대해 많이 알게 되었죠. 당시 저는 포토로그Fotolog라는 사진 공유 사이트를 운영했습니다. 페이스북이 아직 작은 기업일 때, 포토로그는 꽤 사용자가 많은 기업이었어요. 지금의 플리커와 비슷한 사이트였는데, 미국이 아닌 다른 나라 사용자가 많았습니다."

당시 광고에 따르면 포토로그는 '세계 최대의 사진 블로깅 커뮤니티'이자 '사람들이 세 번째로 많이 찾는 소셜 미디어 네트워크'로, 2007년 기준 1100만 명의 사용자와 3억 장의 사진을 보유한 사이트였다.[4] 마침 페이스북과 트위터가 가파르게 성장하는 상황이었기 때문에 회사를 사겠다는 사람이 많았지만, 포토로그에 투자한 벤처 캐피털은 자신들은 장기 투자를 지향한다며 보스윅을 안심시켰다.

"저는 원래 포토로그의 엔젤 투자자(창업 초기에 보통 100만 달러 이하의 적은 돈을 투자하는 투자자)였습니다. 그러다 타임워너를 그만두고 그 회사 경영자가 되었죠. 경영자로 일하면서 회사를 인수하겠다는 제안을 몇 번 받았습니다. 한번은 2000만 달러에 회사를 사겠다는 제안을 받아서, 저희한테 투자한 벤처 캐피털에게 물었죠. '팔고 싶으세요?' '절대 아닙니다. 우리는 이 회사와 오래 일하길 바랍니다. 그럴 일은 없을 겁니다.'"

포토로그에 투자한 벤처 캐피털은 협상 테이블에 2000만 달러가 놓여 있음에도 자신들은 포토로그 편이고, 오랫동안 포토로그를 도울 것이며, 빨리 돈을 벌기 위해 회사를 파는 일에는 관심이 없다고 말했다. 이 정도면 보스윅도 마음이 놓였을 것이

---

4   https://www.businessinsider.com.au/fotolog-still-g-2007-9

다. … 하지만 과연 그랬을까?

온라인 세계의 주요 분야가 거의 다 그렇듯, 벤처 캐피털 쪽도 전문용어가 너무 많다. 하지만 차분히 들여다보면, 핵심은 의외로 단순하다는 사실을 알게 된다. 비교를 위해 먼저 오프라인에서 사업을 하는 경우를 생각해보자. 예를 들어 식당을 차린다면 해야 할 일은 명확하다.

일단 월세와 매장 인테리어, 첫 몇 달 동안의 직원 월급을 마련해야 한다(돈이 꽤 많이 필요할 것이다). 하지만 초기 투자를 마치고 나면, 매달 들어가는 운영비만 벌어도 장사를 계속할 수 있다. 아마 사장은 첫 달부터 운영비를 버는 것을 목표로 할 것이다. 그리고 적어도 몇 달 정도는 운영비만 벌어도 괜찮다고 생각할 것이다. 만일 식당이 잘되어서 수익이 난다면, 몇 년 뒤 분점을 내고 싶어질 수도 있다. 포부가 큰 사람이라면 사업을 더 빠르게 확장하는 도박을 걸지도 모른다. 이처럼 오프라인 세계에서는 작든 크든 자신이 원하는 규모로 사업을 할 수 있다.

하지만 온라인에서는 그렇게 할 수 없다. 여기에는 여러 가지 이유가 있는데, 하나는 거리가 중요하지 않은 인터넷의 특징 때문이다. 새로 식당을 차릴 경우, 그 식당의 경쟁자는 주변 골목의 다른 식당일 것이다. 범위를 넓혀 봤자 같은 도시에 있는 식당 정도만 경쟁 상대에 포함될 것이다.

하지만 새로운 인터넷 기업은 비슷한 서비스를 제공하는

전 세계 기업과 경쟁해야 한다(그중에는 아이디어를 도용한 회사도 있을 것이다). 이런 상황에서 느리지만 꾸준한 성장을 목표로 자기 돈만 가지고 서비스를 개발하는 회사는 손해를 보더라도 투자를 감행해 더 빨리 서비스를 개발하고 광고도 많이 하는 회사에 밀릴 수밖에 없다. 온라인 세계에서는 클릭 한 번이면 다른 서비스를 이용할 수 있다. 그러니 조금이라도 안 좋은 서비스는 밀려날 수밖에 없지 않을까?

그러나 어쩌면 더 중요한 이유는 마치 골드러시 시대 같은 인터넷 업계의 현재 분위기일지도 모른다. 주변에서 계속 수억 달러, 아니 수십억 달러에 기업을 팔았다는 소리가 들리는데, 고작 한 해에 수십만 달러 버는 것을 목표로 작은 기업을 운영할 이유가 있을까?

결국 인터넷 스타트업 중 상당수는 벤처 캐피털의 투자를 받아 최대한 빨리 성장하는 것을 목표로 하게 되었다. 이들은 몇 차례에 걸쳐 투자를 유치하는데, 투자 유치를 할 때마다 기업 가치를 높여 이전보다 더 많은 돈을 투자받기 위해 노력한다. 그리고 이 과정을 몇 번 반복해 회사를 키우기 전까지는 매출에 큰 신경을 쓰지 않는다. 이렇게 투자를 받아 회사를 키우는 데 집중하다 보면, 결국 회사 지분의 대부분이 투자자에게 넘어가게 된다. 그래서 투자자들이 회사 경영에 깊이 관여하는 경우가 많다.

스타트업이 투자를 받으며 성장하는 단계는 보통 다음과 같이 나눈다.[5] 첫 단계는 창업자 혼자 스타트업을 만드는 단계다. 이 단계를 부트스트래핑 bootstrapping 이라고 부르는데 '자기 부츠 끈을 잡고 자신을 들어 올리려는 시도'를 뜻한다. 성공한 IT 기업을 이룬 창업자들은 모두 자신의 힘으로 회사를 키워야 하는 이 단계를 거쳤다. 대개는 부모님 집 차고에서 일하면서 생활비를 아껴가며 모아둔 돈으로 회사를 유지했을 것이다.

그다음 단계는 가족과 친구의 투자 단계다. 말 그대로 아는 사람들로부터 한 명당 수십에서 수천 달러씩 투자받는 것을 말한다. 투자받은 돈은 대개 개발자를 고용하거나, 무보수로 맡기기 힘든 전문적인 일을 의뢰하는 데 들어간다.

평안한 중상류층 가정 출신이 아닌 사업가는 자력으로 일어서고 가족과 친구의 투자를 받아야 하는 이 단계부터 어려움을 겪을 수밖에 없다. 투자 유치의 첫 단계부터 불평등이 존재하는 셈이다.

회사가 어느 정도 성공 가능성을 보이기 시작하면, 그때부터 전문 투자자들이 개입한다. 전문 투자자 가운데 가장 먼저 투자하는 투자자는 존 보스윅 같은 엔젤 투자자다. 엔젤 투자자는 대개 경영 경험이 없는 창업자가 만든 신생 기업에 아주 일찍부터 투자한다. 이들은 투자 자금을 지원하는 것 외에도 시간을 들

---

5   다음에 이어지는 내용은 여러 인터뷰와 자료를 근거로 작성했다. 다음 사이트의 용어 정리가 도움이 될 것이다(투자 단계별 투자 규모도 이 자료를 참고해 작성했다). https://support.crunchbase.com/hc/en-us/articles/115010458467-Glossary-of-Funding-Types

여 기업이 성장하도록 돕는다.

　보스윅이 포토로그의 경영을 맡게 된 것처럼, 엔젤 투자자는 종종 자신이 투자한 기업의 경영자가 되기도 한다. 엔젤 투자자가 투자하는 돈은 대개 10만 달러 정도로 비교적 적다. 업계에서는 엔젤 투자자를 다른 벤처 캐피털과 분리해서 취급한다(하지만 유명 벤처 투자자들이 자기 돈을 들여 사적으로 엔젤 투자를 하는 경우도 많다). 사실 벤처 캐피털은 생각보다 오래된 개념으로, 인터넷에 시작부터 큰 영향을 미쳤다. 미국에서는 제2차 세계대전 직후부터 벤처 캐피털이라는 개념이 생겨났다. 벤처 캐피털은 실리콘밸리의 탄생에 자금을 지원했고 첫 번째 닷컴 호황 때 전성기를 맞았다.

　일반 벤처 캐피털은 창업 단계부터 투자에 참여한다. 이 단계의 스타트업은 전문성을 갖추는 등 여러모로 엑시트exit(스타트업을 상장시키거나 다른 기업에 팔아서 투자금을 회수하는 것—옮긴이) 전까지 벤처 캐피털이라는 호랑이의 등에 탈 준비가 된 면모를 보인다. 시드 투자의 규모는 수만에서 수백만 달러 수준인데, 여기서부터 이미 기업의 전체 지분 중 3분의 1이 투자자에게 넘어가는 경우가 많다.

　이 단계부터는 벤처 캐피털이 상당한 지분과 돈줄을 쥐고 있기 때문에, 매우 유망한 기업의 창업자, 심지어 해당 분야의 마크 저커버그로 불리는 사람이라 해도 벤처 캐피털의 요구 사항을 무시할 수 없게 된다.

스타트업은 이후에도 여러 차례 벤처 캐피털의 투자를 받는다. 창업 후 5년 이상 지나도 투자자들의 돈으로 운영비를 충당하는 경우가 많기 때문이다. 대개 창업 투자의 다음 단계인 시리즈 A 투자에서 100만~200만 달러의 투자를 유치하고, 그로부터 몇 년 뒤 시리즈 B 투자에서 1000만 달러 이상을 유치하는 것을 목표로 할 때가 많다.

운영비가 많이 드는 대형 회사의 경우, 시리즈 C 투자자를 모집해 5000만 달러에서 수억 달러 정도를 더 조달할 수도 있다. 딜리버루Deliveroo[6]나 우버Uber[7]처럼 보조금을 지급해 일단 규모를 키우는 방식으로 회사를 운영하려면 이 정도 투자를 받아야 한다. 들어가는 비용보다 낮은 가격으로 서비스를 제공하려면, 투자자의 돈으로 손실을 메울 수밖에 없기 때문이다.

벤처 캐피털이 수익이 안 나는 회사에 계속 투자하는 이유는 출구전략이라 할 수 있는 엑시트로 투자 자금을 회수할 수 있기 때문이다. 엑시트란 더 큰 회사에 스타트업을 팔거나 기업공개Initial Public Offering, IPO를 통해 스타트업을 주식시장에 상장하는 것을 말한다. 상장 후에는 아무나 주식을 살 수 있지만, 상장 전에는 기업이 허락한 사람만 투자할 수 있다. 벤처 캐피털은 처음

---

6   딜리버루는 시리즈 C 투자를 7000만 달러 유치했다. https://techcrunch.com/2015/07/27/series-c-delivered/

7   우버는 3억 달러 이상을 유치했다. https://techcrunch.com/2013/08/22/google-ventures-puts-258m-into-uber-its-largest-deal-ever/

에 투자 자금을 지원할 때, 나중에 시리즈 B나 시리즈 C 투자 라운드가 열리면 우선 투자할 권한을 달라는 조건을 걸 때가 많다. 창업 단계에서 적은 돈을 투자함으로써, 나중에 회사 가치가 커졌을 때 그중 많은 부분을 차지할 권리를 미리 확보하는 것이다.

그래서 일반적으로 스타트업의 경우, 기업 가치 상승분 중 대부분이 초기에 투자한 벤처 캐피털의 몫으로 돌아간다. 회사가 상장되어 평범한 사람이 투자를 할 수 있을 때는 이미 기업 가치가 오를 대로 오른 다음이다. 돈 있는 사람만 돈을 버는 상황인 것이다. 하지만 벤처 캐피털도 그만큼 위험을 감수해야 한다. 아무 때나 팔 수 있는 상장 기업의 주식과 달리, 스타트업에 투자한 돈은 묶인 돈이다. 돈을 한없이 묶어둘 수는 없기 때문에, 벤처 캐피털은 최대한 이른 시간에 기업을 키우고 큰 수익을 내서 투자자들에게 돈을 돌려주고자 한다.

그래서 벤처 캐피털은 스타트업이 상장될 가능성이 낮아 보이거나, 괜찮은 가격에 팔라는 제안이 들어올 경우 손바닥 뒤집듯 태도를 바꿔 회사를 팔아버리는 경향이 있다. 보스윅은 경험을 통해 이 사실을 배웠다.

앞서 말했듯 2007년 포토로그를 2000만 달러에 사겠다는 제안이 들어왔을 때, 벤처 캐피털은 회사를 절대 팔 생각이 없으며 오래 함께 일하고 싶다고 말했다. 하지만 금액이 커지자 재빨리 말을 바꿨다.

보스윅은 말했다. "결국 두 달 뒤 9000만 달러에 회사를 팔았습니다. 7500만 달러에 팔라는 제안이 들어오자마자 태도가 변하더군요. 7000만 달러까지는 안 된다고 말하더니, 7500만 달러가 되자 '당장 팔라'는 식이었어요. 저는 '무슨 엑셀 파일이라도 만들어놓으셨나 봐요?' 하고 말했죠. 처음부터 계산기를 두드려뒀던 겁니다."

즉 기업을 팔지 말지는 창업자나 경영자의 의사와는 상관없이 투자자인 벤처 캐피털이 만들어둔 수익률 분석표에 따라 정해진다. 창업자는 계속 회사를 운영하고 싶을 수도 있지만, 그의 뜻은 엑셀 파일의 한 줄만큼도 중요하지 않다. 하지만 벤처 캐피털도 자신에게 자금을 맡긴 투자자들의 기대에 따라 움직이기는 마찬가지다.

보스윅은 말했다. "벤처 캐피털은 내부적으로 매우 구체적으로 기한을 정해놓고 투자합니다. 대개 5년입니다. 5년이 되기 전에 칼같이 투자금을 회수하려 들죠. 이런 방식이 잘 맞는 회사도 있지만, 잘 안 맞는 회사일 경우 결과가 너무 안 좋습니다. 제가 보기에는 이 기한 내에 성공할 수 없을 뿐이지, 나중에 정말 성공적인 회사로 성장할 만한 스타트업이 많거든요. 하지만 벤처 캐피털은 기한이 되기 전에 이렇게 말할 겁니다. '투자금을 회수해야겠네요. 저희 사업 모델에 따라 최적 수익률을 최적화해보니 조기 엑시트가 최적이라서요.'"

이렇게 경직적인 투자 모델 그리고 아직 성장하지 않은 기업에 투자부터 하는 문화 때문에 기업은 매의 눈을 한 투자자들을 계속 붙잡아두기 위해 투자받은 액수에 상응하는 규모로 성장하고 매출을 내야 한다는 압박을 느끼게 된다.

스타트업이 투자자로부터 받은 돈은 곧 기업 가치가 되고, 그 기업 가치는 계속 기업을 한 방향으로 몰아간다. 엔젤 투자자에게 지분의 12.5퍼센트를 주는 대가로 5만 달러를 받기로 하는 순간, 기업 가치는 40만 달러가 된다.[8] 엔젤 투자자는 당신이 한두 해 안에 수십만 달러를 더 투자받길 원할 것이다. 만일 성공한다면 기업 가치는 바로 수백만 달러가 될 것이다. 투자가 반복될수록, 기업 가치는 점점 더 오른다.

당분간은 문제가 없겠지만, 갑자기 투자자들이 회사가 기대만큼 성장하지 못하고 있다거나 매출이 너무 적다고 생각하는 순간 상황은 급변한다. 이런 면에서, 벤처 캐피털의 투자 모델은 인터넷에 관해 흔히 제기되는 문제들과도 관련이 있다.

인터넷 기업은 투자자들에게 활성 사용자 수와 서비스 이용 시간이 늘고 있다는 증거를 보여야 살아남을 수 있다. 그래서 기업은 저 두 수치를 극대화하는 방향으로 서비스를 계속 수정한다. 소비자가 앱이나 사이트에 최대한 오래 머물도록 노력하는 것이다. 실제로 페이스북의 공동 창업자 션 파커Sean Parker는 페이스북(그 외 다른 많은 서비스)이 의도적으로 중독되기 쉽게

---

8   정확히는 투자 유치 후 가치를 뜻하는 포스트머니post-money가 40만 달러라고 해야 하지만, 큰 줄기는 변하지 않는다.

만들어졌다고 말하기도 했다.[9]

또 인터넷 기업은 흔히 사용자 수가 많고, 이용 시간이 길고, 사용자에 관한 데이터가 많다는 점을 강점으로 내세워 투자를 받는다. 이 경우 돈을 벌려면 당연히 사생활을 침해하는 식의 맞춤형 광고를 할 수밖에 없다.

내가 인터뷰에서 이 사실을 지적하자 보스윅은 잠시 생각하더니 인정했다.

"아까 말한 것처럼 벤처 캐피털이 주는 돈은 양날의 검 같은 겁니다. 회사가 막 성장하고 있을 때, 벤처 캐피털의 투자를 받으면 엄청나게 많은 돈을 모을 수 있습니다. 벤처 캐피털 투자를 받은 기업 중에는 감당할 수 없는 돈을 투자받아버린 회사가 종종 있습니다. 그중에는 제가 투자한 기업도 있고요. … 그렇게 되면 기업은 '몇 푼 벌지도 못하는데 몇억 달러나 투자받았잖아. 어떻게 현금화하지?'라는 걱정에 사용자를 분석하거나 이용 시간을 늘려 광고로 돈을 빨리 벌 생각만 하게 되죠."

그는 잠시 멈추더니, 천천히 조심스럽게 말을 이어나갔다.

"제 생각에도 벤처 캐피털은 확실히 인터넷의 그런 유해한 면과 관련이 있습니다."

또 벤처 캐피털은 본질적으로 갈등을 피할 수 없는 구조를

---

9   https://adage.com/article/digital/sean-parker-worries-facebook-rotting-children-s-brains/311238/

가지고 있다. 벤처 캐피털의 수익 모델은 이미 자리 잡은 대형 기업에 맞서는 열정적인 스타트업을 지원하는 것이다. 하지만 벤처 캐피털을 운영하는 사람들이 바로 그 대형 기업의 창업자, 투자자. 또는 그들의 동업자다.

많은 경우 벤처 캐피털은 비슷한 사업을 하는 더 큰 기업에게 스타트업을 팔아서 수익을 올린다. 물론 기업이 스타트업을 인수하는 이유는 여러 가지다. 사업 분야를 넓히려고 인수할 수도 있고, 트위터가 트윗덱Tweetdeck(트위터 계정 관리 도구)을 인수한 것처럼 필요한 서비스를 만드는 인재들을 고용하기 위해 인수할 수도 있다. 하지만 잠재적 경쟁자를 제거해 독과점을 유지하려고 인수하는 경우도 있다. 일례로 페이스북은 독점적 지위를 잃지 않기 위해 왓츠앱whatsApp을 인수했다는 비판을 계속해서 받고 있다.[10]

잠재적 경쟁자를 제거하기 위해 신생 기업을 인수하는 대형 인터넷 기업과, 돈을 벌기 위해 기꺼이 신생 기업을 그들에게 넘기는 벤처 캐피털의 합작으로 진정한 혁신의 시대는 막을 내렸다. 보스윅은 이렇게 말했다.

"놀랄 만큼 혁신적인 회사가 등장해도 그냥 대기업이 그 기업을 사버립니다. 이런 관행은 혁신 사이클을 망가뜨립니다. 전

---

10   다음의 기사는 이 주장을 뒷받침하는 증거를 보여준다. https://www.buzzfeednews.com/article/charliewarzel/why-facebook-bought-whatsapp

에는 가능성, 창의성, 도전 정신이 엿보이는 웹사이트가 많았는데, 이제는 거의 없습니다. 제 생각에 오늘날 인터넷에서 정말로 흥미로운 일을 찾기는 힘듭니다. 그런 일은 인터넷 밖에서 벌어지는 것 같아요."

벤처 캐피털의 투자를 받지 않고 대형 인터넷 기업으로 성장한 회사는 거의 없다. 하지만 벤처 캐피털로 인한 부작용을 겪지 않는 회사도 거의 없다. 그 부작용은 수익을 늘리기 위해 최대한 중독적으로 만들어진 소셜 미디어를 매일같이 사용하는 우리에게도 영향을 미친다. 하지만 이쯤에서 짚고 넘어가야 할 사실이 하나 있다. 벤처 캐피털은 겉보기와 달리 우리와 전혀 관련 없는 사람들이 투자하는 곳이 아니다.

겉으로 보기에 벤처 캐피털은 그들만의 세상에서 그들만의 (유해한) 문화를 가꾸는 것처럼 보인다. 사실 이 말에도 일리는 있다. 주요 벤처 캐피털을 운영하는 사람들은 대개 이전 세대의 인터넷 기업가들이다. 페이스북, 스카이프, 트위터에 투자한 넷스케이프Netscape의 공동 창업자 마크 안드레센Marc Andreessen, 페이스북의 첫 번째 외부 투자자였고 지금은 훨씬 더 많은 기업에 투자하고 있는 페이팔PayPal 공동 창업자 피터 틸Peter Thiel 등 벤처 캐피털 운영자 중에는 유명 인터넷 기업 출신이 많다.

하지만 이들이 투자하는 돈에는 다른 사람 돈도 섞여 있다. 어쩌면 우리 돈도 거기 포함되어 있을지 모른다. 각종 투자 펀드 및 대학 기부금 펀드, 연금 펀드 등이 벤처 캐피털에 돈을 맡기기 때문이다. 광고 기술회사 임원이자 투자자인 브라이언 오켈리Brian O'Kelley(다음 장에서 다시 만날 사람이다)는 이들 '유한책임 투자자'가 자신이 운영하는 펀드를 흑자로 유지하기 위해 벤처 캐피털에 높은 수익률을 요구하는 경향이 있다고 말했다.

"벤처 캐피털 뒤에는 유한책임 투자자들이 있습니다. 벤처 캐피털에 투자하는 대학 기부금 펀드나 연금 펀드 들이죠. 벤처 캐피털에게 수익률보다 윤리를 따르라고 말하고 싶겠지만, 그리 간단한 문제가 아닙니다. 왜냐하면 벤처 캐피털도 그저 중개인이거든요. 프린스턴대학교 기부금 펀드 같은 곳이 벤처 캐피털에 투자하거든요. 그런 펀드들은 목적을 내세워 수단을 정당화하기 쉽죠. '그래도 14% 수익률을 택하겠습니다. 그 수익으로 학생을 교육해야 하니까요. 교육이야말로 최고의 사회적 가치입니다'라고 말하면 끝이죠. … 전체 시스템을 볼 필요가 있습니다. 프린스턴 펀드나 하버드 펀드나 뉴욕 연금 펀드에 '벤처 캐피털에게 어떤 요청을 하십니까? 펀드 매니저를 선택하는 기준은 무엇입니까?' 같은 질문을 하면 솔직히 99퍼센트는 최대한 높은 수익률을 내는 게 중요하다고 답할 겁니다. 제가 보기엔 그게 문제의 근본 원인입니다."

결국 벤처 캐피털은 과거 인터넷 산업의 승자들이 다음 세대의 승자를 뽑아 자신의 돈과 다른 유명 투자자들의 돈을 지원한다는 면에서 그야말로 닫힌 집단이다. 현재의 벤처 캐피털 체제는 극소수의 손에 너무 많은 권한을 쥐여준다. 지금까지 이 체제는 적어도 이윤을 내는 쪽으로는 잘 동작해왔다. 그리고 오랫동안 이윤을 좇는 데만 집중해도 괜찮은 것처럼 보였다. 그러나 그건 과거의 인터넷이 신생 기업과 혁신 기업의 무대였기 때문이다. 하지만 이제 그 기업들은 기득권을 쥔 기업이 되었다. 우리는 최근 들어서야 그 사실을 깨닫고 인터넷의 수익 모델과 투자 모델을 재고하고 속도를 늦춰야 할 필요가 있다고 생각하기 시작했다.

보스윅도 이런 의견에 동의하는 편이다. 그가 세운 베타웍스는 (시험용 버전을 뜻하는 '베타'라는 이름에서 알 수 있듯) 실험하고 시도하고 신속하게 행동하는 문화 속에 세워졌지만, 이제 시대가 바뀌었다.

보스윅은 말했다. "실패하든 말든 신속하게 움직이는 문화, 즉 '에라 모르겠다. 일단 해보자'라는 문화가 오늘날 우리가 경험하고 있는 예상치 못한 부작용이 나타나는 데 큰 기여를 했다고 생각합니다."

그러나 벤처 캐피털이 온라인 생태계에 지금처럼 어마어마한 돈과 권력을 행사하게 된 데는 이유가 있다. 비록 돈을 벌기 위해서라고는 하지만, 벤처 캐피털에게는 인터넷이 세상을 어떻게 바꿀지 다른 사람보다 훨씬 일찍 알아차리는 능력이 있다.

2011년부터 7년 동안 다수의 유니콘 기업(기업 가치가 10억 달러 이상인 스타트업) 투자에 성공해, 요즘 가장 성공한 벤처 캐피털로 꼽히는 유니언스퀘어벤처스Union Square Ventures, USV의 대표

앨버트 웽거Albert Wenger도 마찬가지다.[11] USV는 주로 초기 스타트 업(창업 단계나 시리즈 A 단계)에 투자하는 비교적 소규모 펀드로, 한 펀드당 20개에서 25개 기업에 투자한다(벤처 캐피털은 여러 투자자의 돈을 '펀드' 단위로 묶어 운영한다. 엑시트 시점과 수익 실현 시점은 펀드마다 다르다). 투자한 기업 가운데 성공 가능성이 높아 보이는 기업이 있을 경우, 다음 투자 유치 단계에서 지분을 더 사들여, 전체 지분의 15퍼센트에서 20퍼센트 정도를 확보한 뒤, 엑시트 기회를 엿보기 시작한다.

USV의 한 경영자는 2017년 자신의 블로그에 다음과 같은 글을 올렸다. "기업 가치가 10억 달러 이상이라는 '평가'는 중요하지 않다. … 실제로 10억 달러 이상에 엑시트할 수 있는지가 중요하다."

USV는 보통 7년이나 8년 안에 출구 전략을 모색한다. 벤처 캐피털치고는 오래 투자하는 편이지만, 비교적 이른 단계부터 투자에 참여하기 때문이다.

웽거는 보스윅과 비슷한 경로로 벤처 캐피털 업계에 발을 들였다. 그는 (트위터 같은 서비스의 시초라 할 수 있는) 북마크 공유 서비스 딜리셔스del.icio.us의 회장이었으며, 이후 엔젤 투자자로 수공예품 판매 사이트 엣시Etsy와 소셜 미디어 텀블러에 투자

---

11   이 문장과 이어지는 USV에 관한 이야기는 2017년에 올라온 블로그 포스트를 참고해 작성했다. https://avc.com/2017/10/our-model/

했다.[12] 현재 USV는 사운드클라우드Soundcloud, 킥스타터, 스트라이프Stripe(결제 서비스), 포스퀘어Foursquare, 듀오링고duolingo에 투자하고 있으며, 트위터, 텀블러, 엣시, 징가Zynga(게임 '팜빌Farmville'의 제작사) 등을 상장시켰다.[13]

맨해튼의 명물인 플랫아이언빌딩에서 불과 몇 미터 떨어진 빌딩 19층에 위치한 USV 사무실에서, 웽거는 인터넷 붐이 일기 전에 어떤 일이 일어날지 예상한 적이 있다고 말했다. 그는 웹이 발명된 지 겨우 4년 뒤인 1993년에 처음으로 웹 서핑을 접했는데, 그때 이미 인터넷의 가능성을 알아보았다.

"처음으로 인터넷을 접한 날이 똑똑히 기억납니다. 1993년이었고 저는 MIT에 있었습니다. 통계 숙제가 있는 날이었어요. 그때까지만 해도 통계 프로그램을 쓰려면 학교 컴퓨터실에 있는 컴퓨터를 사용해야 했습니다. 숙제를 하려는데 옆 사람이 계속 클릭하고 읽고 화면에 새로운 게 뜨면 또 클릭하고 읽고 웃고 또 클릭하는 겁니다. 제가 물었죠. '뭐 하는 거야?' '웹 서핑.' '그게 뭔데?' '그 컴퓨터에도 모자이크Mosaic(웹 브라우저) 깔려 있어. 너도 해봐.' … 전 통계 숙제는 제쳐두고 네 시간 동안 웹 서핑만 했어요. … 모르는 사람들이 만든 처음 보는 웹페이지를 돌아다녔지요. MIT 웹페이지를 이것저것 보다가 거기서 또 다른

12   https://www.usv.com/about/albert-wenger
13   베타웍스와 투자처가 겹친다는 생각이 든다면, 맞다. 벤처 업계가 원래 그렇다.

페이지로 넘어가서 이것저것 보고 그랬어요. 지금도 또렷이 기억나는데 그날 밤 케임브리지의 추위를 뚫고 집으로 가는 길에 이런 생각을 했어요. '이런, 이제 신문은 망했군.' 저는 곧 그렇게 될 거라고 믿었어요. 그런데 20년 뒤에야 그렇게 되더군요."

오늘날 우리에게는 인터넷의 등장으로 신문이 몰락할 거라는 말이 당연하게 들리지만, 1993년에는 무척 혁신적인 생각이었다. 《뉴욕타임스New York Times》는 1996년, BBC는 1997년, 《가디언》은 1999년에야 처음으로 온라인 기사를 발행했다. 이때까지만 해도 언론사에서는 온라인 신문을 곁가지로 치부했다.

물론 웽거의 예측도 완벽하지는 않았다. 초기에 인터넷(또는 웹)을 접한 많은 사람처럼 웽거도 인터넷의 미래를 지나치게 낙관했다. 웽거는 다른 사람의 허락이나 개입 없이 혼자서 온라인에 정보를 발행할 수 있다는 이유로 인터넷이 민주화를 이끌 거라고 믿었다. 하지만 이제는 그 생각에 의구심을 품게 되었다.

"처음 떠오른 생각은 '이럴 수가. 누구나 글을 올릴 수 있잖아'였습니다. 이틀 뒤 저는 MIT 네트워크에 소박한 웹페이지를 하나 만들었습니다. '너무 멋지다'고 생각하면서요. 그때 다른 사람들이 그랬던 것처럼 저도 누구나 정보를 올릴 수 있으니 세상이 완전히 바뀔 거라는 꿈에 부풀어 있었습니다. 어떤 의미에서 그 생각은 옳았습니다. 생각대로 인터넷은 음반사나 출판사처럼 어떤 콘텐츠를 널리 퍼뜨릴지 정할 권한을 쥐고 있던 기업에 타격을 주었습니다. 특히 언론사가 큰 타격을 입었죠. 더는 편집자에게 편지를 써야만 글을 실을 수 있는 세상이 아니니까요. 그가 글을 싣고 싶어 하지 않든, 수정하고 싶어 하든 상관이 없어졌어요. 그냥 글을 인터넷에 올리기만 하면 되니까요. 초창기에 인터넷에 열광했던 다른 사람들처럼 저도 인터넷이 권력을 집중시키는 역할을 할 거라고는 생각하지 못했습니다."

웽거와 보스윅은 둘 다 인터넷이 소수의 손에 권력과 돈을 집중시킨다는 사실을 인정했다. 처음에 이곳저곳에서 작게 울리던 중앙집중화를 알리는 소리들은 이제 커다란 소음으로 바뀌어 재난을 예고하고 있다. 어쩌면 민주 권력과 책임의식을 무너뜨릴 퍼펙트 스톰perfect storm(여러 요인이 맞물려 생긴 큰 폭풍—옮긴이)이 올지도 모른다는 위기의식이 점점 커지고 있다.

웽거는 말했다. "언제나 그렇듯이 원인과 결과를 명확히 구분하기는 어렵지만, 매우 큰 기업이 만들어지는 데는 구조적 원인이 있는 것 같습니다. 일단 돈이 그렇지요. 이 분야는 자본이 매우 풍부합니다. 빠르게 성장하는 기업이라면, 돈은 항상 구할 수 있습니다. … 제가 보기에는 결국 규제 문제인 것 같습니다. 규제를 해야 하는데 지금껏 그러지 못한 거죠. 제대로 규제를 하지 않다 보니 엄청나게 큰 네트워크를 만들어서 그 네트워크를 기반으로 막대한 시장 지배력을 행사하고 말도 안 되게 많은 수익을 올릴 수 있는 겁니다."

이외에도 웽거와 보스윅은 인터넷과 웹의 주요 프로토콜이 가볍고 단순하게 설계되어 사용자 추적이 가능하지 않다는 점을 문제로 꼽았다. 얼핏 들어서는 분산화에 도움이 될 것 같은 이러한 특징이 왜 중앙집중화를 부추기는 요인이라는 건지 잘 이해가 가지 않는다. 웽거와 보스윅의 지적처럼 웹페이지를 인터넷에 전송하는 프로토콜인 HTTP는 사용자 데이터를 전혀 저장하지 못한다. 이는 HTTP만 가지고는 우리의 장바구니 정보나 신원 정보 등을 저장할 수 없다는 뜻이다.

그러나 '쿠키cookie'라는 혁신적 기술이 등장하면서 다른 방식으로 사용자 정보를 기록할 수 있게 되었다. 대다수 웹사이트는 사용자의 컴퓨터에 쿠키라는 작은 텍스트 파일을 남긴다. 사용자가 다시 웹사이트에 방문하면, 사이트는 쿠키를 열어 사용자가 지난번에 어떤 페이지를 봤는지, 로그인은 했는지 등을 알아낸다. 여기서 끝이 아니다. 만일 그 사이트가 온라인 광고 회사 같은 제3자에게 쿠키를 설치할 권한을 준다면, 광고 회사는 그 쿠키를 사용해 우리의 인터넷 사용 기록을 추적할 수 있다. HTTP는 사용자 데이터를 저장하지 않게 만들어졌지만, 쿠키가 등장하면서 사용 기록 추적은 웹의 대표적 수익원이 되었다.

쿠키 덕에 기업은 방대한 사용자 데이터베이스를 구축할 수 있었고, 그러면서 공공기관이나 사용자 자신이 아닌 대기업이 인터넷 사용자의 정보를 관리하게 되었다. 실제로 우리는 믿을 만한 기업 한두 곳에 결제 정보(페이팔, 아마존)와 신원 정보(구글, 페이스북)를 맡겨두고 다른 곳에서 결제하거나 신원을 증명해야 할 때 이를 사용한다.

보스윅은 말했다. "제 생각에는 신원 정보와 결제 정보가 핵심입니다. 인터넷은 신원 정보와 결제 정보의 중앙집중화를 해결하지 못했습니다. 이 두 정보는 여전히 중앙집중화되어 있습니다. 이제 아마존이 제 신용카드고 페이스북이 제 신분증이지요. 이 두 가지가 있어야 인터넷을 돌아다닐 수 있습니다. 이게 없으면 무엇을 할 수 있을까요? 돈을 내려면 아마존에, 신원을 증명하려면 페이스북에 요청해야 합니다. 저는 이 두 가지가 문제의 핵심이라고 봅니다. 꼭 지금 방식대로 해야 할 필요가 없다고 생각해요."

한 발짝 더 나아가 웽거는 신원 정보와 결제 정보가 온라인 세상의 권력과 지배력(그리고 물론 돈)을 한곳으로 모으는 가장 큰 힘이라고 말한다.

"어떻게 보면 대형 인터넷 기업들은 모두 방대한 데이터베이스에 불과합니다. 아마존은 결제 정보, 재고관리단위^{stock keeping unit, SKU}(상품 정보) 구매 이력을 모아둔 커다란 데이터베이스고, 페이스북은 사람들의 신원 정보를 모아둔 커다란 데이터베이스죠. 구글도 검색어, 검색 기록, 검색 결과, 웹페이지를 모은 커다란 데이터베이스입니다. 이들 세 대형 인터넷 기업은 데이터베이스입니다. 우리의 은행 계좌도 모두 데이터베이스에 들어 있는 정보일 뿐입니다."

웽거의 생각이 특히 더 흥미롭게 들리는 이유는 그가 블록체인^{blockchain}이 이러한 문제를 해결할 수 있다고 믿기 때문이다.

비교적 새로운 기술인 블록체인은 주로 비트코인^{bitcoin} 같은 암호화폐에 쓰이는 기술로 널리 알려졌지만, 사실 핵심은 (적어도 이론적으로는) 중앙의 통제가 필요하지 않은 분산형 데이터베이스 기술이다. 블록체인을 옹호하는 사람들은 블록체인이 온라인 데이터 독과점을 무너뜨릴 수 있다고 믿는다. 반면 비판하는 사람들은 블록체인은 난해하고 검증되지 않은 기술이므로 여러 부작용이 나타날 수 있다고 경고한다.

웽거는 말했다. "인터넷이 중앙집중화를 초래하는 건 이들 데이터베이스 때문입니다. 데이터베이스는 엄청난 권력이자 값나가는 자원입니다. 다른 사람들은 데이터의 극히 일부만 볼 수 있는데 데이터베이스 관리자는 모든 걸 볼 수 있습니다. 아무도 할 수 없는 분석을 관리자만 할 수 있는 겁니다. 엄청난 권력이죠. … 문제는 그 관리자들이 권력을 올바르게 쓰지 않는다는 겁니다. '큰 힘에는 큰 책임이 따른다'는 스파이더맨의 말을 가슴에 새기지 않은 거죠." 그는 이렇게 결론 내렸다. "지금은 인터넷의 권력 구조를 다시 생각하기에 좋은 시기라고 생각합니다. 거대 데이터베이스의 관리자들이 소비자의 이익을 우선시하지 않는다는 사실이 드러났으니까요."

정리하자면, 웽거는 블록체인 기술을 활용해 조작이 불가능하고 공개적으로 검증 가능하며 분산화된 데이터베이스를 만들어 인터넷의 권력 구조를 바꿀 수 있기를 바라고 있다. 그러면 방대한 데이터를 독점하고 있는 기업에게 데이터베이스 관리를 맡기지 않아도 될 것이다.

웽거는 누가 데이터베이스를 관리하는지가 생각보다 훨씬 중요하다고 말했다. 그 이유 중 하나는 온라인 세계의 특징으로 잘 알려진 네트워크 효과 때문이다.

네트워크 효과란 사용자 수가 늘어날수록 상품이나 서비스의 효용 가치가 점점 증가하는 현상을 말한다. 네트워크 효과를 가장 뚜렷이 보여주는 사례는 소셜 미디어다. 예를 들어 어떤 나라에 생긴 지 1년 남짓 된 소셜 미디어 2개가 있다고 해보자. 하나는 이용자가 약 10만 명이고 다른 하나는 약 100만 명이다.

아직 어느 곳에도 다 가입하지 않은 사람이 있다면, 이용자가 100만 명인 네트워크에 가입할 확률이 더 높을 것이다. 아무래도 아는 사람이 더 많을 테고, 가입을 권유하는 초대장도 더 많이 받을 것이기 때문이다. 일단 그 네트워크에 가입하고 나면, 또 아는 사람에게 초대장을 보내 가입을 권유할 것이다.

어떻게 보면 사용자에게도 사용자 수가 1억 명인 소셜 미디어 20개보다 사용자 수가 20억 명인 페이스북 하나가 더 낫다. 여러 곳에 가입할 필요 없이 한 곳에만 가입하면 편하게 아는 사람들과 대화하고 메시지를 보내고 약속을 잡을 수 있으니까. 소셜 미디어 20개가 서로 가입자 정보를 공유하지 않는 한 이용자는 무척 불편할 것이다. 사실 경쟁사 간에 정보 공유와 같은 협력을 기대하기는 힘들다.

현실에서 네트워크 효과는 소셜 미디어 외에도 매우 많은 분야에서 발견된다. 네트워크 효과는 네트워크 관리자에게 권력을 집중시킨다. 인터넷이 등장하기 전에는 철도산업 등에서 네트워크 효과를 발견할 수 있었다. 예를 들어 역이 하나밖에 없는 노선은 가치가 없다. 이미 역이 많은 노선에 새로운 역을 추가해야 새 역 주변에 사는 사람과 기존 역 주변에 사는 사람에게 모두 도움이 된다.

웽거는 말했다. "네트워크 효과란, 네트워크에 기차역이나 고객 같은 노드(네트워크상의 한 점)를 하나 추가할 때마다 모든 사용자의 효용이 더 커지는 현상을 말합니다. 네트워크 효과는 디지털 시대의 중요한 특징입니다."

그는 데이터의 특성상 온라인에서는 어디서나 네트워크 효과가 나타날 수밖에 없다고 말했다. 어떤 데이터든 같은 종류의 데이터는 추가하면 추가할수록 한계 가치가 줄어든다. 예를 들어 광고를 하려 할 때는 소비자가 사는 나라를 알면 유용할 것이다. 도시까지 알면 더 좋을 수도 있다. 하지만 여기에 우편번호를 추가한다고 해서 딱히 더 나아질 건 없다. 마찬가지로 대략적인 나이를 아는 건 도움이 되지만, 정확히 몇 살인지 알아내거나 생일까지 알아낸다고 해서 그리 더 도움이 되진 않는다. 반면 원래 있던 것과 다른 종류의 데이터는 하나만 추가해도 전체 데이터의 가치가 크게 올라간다. 어떤 사람의 소득, 사는 지역, 젠더, 나이를 대략 아는 편이 그중 한두 가지를 정확히 아는 것보다 훨씬 가치가 높다.

즉 웽거의 말은 인공지능, 알고리즘, 기계학습 기술이 발전할수록 모을 수 있는 데이터의 종류가 늘어나면서 대형 인터넷 기업이 가진 데이터의 가치가 더 커지고 그래서 네트워크 효과가 더 강해질 거라는 뜻이다. 거기에 비하면 현재 소셜 네트워크의 네트워크 효과는 아무것도 아닌 셈이다.

"제가 이런 말을 하는 이유는 네트워크 효과라고 하면 흔히 네트워크에서 나타나는 효과만 떠올리기 때문입니다. 트위터나 페이스북 같은 소셜 네트워크나 인터넷, 철도망 같은 거요. 하지만 모든 데이터 기반 산업의 기저에 네트워크 효과가 깔려 있다는 사실을 알아야 합니다."

웽거는 거의 모든 사람이 지구상의 다른 슈퍼컴퓨터에게 말을 걸 수 있는 슈퍼컴퓨터를 들고 다니게 되면서, 사람이 거대 인터넷 기업의 도구로 전락하고 있다고 말했다.

"아이폰은 완벽한 슈퍼컴퓨터입니다. 40년 전에는 지구상의 돈을 다 끌어모아도 그 정도 연산 능력을 갖춘 컴퓨터를 살 수 없었습니다. 존재하지 않았으니까요. … 우리가 화면의 아이콘을 클릭하는 순간부터 그 슈퍼컴퓨터는 우리가 아니라 페이스북, 트위터, 아마존 같은 앱 제작자를 위해 일합니다. 그때부터 우리는 세계의 다른 모든 슈퍼컴퓨터와 소통할 수 있는, 엄지손가락과 두 귀 사이의 생체 컴퓨터만 남은 존재가 됩니다."

웽거는 시민이자 소비자인 우리가 이 상황을 기꺼이 용납하기 때문에 온라인 권력이 집중된다고 말한다. 이런 상황이 용납되는 한, 이를 이용해 돈을 벌려는 사람도 존재하기 마련이다.

"이런 상황이 독점 기업들에게 지금과 같은 엄청난 권력을 주었습니다. 그들은 서버 수백만 대를 운영하는데 우리가 움직일 수 있는 건 사실상 엄지손가락뿐이니까요. 너무 비대칭적인 상황입니다. 이런 (정보의) 비대칭성을 해결하지 않는 한, 계속해서 누군가는 어마어마하게 큰 독점 기업을 만들 기회를 잡을 것이고, 또 누군가는 그 사업에 자금을 지원할 것입니다."

인터넷 기업들은 덩치가 커질 만큼 커지고 나서야 자기가 하는 일이 생각보다 훨씬 더 중요한 일임을 깨닫는 경향이 있다. 인터넷 업계에서 오래 일한 보스윅은 아메리카온라인America OnLine, AOL(PC통신 시절 미국의 인터넷 사업자)에 있을 때 그런 경험을 했다고 말했다.

당시 AOL은 미국에서 무제한 인터넷 서비스 상품을 팔았다. 그런데 서비스 접속이 안 되고 인터넷이 끊기는 문제가 지속되는 바람에 여러 주정부로부터 고소당했다. 당시 AOL 이사회는 충격을 받고 어리둥절해했다.

보스윅은 당시 상황을 다음과 같이 설명했다. "이사회장에서 긴 회의를 마친 뒤, 사람들은 무리 지어 이런 말을 주고받았습니다. '왜 이런 일이 일어난 거지? 우리 서비스는 그저 장난감일 뿐인데…….' AOL은 원래 게임 회사로 시작했기 때문에 인터넷 접속 소프트웨어도 그저 장난감이라고 생각했습니다. …

인터넷이 필수적인 서비스가 된 걸 몰랐던 겁니다."

AOL의 일화는 인터넷이 보급된 지 얼마 지나지 않았을 때 벌어진 일이지만, 보스윅은 인터넷 기업 창업자들이 여전히 그런 태도를 가지고 있다고 생각한다. 요즘도 창업자들이 자사 서비스가 심각한 결과를 초래했다는 말을 들으면 충격을 받고 믿기 어려워한다는 것이다.

보스윅은 말했다. "이건 들은 이야기인데, 2016년 미국 대통령 선거가 끝난 뒤에 페이스북이 선거 결과에 영향을 미쳤을 가능성이 있다는 말이 나왔잖아요. 그때 저커버그는 말도 안 된다는 반응을 보였다고 합니다." 당시 이사회장에 있던 누군가의 말에 따르면 저커버그는 이렇게 말했다고 한다. "그냥 페이스북일 뿐이에요. 친구들끼리 서로 안부나 묻는 공간이라고요. 그건 말도 안 되는 소리예요."

미국 상황만 고려해도 저커버그의 현실 부정적인 태도는 충분히 우려할 만하다. 그나마 미국은 원칙적으로 민주주의 국가이며, 선거 개입이나 허위 정보 유포를 강력히 조사해 처벌할 수 있는 사법 체제를 갖추고 있다. 하지만 페이스북은 이제 많은 나라에서 인터넷의 동의어가 되어가는 중이다(페이스북은 개발도상국에 무료 인터넷 서비스를 제공한다). 페이스북과 왓츠앱이 선거 관련 허위 정보를 유포하는 데 쓰였다는 증거가 전 세계에서 발견되고 있다.

보스윅은 말했다. "벤처 캐피털을 비롯해 인터넷 업계 사람들은 모두 이제 더는 장난감을 가지고 놀고 있는 게 아니라, 전 세계 인류의 삶이 달린 문제를 다루고 있다는 사실을 깨달아야 합니다." 그는 한 비영리 단체가 개발도상국의 인터넷 접근성을 높이는 사업을 지원해달라고 했던 일을 떠올리며 말했다. "그 사람들은 제가 그 사업을 지지하고 조언이나 금전적 지원을 해줄 줄 알았던 것 같습니다. 그런데 저는 그 사업을 지지할 수 없다고 말했습니다. 놀라는 눈치더군요. 그래서 설명했습니다. '오늘 들은 바로는 일부 국가에 인터넷을 보급하려는 것 같군요. 그런데 지난 3년에서 5년 사이 인터넷이 널리 보급된 개발도상국들을 보면, 접속량의 60-100%가 페이스북입니다.' 그러니까 제가 보기에 그 사업은 미얀마나 나이지리아에 페이스북을 보급하는 사업이나 마찬가지였습니다. '그 사업을 지지할 순 없습니다.' '아닙니다. 열린 웹을 보급할 겁니다.' '아뇨. 페이스북입니다.' 이런 대화가 오갔죠."

시간을 내 공개 인터뷰에 응해준 벤처 투자자들은 놀랍게도 내가 인터넷에 대해 품고 있던 여러 의심과 공포가 사실임을 확인해주었다(적어도 내가 느끼기로는 그랬다).

그들은 많은 사람이 무심코 내린 결정이 모여 극소수의 기업에 권력을 집중시키고 있다는 말에 동의했다. 그들은 데이터 독과점은 실제로 존재하며, 오히려 내 생각보다 더 심각한 문제라고 말했다. 또 그들은 벤처 캐피털이 구조적으로 기존의 부유한 내부자들을 더 부유하게 만든다는 사실도 확인해주었다.

웽거와 보스윅은 둘 다 자신이 일반적인 벤처 투자자와 다르다고 생각했다. 이들은 시스템 내부에서 재난을 막기 위해 최선을 다하고 시스템을 개선하려고 노력하는 사람들이었다. 그러나 이제 그들은 이전의 낭만적인 시각을 버리고 인터넷의 모습을 있는 그대로 보기 시작했다.

앞으로 어떻게 될지 묻자 둘은 조금 다른 태도를 보였다. 먼저 웽거는 미래를 내다보며 위험을 점쳤다.

"우리가 갈림길에 서 있다는 생각이 듭니다. 우리 앞에 닥칠 디스토피아의 모습을 쉽게 상상할 수 있습니다. 어쩌면 우리는 제가 '우리 대 그들 국가'라고 이름 붙인 세상으로 가고 있는지도 모릅니다. 민주주의도, 상호 견제와 균형도, 독립된 사법부도 없는 감시 국가 말이죠. 감시가 심해지면 … 사람들은 거기 저항하겠지만, 소득과 부의 불평등은 계속 더 심해지겠죠. 디스토피아를 상상하게 됩니다."

한편 보스윅은 과거를 돌아보며 미래에 닥칠 위험을 읽어냈다. 그는 벤처 캐피털과 배후에서 벤처 캐피털을 움직이는 사람들에 대한 검증이 미흡하다는 나의 지적에 동의한 뒤, 많이 돌려 말해도 되겠느냐고 양해를 구했다. 그리고 제1차 세계대전에 관해 이야기했다.

그는 먼저 전쟁에 관한 바버라 터크먼Barbara Tuchman의 책 《8월의 포성The Guns of August》을 소개하며, 최근 밥 우드워드Bob

Woodward가 트럼프 정부와 관련해 이 책을 언급하는 것을 듣고 이 책을 읽었다고 말했다.

"작가는 1910년 잉글랜드 왕이 죽은 시점부터 이야기를 시작합니다." 그는 이야기한다. "전 유럽의 왕족이 런던에 모였습니다. 70개 나라에서 온 사절과 주요 국가 군주 열한두 명이 함께 버킹엄궁을 향해 걸었습니다. 그들은 이렇게 말했다고 합니다. '이제 전쟁은 없을 겁니다.' 하지만 바로 몇 년 뒤에 제1차 세계대전이 시작되었습니다."

그는 지난 세기의 '광기'와 '엄청난 규모의 학살과 파괴'에 깊은 인상을 받았고, 두려움에 사로잡혀 계속 책을 읽고 팟캐스트를 듣고 자료를 찾아보았다. 그는 "전에는 제1차 세계대전에 관해 전혀 몰랐다"고 말했다.

"갑자기 전 세계가 완전히 혼돈에 빠진 겁니다. … 인간의 이성에 근본적인 의문을 품게 되더군요. 아까 누군가 제대로 된 조언을 했으면 상황이 바뀌지 않았겠냐고 물어보셨죠? 그저 프란츠 대공이 죽은 것뿐이라고, 어차피 그를 좋아하는 사람도 없지 않았느냐고 말하는 사람이 있었다면 아마도 그랬을 수도 있겠죠. … 하지만 세르비아는 … 그 지역은 분쟁이 끊이질 않아 보이잖아요. 이성적으로 생각하면 그런 일로 세계를 불태울 전쟁을 시작할 이유가 없죠. 하지만 광기에 사로잡히면 그럴 수 있습니다. … 여기까지가 첫 번째 이야기입니다."

보스윅이 들려준 두 번째 이야기는 유럽 열강 사이의 얽히

고설킨 관계 때문에 유럽 대륙, 나아가 전 세계가 원치 않는 전쟁에 말려들었다는 내용이었다. "제 생각에는 지금도 그때와 비슷한 상호 의존 관계가 존재합니다. 데이터의 상호 의존성이죠. 데이터의 상호 의존성은 우리를 하나로 모을 수도 있지만, 상상하기 힘든 파괴적 결과를 낳을 수도 있습니다."

마지막으로 보스윅은 기술 발전이 전쟁에 어떤 영향을 미치는지 이야기했다. 그는 기술이 발전할수록 사람을 죽이는 속도도 빨라진다는 점을 지적했다.

"근본적으로는 기술 변화에 관한 이야기였습니다. 총이 발명되고 처음에는 황당하게도 기마병 수십만 명이 흰 장갑을 끼고 칼을 찬 채 기관총을 들고 전쟁에 나갔습니다. 재밌게도 상대편도 말을 타고 기관총을 들고 있었죠. '저쪽도 기관총이 있고 우리도 기관총이 있는데, 말을 타고 진격하면 안 되는 거 아냐?'라고 지적한 사람이 없었던 겁니다. 말을 포기한 건 2~3년 뒤였습니다. 군사 기술은 놀라울 정도로 발전했습니다. 탄환, 탱크, 잠수함이 발명되었습니다. 마치 외계에서 온 물건 같았죠. 아무도 상상하지 못한 발명품이었습니다. 기술은 광기를 부추깁니다. 많이 돌려 말했습니다만, 결론은 사실 지금 우리가 전쟁 중이라는 겁니다. 전면전은 아니지만, 기업, 개인, 정부 사이에 정보 전쟁이 벌어지고 있습니다. … 저는 미래에 일어날 전쟁 가운데 가장 파괴력이 큰 전쟁이 네트워크 전쟁일 거라고 생각합니다. 사회 전체가 흔들리고 모든 가정이 전쟁터가 될 테니까요.

그러면 나라 전체가 무너질 수 있습니다."

그의 말은 여기서 끝나지 않았다.

"그래서 되도록 책이 빨리 나왔으면 좋겠습니다. 저는 아직도 우리가 노력하면 이 상황이 바뀔 거라고 생각하거든요."

그렇다면 다행이다.

5

광고업자

기사를 쓸 때, 그리고 살면서도 도움이 되는 경험칙 중 하나는 '이건 너무 복잡하니까 신경 쓰지 말라'는 말을 들으면 의심부터 하라는 것이다. 1990년대부터 2000년대 초중반까지 금융 업계는 전 세계 부채를 복잡한 금융 상품으로 만들어 돈을 벌면서, 전혀 걱정할 필요 없다고 사람들을 안심시켰다.

물론 사람들은 너무 복잡하다고 불평했다. 하지만 똑똑한 사람들이 공들여 정교하게 만든 금융 상품이라고 하고, 복잡하게 얽힌 금융망이 모두를 더 안전하게 지켜준다고 하니까 그 말을 믿었다. 결국 우리는 부채담보부증권을 비롯한 여러 복잡한 금융 상품이 문제를 일으켜 경제 위기가 발생한 다음에야 관심을 가져야 했음을 깨달았다.

전문가들은 종종 난해한 전문용어와 기술적 세부사항을 방패 삼아 다른 사람이 내부 사정을 자세히 들여다보지 못하게 막는다. 이 수법은 인터넷 산업에서도 자주 사용된다. 영어 약자와 기술 용어로 뒤덮인 글은 몇 초만 들여다봐도 머리가 멍해진다. 특히 온라인 광고업계는 일부러 어려운 말(기술 전문용어, 금융 전문용어, 해당 분야 사람들만 아는 약자)을 많이 쓰는 경향이 있다.

무언가 이상함을 알리는 또 한 가지 신호는 업계 종사자들이 자기가 만든 상품을 쓰지 않는다는 것이다. 그런데 이 두 가지 특징을 모두 만족시키는 산업이 하나 있다. 바로 온라인 광고 산업이다.

"사실 제 개인용 컴퓨터에는 광고 차단 프로그램이 깔려 있습니다. 그 사실을 감추고 싶지는 않아요." 브라이언 오켈리는 말했다.

수억 명의 인터넷 사용자가 광고 차단 프로그램을 사용하는 세상에서 광고 차단 프로그램을 쓴다는 말은 그리 특별하지 않게 들린다.

하지만 이 말이 나온 장소와 오켈리의 직업을 알고 나면 사정이 달라진다. 큰 키에 잿빛 머리카락을 가진 오켈리는 뉴욕의 대형 온라인 광고 회사의 작은 접견실에서 이 말을 했다. 접견실의 이름은 스파이더맨의 이름인 '피터 파커Peter Parker'였다. 사실 접견실마다 슈퍼 히어로의 이름이 붙어 있었다.

그는 청바지와 회색 후드 집업 차림이었는데, 안에 받쳐 입은 티셔츠에 앱넥서스^AppNexus의 로고가 그려져 있었다. 오켈리는 온라인 광고 기업인 앱넥서스의 공동 창업자로, 2007년 이래 10년 넘게 CEO를 맡아왔다. 최근 앱넥서스는 세계적 인터넷 사업자이자 통신 대기업인 AT&T에 인수되었는데, 정확한 액수는 밝히지 않았지만 16억 달러 선에서 계약이 체결되었다는 소문이 돈다(지난 장에서 보았듯, 벤처 업계에서는 이렇게 회사를 파는 것을 '엑시트'라고 부른다).[1] 인터뷰 당시 오켈리는 CEO에서 물러나 '자문'이 될 준비를 하고 있었다.

오켈리의 사임은 평범한 CEO가 기업을 팔고 사임하는 것보다 큰 의미가 있다. 현재의 인터넷 광고 기법을 발명한 사람이 오켈리라고 해도 과언이 아니기 때문이다. 오켈리가 만들고 다른 사람들이 따라 하고 발전시킨 광고 모델은 현재 인터넷 업계의 가장 중요한 사업 모델이 되었다. 오켈리는 자신이 지금까지 몸담았던 광고업계를 완전히는 아니더라도 떠날 준비를 하면서, 자신이 겪은 비현실적인 경험을 들려주었다.

오켈리는 말했다. "정말 기분이 이상합니다. 사람들이 책을 쓰는 게 신기하고요. 프린스턴대학교 경영학과에는 제가 만든 기법에 관한 수업도 있다고 하더군요. 온라인 광고 업계 종사자

---

[1] https://www.wsj.com/articles/at-t-to-acquire-digital-ad-firm-appnexus-for-1-6-billion-1529929278?mod=article_inline

가 수만 명이고, 온라인 광고 기업들은 수십억 달러에 엑시트를
하고 있죠. 그걸 지척에서 보면서 '내가 이 상황을 만든 장본인'
이라고 생각하면 이상한 기분이 들어요. … 그리고 저는 이제 은
퇴할 거고요."

오켈리가 떠나기로 한 온라인 광고 산업은 거대한 산업이
며, 그 규모와 영향력은 점점 더 커지고 있다. 사람들은 구글을
검색 엔진 기업, 이메일 서비스를 제공하는 기업, 유튜브를 소유
한 기업으로 생각한다. 하지만 사실 이 모든 서비스는 구글의 진
정한 사업인 '광고'로 소비자를 유인하는 장치일 뿐이다.

구글의 모기업 알파벳은 2018년 사사분기에만(한 해도 아니
고 한 분기 동안) 393억 달러의 매출을 올렸는데, 그중 326억 달
러가 광고 수입이었다.[2] 구글의 다른 사업은 모두 사람들이 광고
를 보게 만들고 어떤 광고가 그 사람에게 적합한지 알아내기 위
해 존재한다.

페이스북은 더 심하다. 페이스북은 사용자가 페이스북을 할
때 광고를 띄워서 돈을 벌 뿐 아니라, 사용자가 다른 인터넷 페
이지를 방문할 때도 광고 회사에 정보를 넘긴다. 그러면 광고 회
사는 다른 웹사이트까지 사용자를 따라다니며 광고를 보여줄
수 있다. 페이스북의 2018년 사사분기 매출액은 169억 달러이

---

2   https://www.cnbc.com/2019/02/04/alphabet-earnings-q4-2018. html(2021년 현재 접
     속 불가)

며, 이 중 166억 달러가 광고 수입이다.[3]

심지어 우리가 온라인 쇼핑 사이트로 알고 있는 아마존조차 유명하지는 않지만, 빠르게 성장 중인 광고 사업으로 수십억 달러의 수입을 올린다. 심지어 아마존은 인터넷 사정에 밝은 사람 사이에서는 온라인 서버와 저장 공간 서비스로도 유명하다. 2018년 사사분기 아마존의 광고 수입은 34억 달러에 달했다.[4]

가장 큰돈을 번 기업만 이 정도이고, 이외에도 많은 이들이 온라인 광고로 수익을 얻는다. 모두 알다시피, 언론사와 스타트업은 물론 유튜브와 인스타그램 인플루언서들까지 광고로 돈을 버는 세상이다.

이외에도 온라인 광고는 많은 파생 산업을 성장시켰다. 오프라인에도 광고 대행 산업이 있듯, 온라인 광고 대행 산업의 규모도 매우 크다. 이들은 광고주 대신 광고를 제작하고 광고 효과를 분석하고 광고를 어디에 실을지 결정한다. 이외에 소비자의 행동을 끈질기게 추적 감시하는 여러 데이터 기업도 생겨났다. 이들은 종종 해커와 함께 일하기도 하고, 온라인 데이터에 중독된 정부 정보기관과도 자주 교류한다.

우리의 인터넷 활동을 누군가 계속 따라다니며 감시한다는

---

3   https://s21.q4cdn.com/399680738/files/doc_financials/2018/Q4/Q4-2018-Earnings-Release.pdf

4   https://www.digitalcommerce360.com/article/amazon-sales/

사실은 이제 많은 사람에게 당연하고 주목할 가치가 없는 사실이 되었다. 무슨 소리인지 이해하기도 어렵고 딱히 뾰족한 수도 없는 것 같아서 약간 짜증이 날 뿐이다.

요즘 우리는 인터넷을 하다가 팝업창에 '사용자 경험 개선, 데이터 분석, 타 사이트, 앱, 뉴스레터 등에서 맞춤형 광고를 제공하기 위해 쿠키 등을 설치하는 데 동의하십니까'[5]라는 말과 함께 깨알 같은 글씨가 등장하는 순간, 생각 없이 바로 동의한다고 클릭해버린다. 우리가 생각 없이 재빨리 눌러버린 그 '동의'는 그 사이트와 계약한 광고 회사가 그 사이트뿐 아니라 다른 사이트에서까지 우리의 활동을 추적할 수 있게 해준다. 그리고 우리는 매일 몇 번씩이나 '동의'를 클릭한다.

《뉴욕타임스》 홈페이지(nytimes.com)에 한 번 방문하면 추적기tracker 21개가 실행된다. 추적기란 사용자를 따라 인터넷을 돌아다니면서 사용자가 어떤 사이트에 방문하고 어떤 콘텐츠를 소비하는지 감시하는 컴퓨터 코드다. 브라우저에 '고스터리Ghostery' 같은 확장 프로그램을 설치하면 각 사이트에서 어떤 추적기를 사용하는지 확인하고 차단할 수 있다.

《뉴욕타임스》 추적기 중 광고 추적기는 9개('아마존 어소시에이츠Amazon associates', '블루케이BlueKai', '구글 애드워즈 컨버전Google

---

5   매우 일반적인 표현이지만, 《워싱턴포스트》 웹사이트를 참고했다.

AdWords Conversion', '더블클릭 플루드라이트DoubleClick Floodlight', '트위터 어드버타이징Twitter advertising', '페이스북 커스텀 오디언스Facebook custom audience', '구글 퍼블리셔 태그Google Publisher Tags', '야후 닷 태그Yahoo DOT tag', '스냅챗 포 비즈니스Snapchat For Business')다. CNN 홈페이지를 방문하면 추적기 28개가 실행되는데 그중 15개가 광고 추적기다. 《더선The Sun》 홈페이지를 방문하면 35개의 추적기가 실행되며, 그중 광고 추적기는 14개다. 기술 전문 사이트 와이어드(wired. com)를 방문하면 추적기가 45개나 실행되는데, 그중 18개가 광고 추적기다.[6] 추적기의 개수는 그 사이트가 거래하는 광고 회사가 몇 군데인지, 수집하는 데이터가 얼마나 많은지, 사이트가 어떻게 구축되어 있는지에 따라 달라진다.

여기까지만 살펴봐도 인터넷 추적 광고 산업이 굉장히 크다는 사실을 알 수 있다. 하지만 최종 소비자인 우리 눈에 보이는 건 전체 그림의 절반도 되지 않는다. 브라이언 오켈리는 그림의 나머지 반쪽을 보여줄 수 있는 사람이다. 그렇게 장담할 수 있는 이유는 지금의 상황이 적어도 어느 정도는 그의 책임이기 때문이다.

온라인 광고 산업은 복잡하기로 악명이 높다. 하지만 광고비 산정 같은 어려운 내용을 제외하고 핵심적인 개념만 들여다

---

6   2019년 2월 영국에서 크롬 브라우저 확장 프로그램인 고스터리Ghostery를 통해 확인한 수치다.

보면 생각보다 간단하며, 생각보다 문제가 더 심각하다. 그런데도 많은 사람이 이 산업으로 막대한 돈을 벌고 있다.

오켈리는 말했다. "제 생각에는 이 분야를 제대로 알고 있는 사람이 별로 없습니다. 정말 제대로 이해하고 전체를 설명할 수 있는 사람이 많지 않지요. 저야 15년 동안 이 산업을 만들어왔으니 그럴 수 있지만요."

그럼 이제부터 (전문용어를 최소화한) 그의 이야기를 들으면서 온라인 광고 산업의 내면을 들여다보자. 광고 산업은 어떻게 페이스북과 구글을 떠받치는 수십억 달러 규모의 산업이 되었을까? 우리에게는 어떤 영향을 미치고 있을까?

처음에 온라인 광고 시장은 단순했다. 웹사이트들은 배너나 콘텐츠 사이의 공간에 광고를 하기 위해 광고 회사를 선정해 관리를 맡겼다. 그러면 광고 회사는 1000명이 광고를 볼 때마다 웹사이트에 일정액(CPM: 1,000회 노출당 비용 cost per mille의 약자)을 광고비로 지급했다. 이때 광고를 몇 명이 봤는지 판단하는 일은 대개 광고 회사의 몫이었다.

이론적으로만 따지면, 블로그나 웹사이트 운영자는 쉽게 광고 네트워크를 고를 수 있었다. 돈을 많이 주는 곳, 즉 CPM이 높은 곳을 고르기만 하면 되기 때문이다. 어떤 광고 네트워크의 CPM이 3달러인데, 다른 광고 네트워크의 CPM이 1달러라면, 고민할 필요 없이 전자를 고르면 된다.

하지만 현실은 달랐다. 광고 네트워크마다 누가 정말 광고를 '봤는'지 판단하는 기준이 달랐기 때문이다. CPM이 높아도, 사이트 방문자 수의 10분의 1만 광고를 봤다고 판단하는 회사에 광고를 맡기면, 방문자 전체가 광고를 봤다고 판단하는 회사에 광고를 맡길 때보다 실제로 받는 돈은 더 적을 것이다. 이 문제를 해결한 사람이 바로 오켈리였다. 그는 나중에 '프로그래머틱 광고programmatic advertising(프로그램을 이용해 소비자가 관심을 보일 만한 광고를 노출하는 광고 기법―옮긴이)'라는 이름이 붙게 될 광고 기법을 처음으로 고안했다. 프로그래머틱 광고는 오늘날 가장 널리 쓰이는 온라인 광고 기법이지만, 오켈리의 처음 목적은 단순히 광고 노출 횟수를 정확히 파악하는 것이었다.

오켈리는 말했다. "그 방법은 우연히 떠올랐습니다. 지금처럼 쓰일 거라고는 생각하지 않았어요. 그때 저는 '라이트미디어Right Media'라는 작은 신생 광고 네트워크 회사에서 일했습니다. 제가 보기에 온라인 언론사나 웹사이트는 너무 생각 없이 광고 네트워크를 선정하는 것 같았습니다. 당시 패스트클릭Fastclick이라는 광고 네트워크가 있었는데, 그곳은 CPM이 4달러였습니다. 그때 기준으로 엄청나게 많이 주는 편이었죠."

그는 패스트클릭이 제시하는 가격이 다른 광고 네트워크보다 열 배 정도 높았다고 말했다. 엄청나게 좋은 조건이었다. 문제는 그들의 '광고 노출 횟수' 기준이 다른 회사보다 훨씬 까다롭다는 것이었다. 패스트클릭은 조건에 정확히 맞아떨어지는 소비자가 광고를 봤다는 확신이 없으면 광고가 노출되었다고 보지 않았다. 그래서 사이트 방문자가 100만 명이면, 그중 1만 명 정도만 '실제로' 광고를 봤다고 판단했다.

이런 사정 때문에, 웹사이트들은 광고 네트워크를 선정하는 데 어려움을 겪었다. 광고 네트워크마다 노출 횟수를 판단하는 기준이 달라서 CPM을 비교하는 것이 무용지물이었다. 이런 상황에서 광고 수익을 늘리려면 어떻게 해야 할까?

처음에 오켈리는 광고 네트워크들의 광고비 산정 기준을 모두 반영해 어떤 광고 네트워크를 이용해야 광고 수익을 많이 올릴 수 있는지 한눈에 보여주는 프로그램을 만들 생각이었다.

"처음에는 온라인 매체 운영자들이 쓸 수 있는 광고 수익 비교 프로그램을 만들려고 했습니다. 어떤 광고 네트워크를 이용해야 돈을 가장 많이 벌 수 있는지 보여주는 거였죠. 하지만 광고 네트워크들이 주먹구구식이어서 그런 프로그램을 만들 수가 없었습니다."

알고 보니 광고 네트워크들조차 광고 하나당 수익을 얼마나 올릴 수 있을지 제대로 파악하지 못하는 실정이었다. 그래서 오켈리는 광고업계 전반이 쓸 수 있는 수익 관리 시스템을 만드는 쪽으로 눈을 돌렸고, 특정 광고로 얻을 수 있는 수익을 더 정확히 알려주는 소프트웨어를 만들어 팔았다.

가격 비교 사이트와 비슷한 광고비 비교 소프트웨어는 곧 경매 시스템으로 발전했고, 그러면서 '프로그래머틱 광고'가 탄생했다. 오켈리는 자신이 처음에 그 소프트웨어를 만든 건 언론사의 광고 수익이 늘어나길 바라는 좋은 의도로 한 일이었다고 말했다.

"그런데 갑자기 온라인 언론사들이 광고 지면을 경매에 부치기 시작했고, 가장 높은 광고비를 부른 광고주에게 지면을 팔기 시작했습니다. 그러면서 프로그래머틱 광고가 시작되었죠. 하지만 원래는 언론사가 수익을 더 낼 수 있도록 돕기 위해 시작한 일이었습니다."

프로그래머틱 광고 시장은 빠르게 성장했다. 성장 속도가 너무 빨라서 CEO가 회사를 팔아 현금을 챙기는 게 낫다고 판단할 정도였다. 결국 2007년, 라이트미디어는 8억 5000만 달러에 야후Yahoo에 인수되었다. 오켈리는 자신이 받은 몫은 비교적 적었다고 말했다.

"그때 CEO와 크게 다퉜습니다. 저는 최고기술경영자Chief Technical Officer, CTO였거든요. CEO가 '성장 속도가 빠르니까 지금 회사를 팝시다'라고 하더군요. 저는 '제정신이 아니군요. 이 기술은 세상을 바꿔놓을 겁니다'라고 말했어요. 그 기술은 정말 세상을 바꿨습니다. 하지만 회사는 팔렸지요. 저를 해고하고 회사를 팔았거든요."

이제 프로그래머틱 광고 기법을 이해하기 위해 광고가 실린 웹사이트에 접속하기 바로 전, 안 보이는 곳에서 어떤 일이 벌어지는지 살펴보자. 전문용어가 꽤 등장할 테지만, 최대한 간단하고 이해하기 쉽게 설명하고 넘어가겠다.

온라인 광고의 이면은 복잡하지만 흥미롭다. 내가 어떤 홈페이지를 클릭하기 전에 이미 광고주들은 나와 비슷한 사람에게 광고를 하겠다는 결정을 내린 상태다. 프로그래머틱 광고는 특정 인터넷 사용자와 그 사용자에게 광고를 보여주기 위해 가장 많은 돈을 낼 의사가 있는 브랜드를 서로 이어주는 일종의 중개 기술이다.[7]

광고 대상을 정할 때, 일반적으로 가장 먼저 참고하는 데이터는 최근 고객 목록이나 메일링 서비스 가입자 목록이다. 각 브랜드는 기존 고객과 연령, 성별, 사회적 지위, 수입 등이 비슷한 사람을 대상으로 광고하고 싶어 한다. 이들이 고객 정보를 데이터관리플랫폼data management platform, DMP에 넘기면, DMP는 대개 수십 수백 군데의 정보원으로부터 소비자 데이터를 사 모으는 데이터 브로커에게 연락해 데이터를 '보강'한다. 예를 들어 어떤 브랜드로부터 우편번호를 받았다면, 거기에 지역별 평균 소득 정보를 더해 누가 소득 수준이 높은지 파악하고 주 공략 대상을 정하는 것이다.

이제 DMP는 이상적인 소비자의 데이터를 수요측플랫폼

---

7   영국판《허핑턴포스트Huppington Post》에 실린 다음 기사에서 우리가 인터넷을 탐색할 때 벌어지는 일을 자세히 다뤘다. https://www.huffingtonpost.co.uk/entry/what-happens-when-you-click_uk_5bb60455e4b028e1fe3b43a3

demand side platform, DSP에 전달한다. DSP가 하는 일은 DMP로부터 받은 목록에 있는 사람과 비슷한 부류의 사람을 찾아내 적절한 광고비를 지불하고 그들에게 광고를 보여주는 것이다. DSP는 받은 소비자의 데이터를 그 브랜드를 광고하는 데만 쓰지 않고 다른 수천 개 브랜드를 광고할 때도 참고한다. 그리고 인터넷에는 이런 DSP가 수천 개 존재한다.

다음 단계는 타깃으로 삼은 특성을 가진 소비자가 인터넷에 접속하느냐에 달려 있다. 온라인 광고는 소비자가 인터넷을 할 때만 보여줄 수 있기 때문이다. 누군가 웹사이트를 클릭하는 순간, 웹사이트는 (광고를 제외한) 콘텐츠를 준비하는 동시에 광고를 띄우기 위해 공급측플랫폼supply side platform, SSP에 연락한다. 그러면 SSP는 사용자의 컴퓨터에 깔린 웹브라우저에 요청을 보내 쿠키, 브라우저 정보, IP 주소 등을 최대한 수집한다.

이제 DSP는 어떤 소비자에게 광고를 보여줘야 하는지 알고 있고, SSP는 자신이 광고를 공급하는 웹사이트를 방문한 사람(즉 사용자)이 어떤 사람인지 알고 있다. 이제 두 플랫폼은 광고거래소ad exchange에서 만나 거래한다. 광고거래소는 SSP가 가진 사용자의 데이터를 DSP 수십, 수백 곳에 전송한다. 데이터를 받은 각 DSP는 여러 광고 중 사용자에게 가장 잘 맞을 것 같은 광고를 고른 뒤, 그 광고를 그 웹사이트의 그 자리에 게재하기 위해 얼마까지 낼 의향이 있는지 알려준다. 그러면 가장 높은 광고비를 제시한 DSP의 광고가 사용자의 눈에 보이게 된다.

평범한 인터넷 사용자가 이 말을 들으면 아마 말도 안 된다고 생각할 것이다. 대다수 사용자는 웹사이트에서 정보를 수집한다는 것과 그 사이트에서 보여주는 서너 개의 광고가 맞춤형 광고라는 것까지만 알고 있다. 썩 기분이 좋지는 않지만, 대개 이 정도는 콘텐츠를 보는 대가로 지불해도 괜찮다고 생각한다.

하지만 실제로 일어나는 일은 그 정도 수준이 아니다. 링크를 클릭하고 페이지를 불러오는 1초도 안 되는 시간 동안, 사용자의 데이터는 수백, 아니 수천 군데로 전송된다. 그러면 데이터를 받은 기업은 기존에 모아 놓은 소비자 데이터(그중 일부는 분명 우리의 데이터일 것이다)를 활용해 그가 어떤 사람인지 추측해서 그가 얼마나 '가치' 있는 소비자인지 판단한다.

즉 인터넷에서 링크를 클릭할 때마다 우리의 데이터는 수천 군데로 전달되고, 그 수천 개의 기업에서 모두 데이터를 분석해 우리가 누구인지 알아낼 수 있다. 이 모든 과정이 그렇게 짧은 시간 안에 완료된다는 사실이 믿기지 않겠지만, 실제로 일어나는 일이다.

오켈리는 기술 용어 없이 60초 만에 이 과정을 설명했다.

"기술적 세부사항이 중요한 게 아닙니다. 저는 사용자의 쿠키가 수백 군데로 전송되는 것이 문제라고 생각합니다. 웹사이트는 수백 개 기업에 사용자 정보를 넘기면서, '이런 쿠키를 가진 사용자에게 지금 이 자리에서 광고하는 데 얼마를 지불하시겠습니까?'라고 묻습니다. 그러면 질문을 받은 쪽은 어떻게든 그 사용자가 누구인지 알아내기 위해 데이터를 끌어모읍니다. 다른 회사에 돈을 주고 산 데이터, 사용자가 쓰는 다른 브라우저나 기기에서 받은 정보, 집 주소 등 뭐든 참고하죠. 그런 다음 광고주들이 의뢰한 광고 중에서 적합한 광고가 있으면 그걸 내보내고, 없으면 데이터를 다른 광고 네트워크에 넘깁니다. 이 모든 일이 컴퓨터가 웹사이트 콘텐츠와 광고를 불러오는 그 짧은 시간에 일어납니다."

"눈에 보이지 않는 곳에서 거의 모든 인터넷 기업들이 참여해 사용자에게 광고할 권리를 두고 치열한 경매를 벌입니다. 이 경매의 승자는 가장 높은 광고비를 제시한 기업이지만, 더 중요한 건 경매에서 이기지 못한 다른 기업에게도 사용자가 그 웹사이트를 방문했다는 사실이 알려진다는 겁니다. 물론 '뭐, 쿠키 정보 정도야 알아도 상관없어'라고 생각할지도 모릅니다. 하지만 쿠키 정보를 토대로 다른 정보를 알아내는 일만 전문적으로 하는 기업들이 있습니다."

오켈리가 두 번째 문단에서 지적한 사항은 특히 중요하다. 사용자가 주도적으로 인터넷을 사용하고 자기 데이터를 관리하려면 자기 데이터가 어떻게 취급되는지 직접 볼 수 있어야 한다. 많은 웹사이트가 사용자에게 정보를 공개한다고 말하지만, 사실 대부분의 데이터는 눈에 보이지 않는 곳에서 처리된다. 심지어 외국일 때도 있다. 이 과정에서 웹사이트가 사용자에게 제공하는 정보는 거의 없다. 일례로 우리는 웹사이트가 쿠키 파일을 설치하고 열어보는 것을 눈치채지 못한다.

2018년, EU는 현존하는 법 가운데 가장 강력하고 복잡한 데이터 보호법인 EU 개인정보보호법General Data Protection Regulation, GDPR을 제정했다. 이 법에는 기업이 소비자의 데이터를 부정 사용할 경우 전 세계 수익의 최대 4퍼센트를 벌금으로 물리는 강력한 규제도 포함되어 있다.

하지만 오켈리는 먼저 현황부터 제대로 파악해야 한다고 말했다. 현재 온라인 광고 산업은 너무 복잡하고, 눈에 안 보이는 곳에서 많은 일이 벌어지기 때문에 현황 파악조차 제대로 안 되고 있다. 분명한 건 문제가 심각하다는 것뿐이다. 그리고 EU의 개인정보보호법에는 큰 허점이 있다. 이 법의 핵심은 기업이 데이터를 쓰기 전에 사용자에게 정보를 알리고 동의를 얻어야 한다는 것이다. 하지만 실제로 무슨 일이 벌어지는지도 모르는 사용자가 어떻게 내용을 제대로 이해하고 동의할 수 있을까?

오켈리는 말했다. "제가 보기에는, 이 분야에서 일하는 사람 중에도 온라인 광고 산업 전체를 제대로 이해하고 있는 사람은 거의 없습니다. 언론사, 광고주, 광고 대행사는 물론이고 심지어 기술 광고 회사 사람들마저 그렇습니다. 동종 업계 사람을 만나서 대화하다 보면 저와 상대방이 서로 다른 말을 하고 있다는 생각이 듭니다. 온라인 광고 산업에는 DSP니, SSP니 하는 영문 약자로 된 용어가 많습니다. 말하다 보면 '제가 그 말을 만든 장본인인데, 그런 뜻이 아닙니다'라고 지적하고 싶을 때가 있어요.

'그게 바로 SSP예요'라고 짚어주면 다들 어리둥절해하죠. 말이 다 그렇지만, 다른 사람이 생각하는 SSP와 제가 생각하는 SSP가 다르거든요. 저는 이 산업을 처음부터 지켜봤으니 다행이죠.'

오켈리는 온라인 광고 시장을 시작부터 지켜본 사람으로서, EU 개인정보보호법의 문제가 브라우저에서 벌어지는 일만 집중 단속하는 데 있다고 지적했다. 정부를 도와 온라인 추적을 감시하는 기업들이 브라우저만 살펴본다는 것이다. 눈에 보이는 것이 브라우저밖에 없기 때문에, 사람들은 대개 브라우저를 시작점 삼아 문제를 파악하려 한다. 하지만 이런 방법으로는 실제로 무슨 일이 벌어지는지 절대 알 수 없다.

오켈리는 답답하다는 듯 말했다. "EU 개인정보보호법도 마찬가지입니다. 일단 이 법 자체가 너무 복잡해서 아무도 제대로 이해하지 못합니다. … 이 법에 따라 온라인 추적·감시 기업이 많이 생겼는데요. 이런 기업들은 이렇게 생각합니다. '브라우저에 남은 쿠키를 다 확인하면 개인정보가 어떻게 처리되는지 알 수 있겠지.' 저는 소리라도 질러서 알려주고 싶어요. '저기요. 데이터 전송량의 80-90퍼센트는 서버 간 전송입니다. 브라우저는 거치지도 않는다고요.' 브라우저를 통해 알아낼 수 있는 건 빙산의 일각입니다. 완전히 틀린 방법이죠."

쿠키 파일을 예로 들어보자. 쿠키는 웹사이트 마지막 방문 날짜 같은 웹 사용 내역을 저장하는 작은 파일로, 우리 컴퓨터에 저장되어 있다. 이 글을 쓰는 지금 내 컴퓨터에는 쿠키 파일이

2,934개나 있는데, 한 회사가 여러 개의 파일을 설치한 경우도 꽤 있다. 내가 웹사이트에 한 번만 방문해도, 그 사이트를 운영하는 기업은 언제든 자기 컴퓨터에 로그인해 내 쿠키 파일에 기록된 정보, 즉 얼마나 오래 사이트에 머물렀는지, 무엇을 봤는지 등을 마음껏 살펴볼 수 있다. 또 이것을 다른 기업에 넘길 수도 있는데, 그러면 쿠키 파일을 받은 기업은 이 파일에 들어 있는 정보와 다른 곳에서 얻은 정보를 합쳐 나라는 인물이 어떤 사람인지 알아낼 것이다.

기업은 서로 데이터를 교환하고 공유하고 사고팔지만, 사용자인 나는 그 과정을 제대로 볼 수 없다. 게다가 보이지 않는 곳에서는 사용자를 지켜야 할 법조차 무용지물이다. 이것이 오켈리가 빙산의 일각이라고 말한 이유다. 하지만 어쩌면 우리는 빙산의 일각조차 제대로 파악하지 못하고 있는지도 모른다.

케임브리지 애널리티카Cambridge Analytica는 데이터를 불법 수집해 정치인에게 제공한 사건으로 큰 공분을 사 결국 문을 닫았다. 이 회사는 영국의 정치 자문 회사로, 온라인 성격 검사 명목으로 페이스북 사용자 8700만 명의 데이터를 불법으로 수집한 사실이 밝혀져 큰 논란을 일으켰다. 물론 이 사건도 중요하고, 케임브리지 애널리티카는 비난받아 마땅하지만, 사실 대형 인터넷 기업이 수집하는 데이터의 양에 비하면 케임브리지 애널리티카가 수집한 데이터 정도는 아무것도 아니다.

사실 큰 회사들에게 케임브리지 애널리티카가 모은 데이터는 거의 가치가 없다. 페이스북과 그 경쟁자들은 훨씬 더 방대한 데이터와 훨씬 더 정교한 맞춤형 광고 기법을 사용한다.

눈에 보이는 곳보다 안 보이는 곳에서 훨씬 더 많은 데이터를 처리하는 현재의 온라인 광고 산업은 우리를 상상 이상으로 감시하고 추적하고 분류한다. 그리고 동시에 권력을 집중시키고 독점을 심화시킨다.

수많은 소규모 광고 네트워크로 북적이는 인터넷은 콘텐츠 제작자에게 더 다양한 수익 창출 기회를 제공한다. 그러니 이론적으로 생각하면 읽을거리, 들을 거리, 볼거리를 제공하는 언론사에 도움이 되어야 했다. 하지만 모든 것이 데이터 기반으로 행해지다 보니, 더 유리해진 쪽은 언론사가 아니라 데이터를 많이 가진 기업이다. 데이터 브로커(신용 조회 기관 등이 이에 해당한다. 이제 이들은 신용 기록 외에도, 여러 출처에서 얻은 개인정보를 함께 보관하고 이를 다른 회사에 판다)나 구글, 페이스북 같은 회사들의 힘이 늘어난 것이다.

16억 달러에 팔린 회사를 두고 이런 말을 하면 좀 이상하게 들리겠지만, 온라인 광고 업계에서 오켈리의 앱넥서스는 피라미에 불과하다. 앱넥서스는 '독립' 기술 광고 회사로는 손꼽히는 회사지만, 대형 인터넷 기업에 비하면 아무것도 아니다.

앱넥서스가 작은 회사로 남게 된 이유 중 하나는 프로그래머틱 광고 기술이 따라 하기 쉽기 때문이다. 심지어 오켈리는 경쟁사에 다닐 때 그의 기법을 베꼈다는 사람을 채용하기도 했다.

그 경쟁사가 바로 구글에 인수된 더블클릭^{DoubleClick}이다.

오켈리는 웃으면서 말했다. "저희 회사 임원인 마이클 루빈스타인^{Michael Rubenstein}은 당시 더블클릭에 있었습니다. 거기서 광고거래소 쪽을 맡고 있었죠. 책에 루빈스타인이 저를 따라 했다고 써주시면 고맙겠습니다. … 루빈스타인도 웃을 거예요. 정말로 제가 만든 걸 따라 만드는 게 그의 업무였거든요."

더블클릭을 인수하기 전까지 구글이 썼던 광고 기법은 사생활 침해 정도가 훨씬 덜했다(여전히 일부 광고는 과거 방식을 따르고 있다). 현재의 방식이 데이터를 조합해 사용자가 어떤 사람인지 추측한 다음 그와 비슷한 사람들이 선호하는 브랜드의 광고를 보여주는 방식이라면, 예전의 방식은 사용자의 검색 기록을 바탕으로 광고를 보여주는 훨씬 단순한 방식이었다. 검색 기록을 바탕으로 광고할 때는 사용자의 개인정보를 알 필요가 없다. 예를 들어 사용자가 '저렴한 마요르카 휴가 상품'이라는 검색어를 입력했을 때 저렴한 휴가 상품 광고를 보여주기만 하면된다.

더블클릭을 인수하면서 구글은 시의적절하게 광고 시장을 장악할 수 있었다. 이제 구글은 자사 사이트뿐 아니라 인터넷 전반에 광고를 공급하는 대형 광고 네트워크 회사가 되었다.

구글은 크롬(인터넷 익스플로러나 파이어폭스 같은 웹 브라우저 소프트웨어)과 안드로이드(모바일 운영 체제) 등을 만들어 데이터 풀을 계속 넓혔고, 이 데이터 덕분에 점점 더 유리한 고지를 차지했다. 그러는 동안 규제기관은 이들의 수익에 아주 작은 흠집을 냈을 뿐이다. EU 개인정보보호법 같은 매우 강력한 규제가 있는데도 광고 수익을 기반으로 한 인터넷의 사업 모델은 전혀 변하지 않았다.

오켈리는 말했다. "사실 정부는 인터넷을 규제하는 일을 겁내고 있습니다. 하지만 적어도 제가 속한 광고업계에서는 자체 규제만으로는 한계가 있습니다. 구글의 힘이 너무 크기 때문입니다. 좌절감이 들 정도로요. … 사실 구글은 비교적 올바로 행동하려는 기업입니다만, 독점이 너무 심해서 구글과 경쟁하는 것 자체가 불가능합니다. 구글에게는 심지어 '브라우저'가 있다고요! 제가 경쟁할 상대가 아닌 거죠. 경쟁이 없는 상황은 소비자에게도 좋지 않습니다. 정부는 구글이 이렇게 큰 권력을 모으는 상황을 용인하고 제대로 된 책임을 묻지 않고 있습니다. 이건 여러모로 안 좋은 일이죠."

오켈리가 지적한 프로그래머틱 광고의 또 다른 부작용은 언론사의 입장이 불리해졌다는 것이다. 나는 이 말을 듣고 무척 놀랐는데, 듣고 보니 '왜 이제 알았을까' 하는 생각이 들었다. 프로그래머틱 광고 기법은 원래 언론사의 수익을 극대화하기 위한 목적으로 생겨났지만, 정반대 효과를 냈다. 오켈리는 이렇게 된 데는 언론사의 책임이 크다고 말했다. 하지만 보통 사람은 프로그래머틱 광고가 언론사에 손해를 입힐 수 있다는 생각을 하기 힘들어 보인다.

인터넷 광고 방식의 변화는 좋은 기사를 쓰는 언론사의 수익을 줄였을 뿐 아니라, 수많은 저질 콘텐츠 사이트를 양산했다. 광고 수익을 목적으로 콘텐츠를 대량으로 만들어내는 이들 기업은 '〈포레스트 검프〉의 어린 제니, 이제는 매력적인 서른네 살'[8] '배은망덕하고 품위 없는 스타들'[9] '셀린 디온의 파란만장한 삶'[10] '당신이 몰랐던 게이, 양성애자, 레즈비언 유명인 56명'[11] 같은 이상한 슬라이드 기사를 내보낸다.

이런 기사는 인터넷의 정크푸드다. 위에서 언급한 유명인 56명의 목록을 보면, 위키피디아나 다른 뉴스 사이트에 이미 올라와 있는 사실을 짜깁기한 내용임을 알 수 있다. 물론 출처도 표기되어 있지 않다. 게다가 한 번에 두 사람씩만 보여주기 때문에 끝까지 다 보려면 스물여덟 번이나 화면을 클릭해야 하며, 그때마다 기사에 붙은 광고가 '새로 고침' 된다. 예전에 이런 저질 기사는 광고 단가가 낮아서 제작할 가치가 없었다. 누가 이런 글 옆에 자기 브랜드를 광고하고 싶어 하겠는가? 하지만 상황이 변했다. 이런 게시물만 전문적으로 제작해 광고를 붙이는 아웃브

---

8   https://www.zergnet.com/o/3745780/1/0/2499551/1/ (2019년 2월 기준)

9   https://www.zergnet.com/o/3735076/1/0/2499551/2/ (2019년 2월 기준)

10   https://www.zergnet.com/o/3767013/1/0/2499551/11/ (2019년 2월 기준)

11   https://www.pinknews.co.uk/pagicle/43-celebrities-you-didnt-know-were-gay-bisexual-or-lesbian-ellen

레인^{Outbrain}과 타불라^{Taboola} 같은 '콘텐츠 공장'은 이제 엄청난 수익을 올리고 있다.

인터넷이 저널리즘을 죽이고 있다는 말은 이제 언론인들 사이에서 의심할 여지 없는 사실이다. 가장 흔히 제시되는 이유는 다음과 같다. 먼저 신문의 주 수입원이던 안내 광고면(구인 구직란, 부동산 매매란, 중고차 매매란 등)이 사라졌다. 인터넷이 등장하면서 검색 기능이 있는 게시판에 안내 광고를 올릴 수 있게 되었기 때문이다. 이런 용도로 쓰기에는 인터넷 게시판이 신문 광고란보다 훨씬 낫다. 또 온라인에서 무료로 기사를 볼 수 있게 되면서 종이 신문을 사서 보지 않는 사람이 점점 늘어났다. 보통 온라인 광고 수수료가 지면 광고 수수료보다 훨씬 저렴해 신문사의 수입은 더 줄어들었다.

모두 맞는 말이지만, 아직 언론사들은 프로그래머틱 광고의 문제를 간과하고 있다. 설명하자면 이렇다. 지면 광고를 할 때 광고주들은 쇼핑몰에서 공짜로 나눠주는 무가지에 광고를 실을 때보다 《뉴욕타임스》에 광고를 실을 때 돈을 더 많이 낸다. 광고비 차이에는 여러 이유가 있는데, 그중 하나는 《뉴욕타임스》의 이름값 때문이다. 하지만 더 중요한 이유는 《뉴욕타임스》 독자들이 대체로 고학력에 좋은 직업을 가진 부유한 사람들이라는 것이다. 또 아무래도 사람들은 차 타러 가는 길에 무료로 받은 무가지보다는 돈을 내고 구독한 신문을 들춰볼 확률이 더 높다.

온라인 시대의 광고주들은 《뉴욕타임스》 구독자 그리고

《가디언》,《워싱턴포스트》,《뉴요커New Yorker》,《애틀랜틱Atlantic》 등 10여 개 일류 언론사의 구독자에게 그 어느 때보다 큰 관심을 가지고 있다. 이 사실만 놓고 보면, 이들 언론은 저질 기사를 쓰는 다른 언론에 비해 훨씬 더 많은 광고료를 받을 수 있을 것 같다. 하지만 실제로 이들이 받는 광고료는 다른 사이트가 받는 광고료와 큰 차이가 없다.

이유는 언론사가 광고 네트워크에 구독자 정보를 기꺼이 넘기고 있기 때문이다. 광고 네트워크들은 이 정보를 바탕으로 광고비가 훨씬 싼 다른 사이트에서 이들 신문의 구독자에게 광고할 수 있다. 구독자 정보를 넘기는 것은 언론사 스스로 다른 곳에서 광고하라고 말하는 일이나 다름없지만, 언론사들은 이 사실을 눈치조차 못 채고 있는 듯하다.

그 결과 언론사들은 프로그래머틱 광고 세계에 뛰어들어 제 무덤을 파고 있다.

앞서 말한 것처럼,《뉴욕타임스》사이트에 방문하면, 광고 네트워크 아홉 곳에 우리의 방문 사실이 알려진다. 이들은 우리가 그 사이트에 얼마나 자주 방문하고 얼마나 오래 머무는지까지 알 수 있다. 즉 누가《뉴욕타임스》를 정기적으로 읽는 사람인지 가려낼 수 있다는 말이다.

이제 이들 광고 네트워크는《뉴욕타임스》독자를 상대로 광고하고 싶을 때 군이《뉴욕타임스》에 비싼 돈을 내고 광고할 필요가 없다. 우리의 인터넷 활동을 지켜보고 있다가, 광고비가 더

싼 사이트에 들어갔을 때 광고를 하면 되기 때문이다. 독자가 《뉴욕타임스》에 올라온 기사를 보고 나서, 다른 곳에서 이상한 기사 1-2개를 읽을 때 광고를 해도 괜찮다.

누가 좋은 광고 대상인지만 알고 나면 그 사람에게 직접 광고하면 되지, 굳이 좋은 콘텐츠 옆에 광고를 붙이려 노력할 필요는 없다. 광고 네트워크는 우리의 컴퓨터에 저장된 쿠키 파일을 보고 우리가 좋은 광고 대상인지 알아낼 수 있다.

오켈리는 쿠키 덕분에 저질 뉴스 사이트들이 우리가 《뉴욕타임스》 독자인지, 최근에 고가품을 산 적이 있는지를 가려낼 수 있게 되었으며, 그래서 페이스북이나 구글 같은 광고 회사가 저질 사이트에 고가품 광고를 올릴 수 있게 되었다고 설명했다. 과거에는 콘텐츠의 질이 중요했지만, 이제는 쿠키만 들여다보면 되는 것이다.

"가장 이득을 보는 기업은 페이스북입니다. 전 세계 어떤 사이트에서든 '구매력 있는 소비자의 쿠키'를 알아볼 수 있으니까요. 그 웹사이트의 콘텐츠가 아무리 저질이라도 말이죠."

정리하자면, 언론사들은 자신이 무고한 희생자라고 믿지만, 사실은 사용자를 감시하는 일을 당연하고 자연스럽게 여기는 잘못된 인터넷 광고 관행에 동참함으로써 상황을 악화시키고 있다. 만일 《뉴욕타임스》가 자기 사이트에서 광고 추적기를 사용하지 못하게 한다면, 《뉴욕타임스》 독자를 상대로 광고하고 싶은 광고주들은 꼭 《뉴욕타임스》 사이트에 광고를 실어야 할 것이다. 오켈리의 주장대로라면 언론사들은 자신의 광고 수익을 줄이는 데 일조하고 있는 셈이다.

오켈리는 말했다. "이 문제는 인터넷 생태계와 관련이 있습니다. 자극적이고 눈길을 끄는 제목을 단 기사가 인기가 많죠. 본능인지는 몰라도 제대로 된 기사를 읽다 보면 꼭 그 아래 있는 이상한 기사가 보입니다. 매력적인 여자가 여행 가방에 기대서 있는 사진과 함께 '공항에서 촬영한 충격적인 사진 17장'이라는 제목이 붙어 있으면, 그걸 보게 된다니까요. 보다 보면 '앗, 낚였다. 난 왜 이런 저질 기사를 보고 있는 거지?' 생각하면서도 끝까지 다 봅니다. 다 보고 나면 아쉽고 더 보고 싶어요. 슬롯머신이나 마찬가지죠. 모두 인터넷으로 엄청난 돈을 벌지만, 사실 불량식품을 팔아서 돈을 버는 거나 마찬가지예요. 웹 서핑을 마칠 때쯤 되면 처음에 인터넷을 시작한 이유와는 완전히 거리가 멀어져 있어요. 그렇게 웹 서핑을 하면서 조잡한 인터넷 사이트들이 엄청난 돈을 버는 데 일조한 거죠. 〈애비뉴 큐 Avenue Q〉(성인 관객 대상의 풍자 인형극 뮤지컬—옮긴이)에서 계속 인터넷은 포르노를 위한 것[12]이라고 말하는 데는 이유가 있습니다."

오켈리는 양질의 콘텐츠를 만드는 언론사들이 조회수 1회를 기록할 때, 저질 콘텐츠를 쏟아내는 콘텐츠 공장은 조회수를

---

12 〈애비뉴 큐〉를 본 적이 없다면 꼭 보라고 권하고 싶다. 유튜브에서 볼 수 있다. https://
www.youtube.com/watch?v=zBDCq6Q8k2E

10회쯤 기록해 오히려 더 많은 광고 수익을 얻는다고 지적했다. 게다가 이미 말했듯이, 광고주들은 콘텐츠 공장의 글을 읽는 사람 중에 구매력 높은 사용자가 누구인지 알고 있으므로, 꼭 언론사에 광고를 실을 필요가 없다.

"페이스북과 페이스북 생태계를 이루는 여러 사이트에서 《뉴욕타임스》와 《가디언》으로 가야 할 돈을 빨아먹는 소리가 여기까지 들리는 것 같습니다. 타불라와 아웃브레인도 마찬가지고요. 멀쩡한 기사 아래에 있는 자극적인 제목을 단 사진을 클릭하는 순간, 양질의 콘텐츠가 있는 세계에서 콘텐츠 공장의 정신없는 세계로 빨려 들어가는 거죠. 콘텐츠 공장이 우리를 좀먹고 있습니다."

사용자를 추적하는 개인 맞춤형 광고가 언론사에 그렇게나 해가 되는 일이라면, 유명 언론사들은 왜 자진해서 맞춤형 광고 시장에 동참하는 걸까? 대개는 선택의 여지가 없다고 생각하는 것 같다. 적어도 어느 정도는 광고 수입이 있어야 언론사를 운영할 수 있는데, 맞춤형 광고를 달면 다른 단순한 광고를 달 때보다 돈을 더 많이 벌 수 있으니까 맞춤형 광고를 다는 것뿐이다. 언론사들은 적자를 두려워한다. 언론사도 기업이기 때문에 달성해야 할 매출 목표가 있고 주주가 있다. 당장 눈앞에 있는 돈을 포기할 수 없는 것이다.

당연한 논리다. 하지만 정말로 맞춤형 광고가 더 돈이 되는지는 검증해봐야 할 문제다. 지금까지 이 주장을 검증한 연구는 거의 없었다.

카네기멜런대학교 정보기술공공정책학과 교수 알레산드로 아퀴스티Alessandro Acquisti는 프라이버시에 관한 행동경제학을 연구한다. 최근 그는 인터넷에 널리 퍼진 사생활 침해적 맞춤형 광고가 실제 기업의 수익에 얼마나 도움을 주는지 살펴보고 있다.

그 결과, 아퀴스티는 맞춤형 광고가 광고 네트워크(대형 인터넷 기업)의 수익에는 큰 도움이 되지만, 콘텐츠를 만드는 언론사의 수입에는 그다지 도움이 되지 않는다는 사실을 발견했다.

요즘 인터넷에는 사람들이 다양한 콘텐츠와 서비스를 무료로 즐기면서 얻는 효용이 무척 크고, 이렇게 무료로 서비스를 제공하려면 소비자를 추적하고 분류하는 데이터 기반 광고를 해서 수익을 높일 수밖에 없다는 논리가 깔려 있다. 하지만 아퀴스티는 이 주장에 의문을 품었다.

"지난 몇 년간, 저는 데이터 수집이 궁극적으로는 소비자에게 도움이 된다는 주장을 많이 들었습니다. 특히 광고업계에서요. 이런 주장이 꼭 틀렸으리란 법은 없습니다. 하지만 검증된 적도 없습니다. 흥미로운 주제였죠. 예를 들어 온라인 콘텐츠와 서비스를 무료로 제공하려면 어쩔 수 없이 데이터를 더 많이 모아야 한다는 주장이 있습니다. 이 주장은 굉장히 널리 퍼져 있어요. 원래 광고업계에서 하던 말인데, 이제는 연구자들과 정책 결정자들까지 이 말을 합니다. 이 주장은 무척 당연하고 그럴싸하게 들립니다만, 흥미롭게도 자세히 들여다보고 근거를 찾기 시작하면 상황이 달라집니다."

아퀴스티는 지금껏 온라인 추적이 늘어난 것과 온라인 광고비 지출이 늘어난 것 사이의 인과관계, 즉 추적이 효과가 있기 때문에 광고주들이 광고비를 더 내는 것인지를 밝히려는 시도가 거의 없었다는 사실을 발견했다. 온라인 추적과 광고비 지출이 둘 다 늘어난 것은 사실이지만, 콘텐츠에 맞춤형 광고와 비맞춤형 광고를 붙였을 때, 광고 효과에 얼마나 차이가 나는지 실제로 살펴본 사람은 없었다. 그래서 아퀴스티의 연구팀은 '어느 미국 언론 재벌'로부터 데이터를 받아 다른 변수(구독자 수, 인구통계학적 특성 등)를 통제한 채 정교한 모델을 적용해 맞춤형 광고가 수익에 미치는 영향을 살펴봤다. 결과는 충격적이었다.[13]

"우리는 맞춤형 광고를 게재할 때, 언론사의 광고 수입이 최대 8퍼센트 증가한다는 사실을 알아냈습니다. 통계적으로도 그렇고 수입 면에서도 유의미한 차이입니다. 0퍼센트보다는 8퍼센트가 더 나으니까요. 하지만 광고주들이 맞춤형 광고를 하기 위해 광고 네트워크에 추가로 내는 돈은 8퍼센트보다 훨씬 많습니다. 그 사실을 생각하면 좀 놀랍죠."

---

13   이 글을 쓰는 현재, 아퀴스티의 논문은 아직 정식으로 발표되지 않은 상태다. 하지만 온라인에서 (저자 및 다른 사람들이 공유한) 논문 초안을 볼 수 있다. 가제는 '추적 기술과 언론사의 매출: 실증 분석Tracking Technologies and Publishers Revenues: An Empirical Analysis'이다.

아퀴스티의 연구는 언론사가 맞춤형 광고를 게재해서 추가로 올릴 수 있는 수익이 그리 크지 않다는 걸 보여준다. 광고 수입 100만 달러당 최대 8만 달러를 더 벌 수 있을 뿐이다. 아퀴스티가 말했듯이 효과가 아예 없는 건 아니지만, 독자 데이터를 광고 네트워크에게 제공하는 것이 언론사에 미치는 손해에 비하면 추가 수입은 너무 적다.

광고주 입장에서는 어떨까? 모든 광고 중개업자, 즉 DSP, SSP, 광고거래소, DMP, 데이터 브로커, 전통적 광고 대행사 한두 곳에 광고비를 지급하는 건 결국 자기 브랜드를 광고하고자 하는 광고주들이다. 광고주들은 언론사에 8퍼센트의 추가 수익만을 가져다주는 맞춤형 광고를 하기 위해 얼마를 더 쓸까?

외부인이 광고주가 맞춤형 광고를 하기 위해 얼마를 더 내는지 알아내기는 상당히 어렵기 때문에 아퀴스티의 연구팀도 아직 답을 찾는 중이다. 하지만 아퀴스티는 간접적인 방식으로 광고주들이 맞춤형 광고를 하기 위해 얼마를 더 내는지 살펴본 적이 있다고 말했다(아퀴스티는 그저 대략적인 감을 잡는 데 도움을 주기 위해 언급하는 것일 뿐, 앞서 언급한 8퍼센트라는 수치와 뒤에서 말할 수치를 직접 비교할 수는 없다고 주의를 주었다).

"시나리오 분석 결과 광고주들은 맞춤형 광고를 하기 위해 500퍼센트나 더 많은 비용을 지불할 때도 있습니다. 즉 광고료를 다섯 배 더 내는 겁니다. 다섯 배요. 언론사들이 추가로 올리는 수익에 비하면 엄청나게 큰돈이죠."

정확한 수치는 아니지만(아퀴스티가 경고한 대로 직접 비교할 수는 없다), 무언가 수상한 일이 벌어지고 있다는 의심을 품기에는 충분하다. 광고주들은 맞춤형 광고를 하기 위해 돈을 다섯 배나 더 내는데, 최종적으로 그 광고를 싣는 언론사가 추가로 얻는 수익은 그에 비해 아주 적다. 누군가 중간에서, 어쩌면 부당하게 엄청난 돈을 챙기고 있는지도 모른다는 의심이 들 만한 상황이다.

아퀴스티는 연구를 하면서 온라인 광고 산업에 깊은 의구심을 품게 되었다. 그는 세계 시장 규모가 수십억 달러에 달하며 대형 인터넷 기업이 지배하는 맞춤형 광고 산업이 정말 그들이 주장하는 것만큼 소비자에게 혜택을 주는 건지, 꼭 이렇게 해야만 하는 건지 의심하고 있었다.

아퀴스티는 말했다. "광고업계의 주장이 사실인지 정말 궁금합니다. 대부분의 돈이 중개업자에게 가는지 아니면 무료 콘텐츠의 형태로 소비자에게 돌아가는지는 중요한 문제입니다."

아퀴스티는 지금처럼 맞춤형 광고가 넘쳐나기 전에도 인터넷이 무료 콘텐츠를 공급하고 광고비로 무료 콘텐츠를 지원하는 데 아무 문제가 없었다는 사실을 지적했다.

"인터넷의 무료 자원과 무료 콘텐츠는 20년 전에도 존재했습니다. 온라인 광고도 이미 그때부터 시작되었습니다. 그저 맞춤형 광고가 아니었을 뿐이죠. 그런데 구글이 등장해서 문맥 타기팅contextual targeting(웹사이트의 콘텐츠를 기초로 광고하는 기법—

옮긴이) 광고를 시작했습니다. 처음에는 행동 타기팅^{behavioural} targeting(사용자의 웹 사용 습관을 분석해 광고하는 기법―옮긴이)이 아니라 문맥 타기팅이었죠. 예를 들어 제가 읽고 있는 이메일에 고양이 이야기가 나오면 고양이 사료 광고를 띄우고, 제가 휴가지를 검색하면 휴가 상품 광고를 띄우는 식으로요. 그런데 그새 무슨 일이 일어난 걸까요? … 먼저 2004년 등장한 페이스북이 광고업계를 바꾸기 시작했습니다. 광고업계는 사용자가 다양한 인터넷 사이트에서 보인 행동을 서로 연관 지어, 사용자가 누구인지 파악하는 능력을 키우기 시작했습니다. 예를 들어 이 신문 기사를 보고 있는 소비자가 이전에 고양이 사료에 관심을 보였고 여행 사이트에 방문했던 그 소비자라는 사실을 파악하는 능력을 기른 거죠."

"이렇게 해서 행동 타기팅 광고의 기반이 다져졌습니다."

여기까지 들으니 온라인 광고업계가 눈에 띄게 복잡한 이유를 알 수 있을 것 같다. 이 복잡성 덕에 중간에 있는 기업이 막대한 수익을 챙기는 것이다.

오켈리는 말했다. "결국 언론사와 광고주가 나서서 자신의 이익을 지켜야 합니다. 광고주들은 좋은 사이트에 좋은 광고를 하길 바라고, 언론사도 좋은 사이트에 좋은 광고를 하기를 바랍니다. 중간에 있는 기업들이 문제죠. 당사자가 아닌 사람들은 돈을 더 벌 기회만 노릴 뿐입니다."

중간에 있는 기업에게 돈이 흘러가는 이유는 다양하다. 온라인 광고 시장이 워낙 복잡해서 큰 이윤을 남기는 것이 용인될 수도 있고, 독점적 지위를 누리는 광고 네트워크들이 선택지가 제한되어 있다는 사실을 악용해 지나치게 많은 광고비를 요구해서일 수도 있다. 아니면 광고주들이 마케팅비를 많이 지출하는 편이 세금 정산에 유리하다고 생각해서 광고비를 관심 있게 들여다보지 않는 것인지도 모른다.

그러나 때로는 명백한 사기의 결과일 수도 있다.

2018년 말, 맥스 리드Max Read는 온라인 광고의 조회수 및 광고 지표에 관한 다양한 연구를 요약한 기사[14]를 《뉴욕매거진》에 실었다. 그는 연구 결과를 종합해볼 때, 주요 인터넷 관련 통계의 많은 부분이 부실하거나 완전히 조작되었다고 지적했다.

기사를 클릭하고 '맞춤형 광고를 계속 보시겠습니까?'라는 팝업창[15]을 닫고 나니, 온라인 세상에 관한 날카로운 비판이 이어졌다. 먼저 일부 광고 네트워크가 '봇bot'을 동원해 자동으로 광고를 클릭해 마치 소비자가 광고를 본 것처럼 속인 사건이 소개되었고, 이외에도 업계에 널리 퍼진 문제들이 줄줄이 지적되었다. 리드는 대개 믿을 만하다고 생각되는 온라인 통계, 즉 시청자 수 및 조회수의 조작 의혹이 여러 번 있었음을 언급한 뒤,

---

14   http://nymag.com/intelligencer/2018/12/how-much-of-the-internet-is-fake.html
15   EU 회원국에서 접속하면 팝업창이 뜬다.

가짜 팔로워, 가짜 가입자의 세계를 소개하고, 다른 사이트를 자동으로 스크랩해 만든 기사로 돈을 버는 콘텐츠 공장에 대해서도 다뤘다.

기사를 통해 드러난 현재 인터넷의 모습은 사기, 가짜, 위조 콘텐츠로 이루어진 세상이다. 지난 수년 동안 사람들이 당장 눈앞에 놓인 기회를 놓치지 않고 한몫 잡기 위해 무슨 짓이든 마다하지 않은 결과, 인터넷에는 저질 콘텐츠를 원하는 수요와 문화가 자리 잡았다.

온라인 광고업계가 이렇게까지 올바른 모습에서 벗어난 상황에서 그리고 맞춤형 광고의 혜택을 누려야 할 소비자와 언론사가 그 혜택을 전혀 누리지 못하는 상황에서 자신을 도덕적인 광고업자라고 말하는 오켈리가 제안하는 해결책은 무엇일까?

오켈리는 광고를 아예 하지 않을 수는 없지만, 지금처럼 불쾌한 방식을 사용하지 않을 수는 있다고 말했다. 그는 개인 맞춤형 광고를 하지 않아도 광고로 충분히 돈을 벌 수 있다고 믿는다. 시간과 광고를 붙일 웹페이지의 내용만 가지고도 사용자의 관심을 끌기에 충분하다는 것이 그의 생각이다.

오켈리가 말하는 변화의 첫 단계는 언론사들이 제 무덤을 파고 있다는 사실을 깨닫는 것이다.

"언론사들은 너무 주먹구구식입니다. 광고비만 주면 언제든 같이 일할 준비가 되어 있죠. 그래놓고는 사정이 점점 나빠진다고 불평만 합니다. 솔직히 '돈만 주면 가리지 않고 다 받으면서

사정이 나빠진다고 투덜대다니 … 저걸 뭐라고 해야 하나' 하는
생각이 들어요."

일단 언론사가 광고 네트워크에 독자와 시청자의 데이터
(즉 우리의 데이터)를 넘기지 않으면, 변화는 시작될 것이다. 언론
사가 데이터를 주지 않으면 광고 네트워크가 특정 언론사의 구
독자 정보를 얻을 방법은 없다.

오켈리는 언론사들에게 다음과 같이 조언했다. "기준을 세
우세요. 광고주들과 장기적이고 의미 있는 관계를 만들면 정당
한 몫을 받을 수 있을 겁니다. 아무 광고나 올려주면 안 됩니다.
《가디언》같은 언론 사이트를 방문하는 사람을 관찰하고 인적사
항을 기록해뒀다가 광고비가 더 싼 사이트에서 광고하는 기업
이 얼마나 많은지 아시나요? 족히 몇백 개는 될 겁니다. 사실 언
론사들은 불평할 자격이 없습니다. 광고 네트워크가 정보를 몰
래 빼가는 게 아니라 언론사가 자기 손으로 정보를 건네주고 있
잖아요. 불평은 그만 하세요."

물론 중단기 매출을 생각하면 그렇게 하기 힘들다는 사실
은 오켈리도 알고 있다. 광고를 가려 받으면 그렇지 않아도 적은
광고 수입이 한동안 더 줄어들지도 모른다. 오켈리는 현재 상황
을 고려한 규제, 즉 EU 개인정보보호법과 비슷하지만 더 강력
한 규제를 도입하면, 언론사들이 힘든 결정을 내리지 않아도 문
제를 해결할 수 있을 거라고 말했다.

"저는 제 쿠키 파일이 다른 곳으로 넘어갈 때마다 그 사실

을 알고 싶습니다. 그게 지나친 요구라고 생각하지 않아요. 그런 법을 도입한다고 누군가의 사업 모델이 망가지지는 않을 겁니다. 제 생각에는 EU 개인정보보호법을 조금 손보면 정말 좋을 것 같습니다. 지금 있는 법은 너무 두루뭉술해서 제대로 효과를 내기 어렵습니다."

오켈리는 결국 개인 맞춤형 광고의 시대가 막을 내려야 한다고 믿는다. 그리고 의지만 있다면 그렇게 할 수 있다고 생각한다.

"저는 지금 광고업계가 돌아가는 방식에 회의적입니다. 사실 지금의 광고 산업은 개인정보 문제만 제외하면 이상적인 모습에 가깝습니다. 개인정보 수집만 제외하고 보면, 정말이지 효율적인 생태계거든요. 개인정보를 수집하지 않게 되면, 고객의 유입 경로를 분석하는 게 중요해질 겁니다. 그런 분석을 하는 데 개인정보는 필요 없죠. 개인정보 공유, 마이크로 타기팅, 개인 타기팅, 행동 타기팅 같은 기법은 사용하지 않아도 됩니다. 저는 마이크로 타기팅을 해서 얻을 수 있는 가치가 사회와 인터넷 전반에 미치는 악영향보다 크다고 생각하지 않습니다. 상황을 조금만 되돌리면 양질의 언론과 광고주들에게 수십억 달러를 돌려줄 수 있습니다. 그편이 더 낫다고 봅니다."

물론 말하기는 쉬워도 행동으로 옮기기는 무척 어려운 일이다. 20년 동안 온라인 광고 산업의 선두에 서서 광고 산업을 현재의 방향으로 이끈 사람인 그가 보기에 현재 인터넷의 전반적 상황은 어떨까? 인터넷은 글로벌 대기업의 산실이고, 그 대기업은 대부분 광고 기업이 아닌가.

오켈리는 말했다. "사람들은 누가 인터넷을 지배하는지 궁금해하지만, 저는 돈이 어디로 가는지를 유심히 살펴봅니다. 돈의 흐름을 지켜보는 거죠. 우리가 한 웹사이트에서 다른 웹사이트로 이동하는 일을 반복할 때마다 돈이 점점 쌓입니다. 인터넷에 남은 이 돈의 흔적을 뒤쫓다보면 결국에는 구글이 나옵니다. 구글은 인터넷에서 일어나는 모든 클릭으로부터 발생하는 돈 중 일부를 챙깁니다. 대단하죠. 엄청난 일입니다. 인터넷 사용자가 얼마나 많은가요. 수많은 광고업자, 기술 광고 회사, 데이터 판매자, 광고 대행사를 떠올려보세요. 이렇게 다양한 사람들이 우리가 웹에서 무언가를 할 때마다 수익을 올립니다. 이들은 모두 전체 중 일부를 받아 챙깁니다. 흥미로운 상황입니다. 수익을 올리는 사람이 그렇게나 많은 게요."

나는 오켈리에게 그가 2000년대 중반 닷컴 기업을 매각해 돈을 벌었고, 이제 몇 달 뒤면 앱넥서스를 판 대가로 10억 달러 이상을 벌게 되었기 때문에 그렇게 생각하는 건 아닌지 물었다. 그가 번 돈이 현 상황을 미화하는 건 아닐까? 부정적인 의견은 없을까?

그는 이렇게 답했다. "저는 제가 판도라의 상자를 열었다고 생각합니다. 어딘가에는 희망이 남아 있다고 믿는 거죠. 저는 제 아이디어가 상황을 더 좋게 만들 거라고 믿었습니다. 그리고 실제로 어떤 부분은 좋아졌다고 생각합니다. 하지만, 희망만 남고 나쁜 것은 모두 풀려났죠. 제 아이디어가 이 모든 부작용을 감내할 만큼 더 좋고 진보한 것이었는지 판단하기 어렵습니다. … 저는 지난 15년 동안 혼돈과 부작용을 해결하기 위해 싸웠고, 여러 면에서 실패했습니다. 제가 이기적으로 행동해 저와 저희 회사 직원과 그들의 가족은 큰돈을 벌었지만, 세상은 더 좋아지지 않았다고 말할 수도 있겠죠. … 하지만 저도 이 상황이 그리 마음에 들지는 않아요."

Part 3

전투

6

사이버 전사

2013년 6월의 어느 밤, 나는 《가디언》 런던 지사 4층에 마련된 '비밀 프로젝트' 방에서 동료와 단둘이 진행 바가 100퍼센트를 향해 느릿느릿 차오르는 장면을 초조하게 지켜보고 있었다. 기사 작성실에서 두 층 떨어진 한적한 곳에 마련된 비밀 프로젝트 방은 원래 임원들이 일반 기자의 눈을 피해 인사 결정을 내리거나 운영 방침을 논하는 곳이었다. 하지만 이번에는 완전히 다른 용도로 쓰이고 있었다.

그 방에 있던 나와 데이비드 리David Leigh(몇 주 전까지 《가디언》의 탐사보도 편집자였던 리는 이미 정년퇴직한 상태였다)를 제외하면 다른 직원들은 거의 다 퇴근한 시간이었다. 우리는 따사로운 여름밤을 즐기는 것도 포기한 채, 말없이 앉아서 5분에 1퍼센트씩 차는 진행 바만 들여다보고 있었다.

우리가 그러고 있었던 건, 기다릴 만한 가치가 있는 일이었기 때문이다. 중간에 일이 잘못될까 봐 무척 초조했지만, 모든 일이 계획대로 진행된다면 그 진행 바가 다 차는 순간 우리는 영국 기자 중 최초로 영국 정보통신본부Government Communications Headquarters, GCHQ(영국의 정보기관)의 기밀문서 수천 건을 열람할 수 있게 될 터였다.

화면에 뜬 진행 바는 NSA 내부 고발자 에드워드 스노든이 빼돌린 암호화된 기밀문서 수만 건을 해독하는 일이 어디까지 진행되었는지 알리고 있었다. 스노든 자신도 다 읽어보지 않은 문서들이었다. 스노든은 NSA에서 일한 경험을 토대로 문서를 열람할 때 참고할 만한 힌트 하나를 알려줬는데, '템포라TEMPORA'라는 단어가 전부였다. 다른 정보나 설명, 구구절절한 지시는 없었다.

우리는 템포라가 무엇을 뜻하는지 전혀 알지 못했다. 하지만 탐사보도 기자에게 미스터리에 싸인 힌트보다 더 좋은 미끼는 없다. 게다가 곧 미스터리를 풀 수 있다는 희망마저 있었다.

자정이 되기 직전, 드디어 진행 바가 100퍼센트까지 찼다. 미국과 영국 정보기관의 실체를 알려줄 기밀 데이터베이스에 접근할 수 있게 된 것이다. 우리는 화면에 몸을 바싹 붙인 채 'Tempora'를 입력했다. 문서 수십 건이 검색되었다. 대부분 복잡하고 기술적인 내용이라서 해석하려면 수일에서 수주는 걸릴 게 분명했다.

그러나 그중 한 건은 바로 눈길을 잡아끌었다. NSA 국장 키스 알렉산더Keith Alexander가 영국 요크셔 시골에 있는 미국 정보 기지 멘위드힐Menwith Hill을 방문한 일을 요약한 슬라이드였다.

이 자료에 의하면 알렉산더 국장은 다음과 같이 말했다. "항상 모든 신호를 수집할 수는 없습니까? 멘위드힐에서 여름 프로젝트로 하기에 딱 좋아 보이는데요!"[1]

스노든이 《가디언》과 《워싱턴포스트》에 넘긴 문서들은 미국 정부가 자신이 탄생시킨 인터넷으로 첩보 활동을 했을 뿐 아니라, 일종의 온라인 전쟁까지 벌였다는 사실을 세상에 드러냈다. 우리는 인터넷을 안전한 개인 공간으로 느끼지만, 2013년 여름 동안 밝혀진 인터넷의 실체는 정반대였다.

이야기는 몇 주 전, 대서양 너머 미국에서 시작되었다.[2] 《가디언 US》(《가디언》이 미국 시장 공략을 위해 만든 온라인 전문지로 거

---

1   이 자료에 대한 기사 작성은 유언 매캐스킬, 줄리안 보거, 닉 홉킨스, 닉 데이비스 그리고 내가 맡았다. 데이비드 리는 작성자로 참여하지 않았다. 기사는 다음에서 볼 수 있다. https://www.theguardian.com/uk/2013/jun/21/gchq-cables-secret-world-communications-nsa

2   스노든의 폭로와 관련된 뒷이야기는 당시 나의 경험과 그때 현장에 있던 사람들과의 대화를 토대로 작성했다. 날짜 등 세부사항과 참고자료 및 문서에 대해서는 따로 확인을 마쳤다. 스노든 사건의 배경을 자세히 알고 싶다면, 루크 하딩이나 글렌 그린월드가 쓴 책을 참고하라.

의 독자적으로 운영된다) 편집국장 재닌 깁슨Janine Gibson은《가디언 US》에 자유권 관련 칼럼을 기고하는 글렌 그린월드Glenn Greenwald의 전화를 받았다.

그린월드는 들뜬 목소리로 엄청난 소식을 전했다. 내용은 이랬다. 일전에 익명의 제보자가 보낸 암호화된 이메일을 받았는데, 열어볼 줄 몰라서 무시하고 있었다. 그런데 그 제보자가 그린월드의 지인에게도 메일을 보냈고, 지인이 그 메일을 읽고 그에게 연락했다는 것이다. 제보자는 미국 정부의 민간인 감시를 입증할 기밀 자료를 가지고 있다면서 직접 만나 자료를 건네주고 싶다고 했다. 그린월드가 보기에 그 말은 사실 같았다.

그가 여기까지 말했을 때, 깁슨은 전화로 할 이야기가 아닌 것 같다고 말했다.

깁슨은 갑자기 여러 결정을 내려야 하는 상황에 놓였다. 제보자의 말이 사실이라면, 근래 보기 드문 규모의 국가 안보 관련 특종이 눈앞에 놓인 셈이었다. 하지만 어쩌면 망상병자나 사기꾼에게 말려들어 보도국 예산 수천 달러를 낭비하게 될지도 몰랐다. 게다가 제보자의 말이 진짜라고 해도 미국 정부가 크게 반발할 게 분명했다. 기사 내용에 조금이라도 잘못이 있으면 엄청난 파장이 일 것이었다.

깁슨은 제보자의 말을 믿어보기로 하고 그린월드를 홍콩으로 보냈다. 그린월드는 신원을 밝히지 않은 제보자와 만나기 위해 제보자가 포이어호텔에서 루빅큐브를 들고 있으면《가디언》

팀이 아는 척하지 않고 그를 따라가는 방식을 쓰기로 했다. 그린월드는 유명 블로거이자 경험 많은 인권 변호사이긴 했지만, 취재 기자로 일한 경험이 없었기 때문에, 《가디언 US》에서 워싱턴 관련 기사를 담당하는 베테랑 기자 유언 매캐스킬Ewen MacAskill과 동행했다. 그리고 뉴욕 사무실에서 깁슨이 새로 고용한 안보 분야 전문 기자 스펜서 애커먼Spencer Ackerman이 둘을 보조하기로 했다.

깁슨은 시험 삼아[3] 내게 합류를 제안했고, 나는 런던에서 미국으로 날아갔다. 나는 데이터 및 문서 유출 전문 기자로 《가디언》에 합류하기 전에 위키리크스에서 일한 경험이 있었다.

이후에 일어난 일은 이미 여러 권의 책과 다큐멘터리, 심지어 영화로도 만들어졌다. 중요한 내용만 간추려 소개하자면, 먼저 깁슨은 부편집국장 스튜어트 밀러Stuart Millar와 함께 6월 5일에 첫 기사를 내보내기로 결정했다. 처음으로 나갈 기사는 미국 법원이 버라이즌Verizon(미국의 이동통신사)이 시민 수백만 명의 데이터를 수집하도록 허락하는 영장을 비밀리에 발부했다는 내용이었다. 기사 발행 당일이 되자 새벽부터 모든 연방정부 부처가 깁슨과 밀러에게 연락해 기사를 내지 말라고 압박하기 시작했다.

깁슨에게 최종 결정 권한이 있을 리 없다고 생각한 미국 공

---

3   다행히 일이 잘 풀려서 깁슨은 나를 고용했다.

무원들은 런던에 있는 《가디언》 편집국장 앨런 러스브리저Alan Rusbridger에게 연락하려고 노력했다. 하지만 당시 러스브리저는 결정 권한을 모두 깁슨에게 위임한 채 비행기를 타고 뉴욕으로 오는 중이었다. 러스브리저에게 계속 연락이 닿지 않자, 미국 정부는 영국 보안정보국Military Intelligence, Section 5, MI5에까지 지원을 요청했다. 영국에 있는 《가디언》 직원들을 깨워 깁슨을 막을 사람이 있는지 알아보라는 것이었다. 하지만 아무도 없었다.

기사는 발행되자마자 인터넷 게시판을 타고 빠르게 퍼져나갔다. 연일 새로운 폭로가 이어졌고, 일요일에는 다큐멘터리 감독 로라 포이트러스Laura Poitras가 찍은 그린월드, 매캐스킬과의 인터뷰 영상을 통해 에드워드 스노든이 모습을 드러냈다.

스노든은 NSA 직원이었기 때문에 자신이 빼돌린 NSA 자료의 내용과 의미를 잘 알고 있었다. 그는 영국의 정보기관에 대해서는 그만큼 잘 알지 못했지만, 영국도 미국과 비슷한 일을 하고 있을 거라는 추측 아래 영국 정보통신본부가 작성한 내부 기밀 문서(미국과 영국 정부가 정기적으로 공유한 자료)를 홍콩에서 만난 매캐스킬에게 전달했다. 그 후 스노든은 남은 문서를 모두 파기하고 에콰도르에 망명 신청을 했으나 거절당한 뒤 러시아로 망명해 모스크바에 머물게 되었다. 그리고 문서는 아무도 열어보지 않은 채 《가디언》 런던 지사에 도착해 우리 손에 들어왔다.

키스 알렉산더는 스노든의 폭로가 기사화된 그해에 8년째

NSA 국장을 맡고 있었다. 그는 9/11 이후 감시가 강화된 틈을 타 NSA의 활동 범위를 넓히는 데 큰 관심이 있었다.

무차별 감시는 언제나 영국보다는 미국에서 더 큰 논란을 불러일으키는 주제다. 미국은 대체로 영국보다 정부 감시에 대한 거부감이 더 크고, 법원도 개인의 사생활을 더 중요시하는 경향이 있다. 하지만 온라인 시대가 되면서 미국으로 들어오거나 미국을 거치는 데이터의 양이 늘어나자, 미국의 정보기관들은 감시망을 넓히기 시작했다. 2001년 9/11 테러 같은 끔찍한 공격을 다시는 용납할 수 없다는 이유였다.

NSA 국장은 시민 자유권 논쟁에 휘말리는 것을 피할 수 없는 자리다. CIA는 비밀 요원을 파견해 외국인을 감시하는 기관이고, FBI는 원칙적으로 법 집행 기관인 반면, NSA는 신호 정보 수집에 특화된 기관이기 때문이다. 과거 NSA는 주로 전화선을 도청하거나 위성 통신을 감시하거나 라디오 신호를 추적하는 일을 했다.

21세기가 되면서 신호 정보 수집 기관은 주로 인터넷을 감시하게 되었다. 미국이 인터넷의 주도권을 쥐고 있기 때문에 전 세계 사람들은 주로 미국 기업, 미국 서버, 미국 인터넷 망을 통해 소통한다. 전화를 주로 쓰던 시절에 NSA는 이란과 시리아의 주요 인물이 서로 통화하는 것을 합법적으로 엿들을 수 있었다. 안보 목적으로 외국 전화를 도청하는 건 NSA의 합법적인 업무에 해당했다. 그런데 인터넷 시대가 되자, 외국인들도 미국에 서버가 있는 지메일이나 스카이프를 통해 연락하기 시작했다. 그들이 미국 네트워크를 통해 연락한다고 해서 갑자기 감시 활동이 불법이 되는 걸까? 아마 당시 NSA는 '어떻게 하면 헌법에 규정된 자유권을 침해하지 않고 감시 능력을 키울 수 있을지' 고민하느라 골머리를 앓고 있었을 것이다.

이 문제에 대한 알렉산더 국장의 해결책은 일단 홍보 담당관을 통해 인터뷰 요청을 거부하는 것이었다. 그는 모든 정보를 모은 뒤, 누군가 이의를 제기하면 그때 가서 법적 문제를 따져보자는 생각을 가지고 있었다. 《포린폴리시Foreign Policy》[4]에 실린 인물 분석 기사에 따르면 알렉산더 국장은 무차별 감시의 옹호자로, 〈스타 트렉〉의 조종실을 닮은 자신의 지휘통제실('커크 함장' 의자에 줄지어 놓인 모니터는 물론이고 사람이 들어올 때마다 특유의 '슉' 소리가 나는 자동문까지 있었다[5])을 매우 마음에 들어했다. 기사에 따르면 그가 워낙 공격적으로 감시하는 편을 선호해서 전임자와 동료들조차 그를 '카우보이'라고 불렀다고 한다.

NSA의 첩보 능력은 미국에만 국한되어 있지 않다. 미국은 국제 사회에서 가장 영향력 있는 첩보 동맹 파이브아이즈Five

---

4   https://foreignpolicy.com/2013/09/09/the-cowboy-of-the-nsa/

5   《워싱턴포스트》에 따르면 알렉산더는 지휘통제실을 직접 꾸미지는 않았지만, 무척 마음에 들어했다고 한다. https://www.washingtonpost.com/blogs/in-the-loop/wp/2013/09/16/nsa-director-inherited-star-trek-digs/?noredirect=on&utm_term=.4bed42c574b7

Eyes(미국, 영국, 캐나다, 호주, 뉴질랜드)의 동맹국이고, 알렉산더가 있던 NSA 국장이라는 자리는 파이브아이즈에서도 가장 영향력이 강한 자리였다. 파이브아이즈에 속한 다섯 나라의 신호 정보 수집 기관은 상대 국가에도 정보 기지를 두고 있으며 직원과 위성 네트워크 장비, 인터넷 접속 장비 등을 공유한다. 그리고 새로 찾아낸 정보, 기술, 정보원 등도 공유하게 되어 있다.

알렉산더의 임기 동안 미국에서도 정부의 무차별 감시가 늘어나기는 했지만, 그의 이상이 실현된 곳은 영국이었다. 그의 이상은 한 실험 프로그램으로 구현되었는데, 그 프로그램의 작전명이 바로 '템포라'였다.

템포라 프로그램은 정교한 감시 작전을 수행할 예산과 전문성을 갖춘 정부가 국제 인터넷의 주요 분기점을 관리하는 통신사들과 밀접한 관계를 맺고 그 분기점에서 오가는 정보에 접근할 수 있을 때 어떤 일이 벌어지는지를 보여준다. 보도 당시에는 NSA가 애플, 구글, 페이스북을 포함한 유명 인터넷 기업 서버에 '직접 접속'했다는 사실이 공개되면서 프리즘 프로젝트가 더 주목을 받았지만, 사실 템포라가 그보다 훨씬 심각했다.

템포라가 시작된 배경은 다음과 같다.[6] 국가 정보기관은 급하게 특정인의 통화 또는 문자 내역이나 최근 인터넷 사용 기록

---

6   이 설명은 템포라 관련 기사(https://www.theguardian.com/uk/2013/jun/21/gchq-mastering-the-internet)와 당시 내가 기록한 취재 수첩의 내용을 참고해 작성했다.

을 열람해야 하는 경우가 많다. 극단적인 경우 전혀 알려지지 않은 인물이 테러를 저지르려 한다는 제보가 들어올 수도 있다.

그런 상황에서 정보기관은 정말 테러 모의가 있었는지, 있었다면 어느 지역을 공격할 생각인지 알아내기 위해 그 사람의 최근 연락 내역을 신속히 열람하고 싶을 것이다. 하지만 용의자가 원래 감시 대상이 아니었다면 정보를 바로 알 수 없다. 그래서 정보기관은 급할 때 찾아볼 수 있도록 일단 모든 사람의 정보를 모아서, 단기간 보관해두자는 생각을 하게 되었다.

템포라 프로젝트의 목표는 인터넷 전체를 (마치 텔레비전 서비스처럼) '다시보기' 할 수 있게 만드는 것이었다. 앞서 말했듯 인터넷 데이터는 광케이블을 통해 패킷 단위로 세계 곳곳으로 흩어져 전송된다. 그리고 이 패킷 가운데 많은 수가 영국이나 미국 또는 두 나라를 모두 거친다.

유리로 만든 프리즘 하나만 있으면 광케이블을 지나는 빛을 두 갈래로 나눌 수 있다. 갈라진 빛은 원래 광케이블에 흐르던 빛과 완전히 동일한 정보를 담고 있어서 이 빛을 이용해 데이터를 수집하고 분석할 수 있다. 영국과 미국의 국가 정보기관은 이런 방식으로 인터넷의 거의 모든 정보를 수집했다. 평소 정부와 밀접한 관계를 맺고 있던 통신사 및 케이블 회사의 협조가 있었기에 가능한 일이었다.

광케이블을 지나는 데이터는 대부분 유튜브나 넷플릭스 등에서 제공하는 스트리밍 영상 데이터다. 영국 정보통신본부는 이런 데이터는 파기하고 읽을 수 있는 문자 데이터만 추려서 영국을 거치거나 영국으로 들어오거나 영국에서 나가는 데이터로 일종의 모음집을 만들었다. 데이터의 양이 워낙 많고 인권 문제도 있었기 때문에 수집한 정보 중 대화 내용은 3일, 메타데이터(보낸 사람, 받는 사람, IP 주소, 위치 등의 정보)는 최대 30일 동안만 보관하기로 했다.

이러한 정부의 무차별 데이터 수집은 문자나 인터넷 사용 내역 등을 사람이 직접 들여다보지만 않으면 사생활 침해가 아니라는 말로 정당화되곤 한다. 적어도 영국에서는 국가 기관이 데이터를 수집하고 알고리즘을 사용해 분석하는 행동이 법적으로 전혀 문제가 되지 않는다.

국가 정보기관 직원들은 기밀 정보와 방대한 데이터를 다루는 데 익숙하지만, 템포라는 그들에게도 특별한 프로그램이었다. 템포라가 정보통신본부가 당시 야심 차게 추진하고 있던 '인터넷 정복Mastering the Internet' 프로그램의 일환이었기 때문이다. 영국 정보통신본부 전체가 그 프로그램에 대한 기대에 부풀어 있었다. 프로그램에 참여하는 분석관들에게 제공된 법률 교육 강의 자료 끝부분에 다음과 같은 격려 문구가 적혀 있을 정도였다.

당신은 선망의 대상입니다. 즐기세요. 그리고 최대한 성과를 내세요.

온라인 시대를 사는 시민들은 누군가(구글, 페이스북, 아마존, 광고업자, 그리고 어쩌면 정부)가 자신을 감시하는 상황에 너무 익숙한 나머지, 템포라 같은 프로그램의 존재가 밝혀져도 별로 분노하지 않는다. 그래서인지 영국에서 템포라 프로젝트는 큰 관심을 끌지 못했다.

어쩌면 사람들은 자기 일이 아니라고 생각해서 관심을 가지지 않는지도 모른다. 평범한 사람들은 자기가 절대 정보기관의 감시 대상이 될 리 없다고 생각하기 때문이다(대개 맞는 말이다). 내가 감시당하는 것도 아닌데 문제 될 게 있을까? 그러나 미래에 비민주적 정부가 들어서면 데이터가 악용될지도 모른다. 또 국가 정보기관 직원이 정보를 이용해 전 배우자를 스토킹할 수도 있다. 그리고 어쩌면 알고리즘이 잘못되어서 무고한 시민이 체포되거나 감시당하거나 괴롭힘을 당할지도 모른다.

그러나 더 큰 이유는 오프라인이 아닌 온라인 감시라서 실감이 덜 나기 때문일 것이다. 만일 우리가 편지를 주고받을 때마다 정부가 그 편지를 복사해서 보관한다면 훨씬 더 화가 치밀 것이다. 정부가 전화를 엿듣고 문자 메시지를 감시하고 집에 도청장치를 설치하고 신용카드 사용 내역을 감시한다면, 다른 해를 끼치지 않는다고 해도 무척 소름 돋을 것이다. 이런 상황에서 정부가 며칠마다 정보를 삭제한다는 사실이 큰 위안이 될 수는 없다. 영국 정부는 영국 인터넷 망을 거치는 영국인과 전 세계 수백만 명의 온라인 데이터에 똑같은 짓을 했다. 그런데도 온라인이라서 현실감이 떨어지기 때문인지 우리는 경각심을 느끼지 못하고 있다.

2015년, 영국 코미디언 존 올리버John Oliver는 자신이 진행하는 HBO 쇼에서 스노든에게 대중의 무관심을 보면 어떤 생각이 드는지 물었다. 모스크바 근교의 모처에서 이루어진 스노든과의 인터뷰에서 올리버는 스노든에게 맨해튼 길거리에서 진행된 시민 인터뷰 영상을 보여주었다. 리포터가 정부의 온라인 감시와 스노든의 폭로에 대해 알고 있느냐고 묻자 미국 시민들은 잘 모른다는 반응을 보였다.[7]

이어서 리포터는 조금 다른 질문을 던졌다. NSA가 사람들의 나체 사진을 보관해도 괜찮을까요? 그러자 사람들은 정부가 그런 사진을 보관하거나 보는 건 사생활 침해이므로 그런 프로그램이 있다면 바로 중단해야 한다고, 그건 너무하다고 한목소리로 분개했다.

인터뷰 영상을 본 스노든은 조금 복잡한 표정으로 이렇게 말했다. "좋은 소식을 전해드리자면, '나체 사진 수집 프로그램' 따위는 없습니다."

하지만 스노든은 NSA와 정보통신본부가 모은 자료에 나체 사진도 꽤 많다는 사실을 알고 있었다. 간과하기 쉽지만, 정부가

---

7   유튜브에서 전체 에피소드를 볼 수 있다. https://www.youtube.com/watch?v=XEVly P4_11M

인터넷을 통해 전송되는 모든 데이터를 단 며칠만이라도 저장한다는 건 당연히 인터넷을 통해 전송되는 모든 성인 콘텐츠도 수집한다는 뜻이다.

이게 다가 아니다. 미국 국가 정보기관과 방위산업체에서 일한 경험이 있는 스노든은, 정보기관에는 수집한 사진을 이곳저곳으로 돌리는 문화가 있다고 말했다. 그의 말을 뒷받침하는 증거 자료도 있다. 그런가 하면, 영국 정보통신본부가 우연히 성인물 사진을 대량으로 수집하는 바람에 작은 소동을 겪었음을 알려주는 자료도 남아 있다.

2008년 정보통신본부는 옵틱너브 Optic Nerve (시신경)[8]라는 프로그램을 시작했다. 옵틱너브는 야후 웹캠으로 주고받은 영상통화를 캡처한 사진을 수집하는 프로그램이었다. 사진을 캡처해 저장한 이유는 웹캠 영상 전체를 감시하기보다는 1분에 한 장씩 캡처해 감시하는 편이 기술적으로 더 쉽고 저장 공간도 덜 차지한다고 생각했기 때문이었다. 정보통신본부는 이 프로그램을 통해 6개월 동안 180만 명 이상을 감시했다.

정보통신본부가 미처 생각하지 못한 문제는 많은 사람이 웹캠을 아주 사적인 용도로 쓴다는 사실이었다. 그러다 보니 옵

---

[8] '옵틱너브' 프로젝트는 2014년 스펜서 애커먼이 작성한 스노든 관련 기사에서 처음으로 폭로되었다. https://www.theguardian.com/world/2014/feb/27/gchq-nsa-webcam-images-internet-yahoo

틱너브 프로그램으로 수집된 자료 가운데 약 7퍼센트가 성인용 이미지로 추정되었다. 어쩌다 보니 영국 정보기관이 세계에서 가장 방대한 포르노 컬렉션을 갖추게 된 것이다.

경찰 기록에 따르면 적어도 몇몇 직원은 직분을 잊고 데이터를 비전문적으로 다룬 듯하다. 한 자료에는 다음과 같은 말이 적혀 있었다. "정보통신본부 민감 자료 취급 방침에 따라야 함을 명심할 것. 민감 자료 유출은 규정 위반임."

어쩌면 국가 감시 프로그램은 스노든의 생각보다 더 '나체 사진 수집 프로그램'에 가까운지도 모른다.

인터넷은 NSA나 정보통신본부 같은 신호 정보 수집 기관에 이전에는 상상도 할 수 없던 새로운 가능성을 열어주었다. 역사상 최초로 모든 사람의 정보를 거의 실시간으로 수집할 수 있게 된 것이다. 이제 문제는 과연 수백억 달러의 예산을 들여 정보를 수집할 가치가 있느냐다. 알렉산더 국장을 비롯한 정보기관의 수장들은 그럴 가치가 있음을 증명하는 데 실패했다.

알렉산더 국장은 스노든의 폭로 직후 열린 의회 청문회에서 데이터 수집 활동을 통해 50차례 이상 테러 시도를 막았다면서 NSA의 민간인 데이터 수집 프로그램을 옹호했다. 곧 그의 조치가 정당했다는 분위기가 만들어졌고 전 세계 언론사에서 이 말을 그대로 받아 적은 기사[9]를 내기 시작했다. 인권운동가들이나 무차별 정보 수집을 불편해하지, 테러를 막는다는데 누가 뭐라고 하겠는가?

그러나 미국의 비영리 언론 《프로퍼블리카ProPublica》가 의문을 제기하고 나섰다.[10] 《프로퍼블리카》는 NSA를 비롯해 다른 미국 국가 정보기관들에게 의회에서 한 말을 뒷받침할 증거를 제시하라고 요청했다. 그리고 NSA가 해당 프로그램으로 직접 테러를 방지한 건수가 알렉산더가 이야기한 수치에 못 미친다는 사실을 알아냈다.

《프로퍼블리카》가 계속 의문을 제기하자, NSA는 테러 모의를 무산시킨 사례 한 건(고작 한 건)의 세부사항을 공개했다. 샌디에이고에 사는 한 남성이 소말리아 무장 단체 알샤바브Al Shabab에 8500달러를 송금하려는 것을 막았다는 내용이었다. NSA는 더 많은 사례를 정리한 비밀 문서를 의회에 제출했다고 했지만, 수십억 달러의 예산이 들어간 사업의 효과를 입증하기 위해 공개한 증거는 결국 1만 달러도 안 되는 돈을 송금하지 못하도록 막은 것뿐이었다.

게다가 알렉산더 국장이 일을 처리하는 방식, 즉 요원을 투입해 정보를 얻기보다는 인터넷 대량 감시에 집착하는 방식에 대한 주변 사람들의 평을 들어보면 더 의구심이 생긴다. 《포린

---

9   https://www.ft.com/content/93fe2e28-d83c-11e2-b4a4-00144feab7de
10   https://www.propublica.org/article/claim-on-attacks-thwarted-by-nsa-spreads-despite-lack-of-evidence

폴리시》인물 특집 기사에서 알렉산더와 함께 일했던 직원들은 그가 자주 인상적인 네트워크 차트를 자랑스레 내보이며, 누가 누구와 연락하는지 네트워크 차트로 그렸더니 몇몇 인물에게 연락이 집중되어 있었다면서 그들이 마치 테러 조직의 중심 인물인 것처럼 말했다고 회상했다.

하지만 한 직원에 따르면, 연락을 집중적으로 받은 사람들은 테러와는 전혀 상관이 없었다. 회의를 마친 뒤 차트에 있는 전화번호를 다시 살펴보니 죄다 동네 피자 가게 전화번호였더라는 것이다.

미국을 비롯한 서구 정부들이 자신들이 쥐고 있는 온라인 주도권을 어떻게든 이용하려 하는 모습을 보면, 인터넷의 힘과 중요성이 커지면서 미국(과 동맹국)의 군사 기관과 그들이 만든 인터넷의 관계가 점점 더 복잡해지고 있음이 느껴진다.

어떻게 보면 인터넷은 미국이 소프트 파워를 행사할 수 있는 좋은 수단이다. 인터넷은 자유로운 발언, 소통, 기업가 정신, 세계화의 상징이다. 소프트 파워를 행사하려면 미국은 원래 동맹국이 아니었던 나라까지 포함해 전 세계의 인터넷 보급을 장려하고 좋은 인터넷 문화를 만들어야 한다.

하지만 이는 자국이 인터넷에서 누리고 있는 유리한 지위를 더 직접적으로 활용하고자 하는 미국의 욕망에 정면으로 배치한다. 포스트 산업화 시대의 원동력인 인터넷에서 점하고 있는 우위를 활용하면 정보 수집과 군사상의 이점을 누릴 수 있지 않을까?

　미국과 동맹국 정부의 인터넷 감시 활동이 폭로되면서, 인터넷이 이상적인 세상을 만들 거라는 믿음은 힘을 잃었다. 자국, 동맹국, 적국을 가리지 않고 모든 시민을 일상적으로 감시하는 이들 국가의 행태는 인터넷을 악용하려는 다른 집단에게 좋은 핑곗거리를 만들어주었다.

　세계로 눈을 넓혀보면, 인터넷이 항상 더 많은 자유를 가져다주지 않는다는 사실은 더 뚜렷해진다. 중국은 '만리방화벽Great Firewall'을 세워 정부가 부적절하다고 판단한 정치 콘텐츠를 막고 있으며, 금지된 콘텐츠를 본 사람을 거침없이 축출하고 있다. 시리아의 아사드 정권은 무선 전화망, 인터넷, 그리고 서양에서 만든 감시 소프트웨어를 사용해 반대파를 체포하고 암살했다. 이 외에도 수많은 사례가 있다.

　그러나 국가 기관의 감시는 인터넷에서 벌어지는 첩보전의 한 형태일 뿐이다. 오늘날의 인터넷은 방대하고, 주요 기업의 네트워크는 대부분 인터넷에 연결되어 있다. 이들 기업 네트워크는 지식재산권을 훔치거나 입찰 정보를 빼내려는 산업 스파이의 주 표적이다. 서구 정부는 중국 정부가 첨단 기술 사회로 도약하기 위해 기술을 해킹한다는 비판을 자주 한다.[11] 이는 기업이 국가 간 갈등에 휘말려 피해를 입었다는 뜻이다. 그리고 평범한 사람이 국가 간 갈등에 휘말렸다는 뜻이기도 한데, 기업 네트워크를 해킹하는 가장 쉬운 방법이 직원을 해킹하는 것이기 때문이다.

인터넷상의 국가 간 갈등이 평범한 사람들에게 영향을 줄 가능성은 점점 커지고 있다. 오늘날 대다수 산업용 기계들은 직간접적으로 인터넷에 연결되어 있다. 발전 설비, 댐, 철도 신호 설비 같은 주요 기반시설도 마찬가지다. 이런 기계나 시설이 해킹당할 경우, 문제는 정보가 노출되는 수준에서 끝나지 않을 수도 있다. 해커가 마음대로 시스템을 조작하거나 망가뜨릴 수 있기 때문이다.

2010년 이란에 가해진 공격은 이 사실을 명확히 보여주었다. 어느 날 이란의 한 우라늄 농축 시설(우라늄을 핵무기용으로 농축하는 시설)에서 실린더들이 갑자기 이상한 움직임을 보이며 이쪽저쪽으로 빠르게 돌기 시작했다. 얼마 뒤, 실린더는 폭발했고 이란의 핵무기 개발에는 심각한 차질이 생겼다.

나중에 밝혀진 바에 따르면(미국 사이버 보안 기업 시만텍 Symantec이 조사했다), 폭발이 일어난 이유는 이란이 사용하는 산업용 소프트웨어에 '웜'을 이용한 매우 조직적인 사이버 공격이 가해졌기 때문이었다. 매우 빠르게 퍼지도록 만들어진 그 웜은 우연히 아무 해도 입히지 않고 컴퓨터 수백만 대를 감염시키는

---

11   https://www.npr.org/2018/12/28/677414459/in-chinas-push-for- high-tech-hackers-target-cutting-edge-u-s-firms?t=1550197762515

데 성공했다. 만일 빠른 전파 속도만큼이나 큰 해를 미치는 웜이었다면, 피해 규모가 훨씬 더 컸을 것이다.

이 공격의 설계자는 다름 아닌 NSA로 밝혀졌다. NSA는 이스라엘 정보기관과 함께 공격을 기획했고, 영국 정보기관에게도 약간의 도움을 받았다. 그 결과 미국은 선전포고 없이 적국에 물리적 공격을 가할 수 있었다. 군사를 투입하거나 폭격을 하려면 먼저 국제법에 따른 선전포고를 해야 한다. 하지만 인터넷에서는 무력충돌법(국제인도법)이 적용되지 않는다. 그리고 지금 보았다시피, 선제공격을 한 쪽은 서구 정부였다.[12]

이렇게 과감한 공격을 일삼는 정부 기관에게 인터넷을 감시하는 도구가 쥐어져 있다는 사실을 생각하면 상황은 한층 더 암울하게 느껴진다. 하지만 이들 정부 기관은 다른 임무도 맡고 있는데, 그건 아이러니하게도 정부, 기업, 시민을 사이버 공격으로부터 지키는 역할이다.

전 세계 첩보 기관이 이런 위험한 게임을 벌이고 있다는 사실을 생각하면, 2013년 여름 스노든이 진실을 폭로했을 때 영국 정부가 인내심을 잃은 것은 그리 이상한 일이 아니었다.

---

12 알렉스 기브니의 다큐멘터리 〈제로데이스Zero Days〉는 이 공격에 사용된 스틱스넷 등 대규모 사이버 공격 프로그램에 대해 더 알고 싶을 때 좋은 참고자료가 되어준다. 참고로 나는 이 다큐멘터리의 내용 중 일부를 기사로 쓴 적이 있다. https://www.buzzfeednews.com/article/jamesball/us-hacked-into-irans-critical-civilian-infrastructure-for-ma

미국에서는 스노든의 폭로가 기사화되자마자 언론이 열렬한 관심과 지지를 보냈고 대중은 분노했다. 결국 오바마 대통령이 나서서 무차별 감시에 관한 법을 손보겠다고 말해야 했다. 미국 수정헌법 제1조에 규정된 언론의 자유 덕분에 미국에서는 정직한 보도가 이어질 수 있었다(하지만 스노든이 미국 방첩법에 따른 기소를 피하기 위해 타국으로 망명하는 것까지 막지는 못했다).

영국의 상황은 사뭇 달랐다. 정부의 감시 행위가 폭로된 이후 무차별 감시의 범위를 좁히는 법이 도입되기는 했지만,[13] 국가 정보기관과 오랫동안 친밀한 관계를 맺어온 영국 언론은《가디언》과《가디언》의 기사에 등을 돌렸다.

영국 정부에게는 미국 정부에게는 없는 무기가 있었다. 영국에서는 정부가 언론사에 기사 발행 금지 명령을 내릴 수 있고, (미국의 자회사까지) 사업을 그만둬야 할 정도로 많은 벌금을 물릴 수도 있다. 반발을 우려해 이렇게까지 하지는 않았지만, 영국 정부는 적어도 영국 내에서는 기사가 그만 나오기를 바랐다. 《가디언》이 순순히 기사를 그만 내보내거나 자료를 넘겨줄 리 없었으므로 정부는 기사 발행 금지 명령을 내리겠다고 협박했고,《가디언》은 이 협박을 무시할 수 없었다.

결국《가디언》과 영국 정부 사이에 우스꽝스러운 합의가 맺

---

13   https://www.thebureauinvestigates.com/stories/2018-09-13/bureau-wins-case-to-defend-press-freedom-at-the-european-court-of-human-rights

어졌다. 영국 정부는 《가디언》이 국외에 정보통신본부 관련 자료를 따로 보관하고 있다는 사실을 알면서도, 영국 내 파일만 모두 삭제하면 금지 명령을 내리지 않기로 약속했다. 가디언의 책임편집자 세 명은 정보통신본부 직원 두 명이 보는 앞에서 자석을 이용해 1만 5000달러 상당의 컴퓨터와 하드디스크 메모리를 삭제했고, 기자들은 미국으로 자리를 옮겨 계속 기사를 작성했다. 결국 NSA 관련 기사를 담당하던 《가디언 US》에서 영국 정보통신본부 관련 기사까지 함께 내게 되었다.

돌이켜보면 오히려 운이 좋았다. 바로 다음에 발행된 기사가 영국과 미국 정부로부터 더 큰 반향을 불러일으켰기 때문이다. 그 기사는 NSA가 유일하게 내보내지 말라고 요청한 기사이기도 했다. 당시 우리는 양국 정보기관이 왜 그렇게 그 기사에 신경을 쓰는지 이해할 수 없었다. 하지만 지금 생각해보면 그 기사에는 중요한 함의가 있었다. 기사에 드러난 정황은 국가정보기관이 시민을 보호하는 것과 감시의 이점을 계속 누리는 것 중 하나를 선택해야 하는 상황에 몰려 있음을 보여주었다.

그 상황에서 정보기관은 시민을 보호하는 쪽을 포기하고 후자를 선택했다.

기자들이 당황했던 이유는 그냥 봐서는 그 기사의 내용이 이전에 발행된 기사보다 별로 논란이 될 것 같지 않아 보였기 때문이었다. 이라크나 아프가니스탄에 관한 내용도 아니었고 기밀 정보나 정보원을 누설하는 내용도 아니었다(그런 내용은 절대 기사화하지 않았다). NSA가 우방국 정상 35명의 전화 통화를 감청했다는 내용[14]까지 기사로 나간 마당에 '인터넷 암호화 기술'에 관한 기사를 내지 말라는 이유가 무엇일까? 그게 그렇게까지 논란이 될 만한 주제일까?

나중에 우리는 암호화 기술이 95퍼센트의 사람들에게는 지루하고 어려운 주제일지 몰라도, 전산 분야에서는 매우 중대한 갈등의 중심에 있는 기술이라는 사실을 알게 되었다.

암호화가 왜 중요한지 이해하려면 온라인과 오프라인 세상의 전투가 완전히 다르다는 것부터 알아야 한다. 만일 내가 방패를 뚫을 수 있는 총을 발명했다면, 오프라인에서는 우리 군에게만 그 총을 쓰게 할 수 있다. 마찬가지로 더 좋은 방패를 사서 우리 군에게만 그 방패를 나눠줄 수도 있다. 오프라인의 총과 방패는 서로 완전히 분리되어 있고, 총이나 방패를 가진 본인(또는 국가)만 그 총과 방패를 쓸 수 있다.

하지만 온라인에서는 다르다. 온라인에서 공격이란, 시스템을 관리하는 사람이 미처 막지 못한 틈, 집으로 예를 들면 잠그지 않은 문이나 창문의 틈으로 침입하는 것을 말한다.

예를 들어 정보기관이 아이폰과 아이패드에 설치된 애플 iOS 소프트웨어의 약점을 알아냈다고 가정해보자. 이 약점만 알

---

14   https://www.theguardian.com/world/2013/oct/24/nsa-surveillance-world-leaders-calls

고 있으면, 어떤 아이폰이든 해킹해서 사용자를 감시할 수 있다. 이 약점 하나를 아는 것은 전 세계 건물 수억 채의 창문이 열려 있다는 사실을 아는 것이나 마찬가지다(그리고 그 건물들은 대개 우방국에 있다). 이제 그 정보기관은 모두에게 창문을 닫으라고 알리거나, 아무한테도 알리지 않고 약점을 공격해 정보를 빼내는 두 가지 행동 중 하나를 선택할 수 있다.

만일 정보기관이 두 번째 선택지를 고른다면, 그건 다른 사람이 공격(사소한 것부터 재난에 가까운 것까지)할 여지를 남겨두는 것이나 다름없다. 다른 사람도 그 약점을 찾아낼 수 있고, 어쩌면 이미 그 약점을 알고 있을지도 모르기 때문이다. 이런 의미에서 사이버 공격을 막고 정보를 수집하는 두 가지 임무를 동시에 맡고 있는 국가 정보기관은 계속해서 선택의 기로에 설 수밖에 없다. 두 임무가 상충하기 때문이다.

특히 암호화는 이런 상충 관계가 더 뚜렷이 드러나는 분야다. 암호화를 하지 않으면 중간에 신호를 가로챌 수 있는 사람(인터넷 망 사업자, 패킷이 거치는 서버를 소유한 사람, 정부 등)은 누구나 우리가 인터넷을 통해 주고받는 정보를 볼 수 있다. 만일 온라인 상점에서 정보를 암호화해서 저장하지 않는다면, 해킹을 당하는 순간 모든 고객 정보(주소, 비밀번호, 신용카드 정보 등)가 노출될 것이다.

즉 암호화는 해킹으로 개인정보가 유출되었을 때, 그 정보를 지켜줄 수 있는 최후의 수단이다. 이처럼 암호화는 시민의 정보를 보호하는 수단이지만, 국가 정보기관에게는 성가신 존재이기도 하다. 정보가 암호화되어 있지 않다면 훨씬 더 쉽게 더 많은 데이터를 살펴보고 검색할 수 있기 때문이다. 계속 불어나는 정보의 짚단에서 바늘을 찾으려는 국가 정보기관에게 암호화 기술은 큰 걸림돌이다.

사실 인터넷 암호화 기술은 모두에게 공개되어 있다. 누군가 새로운 암호화 프로토콜을 만들어 인터넷에 공개하면, 다른 전문가들이 이 방식을 검증한다. 전문가들은 직접 암호를 풀어본 뒤 암호가 풀리지 않으면 새로운 기술을 인터넷 암호화 기술로 인정해준다.

이 암호화 기술을 이용해 은행 시스템부터 주요 인프라 시스템, 왓츠앱 메시지까지 모든 정보를 보호하기 때문에 암호화 기술의 중요성은 매우 크다고 할 수 있다.

여기까지가 우리가 암호화 관련 기사를 내보내기 위해 몇 달 고생하면서 알게 된 사실이다. 당시《가디언》은 파급력을 높이기 위해《프로퍼블리카》,《뉴욕타임스》와 공동으로 기사를 준비했는데, NSA는 깁슨과 질 에이브럼슨Jill Abramson(당시《뉴욕타임스》편집국장)에게 기사를 내보내지 말아 달라고 요청했다. NSA가 스노든의 폭로와 관련해 이런 요청을 한 것은 그때가 유일했다.

하지만 두 편집국장은 몇 분 만에 그 요청을 거절했다.[15]

그렇게 발행된 기사는 인터넷 보안 전문가들에게 그들이 두려워하던 일이 실제로 일어났음을 알렸다. 기사 내용을 인용하면, NSA와 영국 정보통신본부는 '널리 쓰이는 인터넷 암호화 프로토콜을 무력화하기 위해 다각적인 방법을 시도'한 끝에 '대량의 암호화된 인터넷 데이터를 … 열람 가능한 형태로' 복원하는 데 성공했다.[16]

NSA와 정보통신본부가 이 일에 동원한 건 고등 수학과 성능 좋은 컴퓨터만이 아니었다. 이들은 연 2억 5000만 달러의 활동비를 들여 인터넷 기업에게 자신들이 감시하기 쉬운 쪽으로 제품을 설계하라는 '은밀한 압력'을 넣기까지 했다. 동시에 정보통신본부는 핫메일, 지메일, 야후, 페이스북의 암호화된 데이터에 접근하기 위해 노력했다. 도둑으로부터 우리를 지켜야 할 경찰이 모든 건물의 잠금장치에 어떤 약점이 있는지 알고 있으면서도 그 사실을 바로잡기는커녕 잠금장치를 더 약화시키려고 노력한 것이다.

특히 마음에 걸리는 건 이들 프로그램에 붙은 작전명이다. NSA는 남북전쟁 초기의 중요한 전투의 이름을 따서 '불런^Bullrun'

---

15 다른 기사와 마찬가지로 세부사항을 내보내지 않는 데는 동의했다. 예를 들어 정당한 이유가 있는 경우 소프트웨어 이름과 회사 이름 등을 삭제했다

16 이 내용과 관련된 《가디언》 기사는 다음 주소에서 볼 수 있다. https://www.theguardian.com/world/2013/sep/05/nsa-gchq-encryption-codes-security

이라는 작전명을 붙였고, 영국 정보통신본부도 청교도혁명 초기의 중요한 전투의 이름을 따서 '에지힐^{Edgehill}'이라는 작전명을 붙였다. 작전명으로 미루어 볼 때, 두 기관이 자신들이 하는 일이 양날의 검이라는 사실을 몰랐다고 생각하기는 어렵다(남북전쟁과 청교도혁명은 둘 다 내전이다—옮긴이).

정부와 정보기관은 인터넷 공격으로부터 시민을 보호해줄 최소한의 법조차 만들지 않았다. 온라인에는 오프라인에 비하면 아무것도 아니라고 할 만한 필수적 보호 장치조차 존재하지 않는다. 정부는 인터넷을 감시하는 업무를 하는 정보기관에 인터넷 공격으로부터 시민을 보호하는 임무까지 맡겨버렸다. 정보기관은 보호와 감시 중 한쪽을 선택해야 하는 상황에 몰리자, 주저없이 보호 의무를 내던지고 감시를 택했다. 이들은 시민을 사이버 공격과 범죄로부터 보호해줄 기술을 오히려 약화시키고 무력화했다. 어쩔 수 없는 결정이었을지도 모르지만, 이 결정 때문에 인터넷은 평화와 거리가 멀어졌다. 우리 눈에는 잘 보이지 않지만, 인터넷에서는 매일 끊임없이 전투가 벌어지고 있다.

중간에서 피해를 보는 건 바로 우리들이다.

특히 범죄 조직과 외국 해커의 주 목표인 대기업에게 이는 매우 심각하고 시급한 문제다. 영국계 은행 RBS가 연차보고서 의무 기재 사항인 주요 위험 요인으로 사이버 공격을 꼽은 것만 봐도 은행을 비롯한 기업에 행해지는 사이버 공격이 얼마나 심

각한 수준인지 알 수 있다.[17]

RBS는 지속적인 사이버 공격을 겪고 있으며 … RBS의 공급
망을 노린 공격이 증가하는 추세다. 사이버 공격의 빈도, 기
술 수준, 영향력, 심각성은 계속 커지고 있다. … 2018년 RBS
는 수차례 디도스 공격을 받았다. 비록 소규모이기는 하지만,
공격 빈도가 높아지고 있다. 디도스 공격은 국제 금융 서비
스 산업 전반을 위협하는 심각한 문제다.
미래에 디도스 공격이나 다른 사이버 공격을 모두 막을 방법
이 … 등장한다는 보장은 없다.

온라인 세상은 국가, 기업, 해커, 일반 인터넷 사용자 사이
의 끊이지 않는 분쟁으로 가득 차 있다. 기업은 자사 시스템을
지키기 위해 일종의 온라인 용병인 보안 회사를 고용한다. 이란
의 핵 농축 시설을 공격한 악성 코드인 스턱스넷웜Stuxnet worm을
잡아낸 시만텍도 그중 하나다.

시만텍은 미국에 본사를 둔 글로벌 기업으로 세계 각지에
고객을 보호하기 위한 보안 설비를 갖추고 있다. 시만텍이나 카
스퍼스키Kaspersky는 일반 사용자 사이에서는 안티 바이러스 소프

---

17   BBC의 기술 전문 기자 로리 셸런-존스가 연차보고서의 해당 부분을 트위터에 올렸다.
      https://twitter.com/ruskin147/status/1096327971131088896/photo/1

트웨어를 만드는 회사로 알려져 있지만, 사실 이들의 주 사업은 기업체를 사이버 공격으로부터 보호하는 것이다. 이들은 사이버 공격을 감지하고 대응하기 위해 곳곳에 보안 운영 센터(일종의 상황실)를 두고 매우 조직적으로 움직인다.

버지니아 페어팩스카운티에서 수 킬로미터 떨어진 산업 단지에 이런 '보안 운영 센터' 중 한 곳이 있다. 이 센터에 들어가려면 첨단 보안 장치가 달린 이중문을 지나야 한다. 센터 안에서 외부 전자기기를 사용하면 내용을 추적할 정도로 보안이 철저하다.

센터 안에서는 직원들이 병원, 에너지 기업, 대형 기반시설 운영 기업 등 고객사의 상황을 살피고 있었다. 시만텍은 범죄 조직이나 외국 정부의 공격으로부터 고객사를 지키는 일을 한다. 오프라인에서라면 경찰이 이런 일을 하겠지만, 온라인에서는 여러 가지 이유로 경찰에게 일을 맡기기가 어렵다. 경찰은 공격이 일어난 뒤에 범인을 찾는 데 집중하지만(해커들이 외국에 있는 경우가 많기 때문에 범인을 찾기는 쉽지 않다), 기업은 공격을 예방하고 싶어 한다.

"FBI에서 일할 때도 직원들끼리 서투른 놈들이나 잡힌다는 말을 하곤 했습니다." 시만텍의 관리보안서비스팀 팀장인 스티브 메클Steve Meckl은 말했다. 우리는 커다란 스크린에 둘러싸인 회의실에 앉아 있었다. 상황실에서 유일하게 외부인의 접근이 허락된 방이었다. 메클의 팀원인 선임분석관 잭이 설명했다. "이

방은 사건이 발생했을 때 모두 모여 회의를 하는 곳입니다. 방문객에게 상황실을 소개할 때 보여주는 방이기도 하고요. 저렇게 커다란 스크린을 저희만 보긴 아까워서요."

시만텍의 사이버보안팀 3개 중 하나를 이끄는 메클은 자신이 10년 동안 몸담았던 FBI를 비판하지는 않았지만, 온라인 범죄 관련 법 집행에 구조적인 문제점이 있다고 말했다.

"민간 기업이 훨씬 일을 잘합니다. 처음 이직했을 때, 시만텍이 훨씬 위협을 잘 감지하는 것을 보고 놀랐습니다."

메클은 민간 보안 회사는 고객사 네트워크에 직접 접근해 정보를 얻을 수 있기 때문에 그런 차이가 난다고 설명했다. FBI를 비롯한 공공기관은 영장이나 법에 명시된 정보만 얻을 수 있다. "미국 법은 경찰이 일하기 어렵게 되어 있습니다. 제 생각에는 좋은 일입니다. 인권을 지키기 위해서니까요."

시만텍 같은 기업이 경찰보다 훨씬 더 빨리, 훨씬 더 많은 정보를 볼 수 있기 때문에 민간 보안 회사는 경쟁력을 가진다.

기업이 보안을 강화하기 위해 민간 보안 회사를 고용하는 경우, 보안 회사는 고객사의 네트워크 장치와 서버, 컴퓨터 등에 직접 센서(소프트웨어 또는 물리적 장비)를 부착해 기기의 활동 내역을 모니터링한다. 이들은 이미 알려진 바이러스나 웜을 걸러내는 것은 물론이고 장치가 송수신하는 데이터의 양을 기록하고 컴퓨터로 들어오는 트래픽을 꼼꼼히 살피고 여러 가지 데이터를 모은다.

고객사는 시만텍이 정보를 수집하고 관찰한다는 사실을 알고 있고(그러라고 돈을 내는 것이니까), 비밀을 보장해줄 것으로 믿는다. 시만텍이 매일 전 세계 고객사로부터 수집하는 로그(사용 기록)는 1510억 개가 넘는다.

시만텍은 먼저 이 로그를 자동 분석해 수상한 접근을 걸러낸다. 보통 하루에 6만 5000건 정도 의심 사례가 발생하는데, 모든 의심 사례를 심각성에 따라 분류한 뒤 담당 분석관이 검토한다. 고객사 CEO의 노트북을 해킹하려는 시도 등은 심각하거나 치명적인 위협으로 분류되며, 이런 공격이 하루에 200건 정도 벌어진다. 이런 공격이 발생하면 고객사에 알리고 최우선으로 처리한다.

대부분의 공격은 개별적으로 이루어지고 공격 방식도 전형적이지만, 여러 고객사가 동시에 낯선 공격을 받는 때도 있다.

메클은 말했다. "한 고객사 네트워크에서 처음 보는 공격이 감지되면, 전 세계 다른 고객사로 공격이 퍼지지는 않는지 살펴봅니다. 워너크라이WannaCry 때는 실제로 그렇게 되었죠."

2017년 5월에 있었던 '워너크라이' 공격은 사이버 전사가 어떤 혼란을 불러일으키는지 보여주는 좋은 사례다.[18] 이 사건은 정부와 정부 사이에 끊임없이 벌어지는 온라인 전투와 보안상의 약점을 알면서도 감추는 국가 기관, 만든 사람의 통제를 벗어나 퍼져버린 악성 코드가 합쳐진 결과였다.

또 워너크라이는 우리의 사이버 공격 대응 체제가 얼마나 이상한지 보여주는 사건이기도 했다. 이 공격을 막는 데 결정적인 역할을 한 사람은 주요 국가의 정보기관이나 보안 회사가 아니라 홀로 일하는 보안 연구자였다.

영국에서 제일 먼저 문제를 보고한 곳은 국민보건서비스National Health Service, NHS였다. NHS 소속 병원들의 컴퓨터들이 먹통이 되더니, 시스템 내 모든 콘텐츠가 암호화되었다면서 컴퓨터를 다시 사용하고 싶으면 3일 안에 비트코인으로 300달러를 보내라는 메시지가 떴다. 3일 뒤에는 금액이 두 배로 늘어나고, 7일 뒤에는 데이터를 영구적으로 삭제한다는 경고문도 있었다.

돈을 노리고 컴퓨터와 데이터를 인질로 잡는 이런 악성 코드를 흔히 랜섬웨어ransomware라고 부른다. 하지만 이 공격은 보통 랜섬웨어 공격과 달랐다. 랜섬웨어는 대개 일반 사용자를 공격한다. 중요한 데이터를 잘 백업하지 않고 외부에 기술 지원을 요청하기도 어려워서 순순히 돈을 보낼 확률이 높기 때문이다.

하지만 워너크라이의 공격 대상은 주요 기관과 기업의 네

---

18   워너크라이에 관한 이어지는 설명은 이 장에 등장하는 시만텍 직원과의 인터뷰를 토대로 작성했다. 당시 내가 작성한 기사(https://www.buzzfeed.com/jamesball/heres-why-its-unlikely-the-nhs-was-deliberately-targeted-in; https://www.buzzfeed.com/jamesball/gchq-is-facing-questions-over-last-weeks-ransomware-attack; https://www.buzzfeed.com/jamesball/a-highly-critical-report-says-the-nhs-was-hit-by-the)도 참고했으며, 세부사항은 나중에 발표된 《워싱턴포스트》 기사(https://www.washingtonpost.com/ world/national-security/us-set-to-declare-north-korea-carried-out-massive-wannacry-cyber-attack/2017/12/18/509deb1c-e446-11e7-a65d-1ac0fd7f097e_story.html?utm_term=.5616081ea532)를 참고했다.

트워크였다. 워너크라이는 서로 아무 공통점도 없어 보이는 기관들로 빠르게 퍼져나갔다. 단 몇 시간 만에 NHS 병원 여남은 곳과 스페인의 통신 회사 텔레포니카Telefonica, 그리고 러시아, 우크라이나, 인도를 비롯한 10여 개 나라의 주요 네트워크가 감염되었다.

워너크라이를 막으려면 먼저 이 악성코드가 무엇이고 어떻게 퍼지는지 알아내야 했다. 배후와 목적은 나중에 밝혀도 늦지 않았다.

워너크라이 같은 조직적 공격이 빠르게 퍼져나가기 시작하면 시만텍 같은 보안 회사는 로그 파일을 통해 또는 당황한 고객사들의 전화를 통해 즉각 그 사실을 파악할 수 있다.

시만텍의 국제 부서를 이끄는 제프 그린Jeff Greene은 이렇게 말했다. "어머니의 날이 낀 주말이었어요. 저는 매사추세츠 로우에서 열다섯 살짜리 아들의 하키 경기를 보고 있었습니다. 그런데 워너크라이가 퍼지고 있다는 전화가 몇 통이나 오는 거예요. 그때 시만텍에서 영국과 미국 정부에 연락해 지원이 필요하냐고 물었더니, 그쪽에서 '맙소사, 네'라고 했다더군요. 멀웨어Malware(악성 소프트웨어) 샘플을 공유하느라 주말이 다 갔죠."

하지만 워너크라이를 일시적으로라도 멈출 방법을 생각해 낸 사람은 시만텍도 NSA도 정보통신본부도 아닌, 영국에서 혼자 보안을 연구하는 마커스 허친스Marcus Hutchins였다. 허친스는 워너크라이가 특정 웹 주소에 접속을 시도하는데, 그 웹 주소가 등록이 안 된 상태라는 사실을 알아냈다. 그는 재기를 발휘해 그 웹 주소를 구매했고, 일시적으로라도 워너크라이가 더 확산되지 못하게 막을 수 있었다.

그 뒤 몇 달 동안 워너크라이의 진상이 속속 밝혀지기 시작했다. 워너크라이 공격이 그처럼 빠르게 퍼질 수 있던 건 NSA가 만든 정교한 공격 소프트웨어를 활용했기 때문이었다. 그 프로그램이 NSA의 손을 벗어나 해커라면 누구나 볼 수 있는 형태로 온라인에서 공유되었고, 누군가 그것을 변형해 공격에 사용한 것이다.

워너크라이는 NSA가 만든 매우 효율적인 배포 코드에 또 다른 곳에서 얻은 강력한 공격 코드(감염된 컴퓨터에 저장된 모든 데이터를 암호화하거나 파괴하는 코드)를 조합해 만든 멀웨어였다. 두 가지 정교한 소프트웨어를 합친 조악한 작품이었던 셈이다.

하지만 공격 목적은 단순히 돈을 버는 데 있지 않았다. 나중에 NSA는 이 공격의 배후에 북한이 있다고 밝혔지만, 특정 기관을 공격할 목적이었는지 아니면 그저 혼란을 일으킬 목적이었는지는 알아내지 못했다. 하지만 혼란을 일으킬 목적이었다면 크게 성공한 공격이었다. NHS가 입은 손실액만도 1억 1200만 달러에 달했다. 그러나 더 문제는 코드가 온라인에 공개되어 있어서 조금만 손보면 누구나 비슷한 방식으로 해킹할 수 있다는 것이었다. 지금도 워너크라이의 변종은 계속 등장하고 있다. 범죄 집단이 정말 돈을 노리고 해킹하는 경우도 있고 그저 소동을

일으키기 위해 해킹하는 경우도 있고 뚜렷한 이유가 없을 때도
있다.

선임 분석관 잭은 말했다. "이번 주말은 아니고 지난 주말의
일인데요. 토요일에는 평소처럼 쉬었어요. 하지만 일요일에는
워너크라이가 또 퍼져서 열두 시간 동안 전화로 일해야 했죠. 워
너크라이 문제는 여전히 계속되고 있습니다."

워너크라이는 국가 정보기관이 할 수 있는 가장 부끄러운
종류의 실수에 속한다. NSA는 전 세계 수많은 컴퓨터가 사용하
는 운영체제인 윈도의 보안상 약점을 발견하고도 마이크로소프
트에 이 약점을 고치라고 말하기는커녕 오히려 이 약점을 이용
한 정교한 공격 코드를 만들었다. 그런데 경쟁 국가의 해커가 이
코드를 손에 넣어 온라인에 공개해버린 것이다. 그 후로 NSA가
만든 이 공격 코드는 여러 국제 사이버 공격의 기본 토대가 되
었다. 처음에는 북한이, 이후에는 각종 범죄 집단이 이 코드를
이용했다.

상황을 더 우습게 만들기로 작정이라도 한 듯, 미국 정부는
워너크라이를 막을 방법을 찾아낸 허친스에게 결정적 한 방을
날렸다. 워너크라이 사건이 있고 나서 몇 주 뒤에 라스베이거스
에서 열린 학회에 참석한 뒤 영국으로 돌아오려던 허친스를 체
포한 것이다. 온라인 보안을 연구한다는 말은 곧 시스템의 약점
이 무엇인지 찾아내 알린다는 뜻이다. 허친스의 주장에 따르면,
미국 정부는 시스템의 약점을 밝혀내 알린다는 바로 그 이유로

허친스를 체포했다. 체포된 지 18개월이 지난 지금도 그의 재판은 진행 중이다.[19]

개인이 재미 삼아 온라인 해킹을 하던 시대는 이미 오래전에 막을 내렸다. 이제 온라인 해킹은 국가 대 국가, 산업 스파이, 심각한 조직범죄의 장이다. 신용카드 정보를 훔치는 게 가장 돈이 되는 일이라면 누군가는 그 일을 할 것이다. 다른 일이 더 돈이 된다면 그쪽으로 사람이 몰릴 것이다. 그때마다 범죄자들은 (워너크라이가 그랬듯) 새로 나온 혁신적인 공격 방식을 적극 활용할 것이다.

메클은 말했다. "해커라고 하면 흔히 부모님 집 차고에서 해킹하는 청소년을 떠올리지만, 요즘에는 주로 범죄 조직이 해킹을 합니다. 이들은 돈과 전문 기술을 동원해 계속 공격 전략을 바꾸는데, 돈이 몰리는 분야가 계속 바뀌기 때문입니다. 비트코인 열풍이 불었을 때는 암호화폐 채굴업자들이 퍼뜨린 멀웨어가 큰 문제였습니다. 채굴에 드는 비용을 줄이기 위해 멀웨어를 퍼뜨려 다른 사람의 컴퓨터로 암호화폐를 채굴했거든요. 수익성을 높이려고요. 지금은 암호화폐의 인기가 시들하니까 다른 공격을 합니다. … 주로 비밀번호나 신용카드 정보를 훔치죠."

제프 그린은 이런 상황이 회사 수익에는 도움이 되겠지만,

---

19   https://www.theregister.co.uk/2019/02/14/marcus_hutchins_evidence/

그 때문에 인터넷 자체는 매우 이상해졌다고 말했다. "차라리 저희가 나쁜 뉴스를 일부러 과장하거나 보안을 위해 무언가를 꼭 하라고 선전해야 하는 상황이면 좋겠습니다." 만일 온라인 공격이 그리 심각하지 않았다면, 시만텍은 위험을 부풀려 선전하거나 정치인들을 포섭하기 위해 노력해야 했을지도 모른다. 하지만 지금은 전혀 그렇게 할 필요가 없을 정도로 상황이 심각하다.

미국 의회에서 고문으로 일한 경력이 있는 그린은 온라인에서는 기업이 고객을 지키기 위해 해야 할 일과 정부가 시민을 보호하기 위해 해야 할 일을 정확히 구분할 수 없다고 말했다. 온라인 세계는 오프라인 세계와 완전히 다르다.

"비유하자면 이렇습니다. 제2차 세계대전 때 독일과 일본이 디트로이트에 있는 미국 기업의 무기 공장을 폭격하려 했다면, 정부가 포드Ford와 제너럴모터스General Motors에 알아서 방어하라고 말하지는 않았을 겁니다. … 하지만 누군가 공장에 숨어 설계도를 훔치려 한다면, 그때는 포드와 제너럴모터스가 막아야 하겠죠. 탱크 설계도를 넣어둔 금고를 밤에 잘 잠그고 도둑맞지 않게 조심하는 일은 정부가 할 일이 아니니까요."

미국 정부는 다른 어떤 정부보다 더 오랫동안 인터넷을 다뤄왔다. 미국 정부가 인터넷을 다루는 방식은 다른 나라가 인터넷을 다루는 방식에 큰 영향을 미쳤다. 미국 정부는 처음부터 인터넷을 자신에게 유리한 쪽으로 이용하고 감시 범위를 넓히고 방어보다는 공격(또는 첩보)에 집중하는 쪽을 선택했다.

어쩌면 지금 미국은 이 결정을 후회하고 있을 것이다. 오프라인 권력 지형이 변하면서 온라인 권력 지형도 함께 변하고 있기 때문이다. 중국은 첨단 하드웨어를 제조하고 자체 소셜 네트워크를 만들고 서구 기술기업을 사들이는 등 기술 산업을 키우고 있다. 2018년, 중국의 게임 회사 쿤룬Kunlun은 게이 만남 어플리케이션인 그라인더Grindr를 인수했고,[20] 2019년에는 중국의 기술 대기업인 텐센트Tencent가 오랜 역사를 지닌 소셜 네트워크 레딧Reddit의 지분을 취득했다.[21] 미국이 자신이 만든 인터넷을 공정하게 관리했다고 말하기는 어렵다. 하지만 세상에는 미국이 그나마 지켜온 원칙조차 지키지 않는 나라도 많다.

제프 그린은 같은 업계에서 일하는 중국 사람과 대화를 나누다가 문화 충격을 경험했다고 했다. "그 사람은 '미국도 다른 나라랑 똑같다'는 입장이었어요. 저는 '미국은 다르다'고 주장했죠. 그쪽에서 '미국도 스파이 짓 하잖아요'라고 말하기에, 저는 '스파이 활동은 하지만, 산업 스파이 짓은 안 합니다'라고 말했죠." 그린은 미국 정부가 나서서 타국의 지식재산권을 훔치는 건 상상조차 할 수 없다고 말했다. 다른 문제는 차치하고서라도 훔쳐낸 정보를 어느 기업에 넘겨줄지부터 문제이기 때문이다. 만

---

20   https://techcrunch.com/2018/01/09/chinas-kunlun-completes-full-buyout-of-grindr/

21   https://techcrunch.com/2019/02/11/reddit-300-million/

일 미국 정부가 화웨이Huawei의 라우터 설계도를 입수했다고 가정해보자. 정부가 특정 기업에게 그 설계도를 줬을 때, 다른 기업이 소송이라도 하면 어쩌겠는가?

"중국과 미국의 문화적 차이 때문에 어디까지 용인되는지가 많이 다릅니다. 중국과 미국이 무역 협상을 할 때는 미국 정부도 협상 진행에 도움이 될 만한 정보라면 뭐든 입수하려 할 겁니다. 하지만 엑손Exxon이 중국 시추 기업과 협상할 때, 미국 정부 기관이 나서서 중국 기업의 정보를 훔쳐내 엑손에게 건네줄 리는 없거든요."

다시 말해, 서구의 국가 정보기관은 국가 전체에 도움이 될 정보를 취득하는 것까지만 자신의 업무로 여긴다. 무역 협상을 할 때 상대국이 어디까지 양보할 의향이 있는지 조사하는 일이 그런 업무에 해당한다. 하지만 서구 국가의 정부는 경쟁국 기업을 해킹해 지식재산권을 훔쳐서 자국의 민간 기업에 넘기는 짓은 하지 않는다. 하지만 중국은 정확히 그런 일을 하고 있으며, 다른 국가가 아무리 부인해도 모든 나라가 똑같이 하고 있을 거라고 믿는다.

미국 정부가 인터넷을 사회 통제 수단으로 사용한 대가로 발생한 부작용은 중국의 산업 스파이 활동 말고도 많다. 현재 인도 정부는 모든 시민의 정보를 모아 데이터베이스화하는 아드하르Aadhaar 프로젝트를 진행하고 있는데, 시민의 자유권이 심각하게 침해될 것이라는 우려가 제기되고 있다.[22] 그런가 하면 중국은 '사회 신용'이라는 개념을 도입했다. 사회 신용이란 신용 점수를 시민권에 적용한 개념으로,[23] 당이 시민의 점수를 매기고 감시하는 제도다. 사회 신용 제도는 인터넷과 인터넷 감시 기술을 활용할 수 있기 때문에 가능한 제도다. 이처럼 크고 작은 부작용 사례가 전 세계에서 발견되고 있다. 미국 정부는 자신에게 주어진 인터넷 주도권을 휘두르기로 결정했을 뿐, 그 주도권이 다른 정부로 넘어가면 어떤 일이 벌어질지는 미처 생각하지 못한 듯하다.

21세기 전쟁의 최전선은 인터넷이고, 이 전쟁터에서 정부는 무법적이고 위험한 방식을 선호하는 태도를 보여왔다. 어쩌면 이는 원래 미국 공무원과 학자들로 이루어진 닫힌 네트워크였던 인터넷이, 괴짜들이 모인 비주류 네트워크로, 그리고 자본주의의 밝게 빛나는 희망으로, 그러다 갑자기 사회의 핵심 기반 시설로 너무 빠르게 변화했기 때문인지도 모른다. 인터넷이 이처럼 빠르게 모습을 바꾸는 동안 대부분의 사람은 변화에 무관심했고, 미래를 내다본 사람은 더더욱 적었다. 이런 무관심 속에서 정부는 마음대로 권력을 행사할 수 있었다.

하지만 모든 책임을 정부에 돌릴 수는 없다. 인터넷에 엄청

---

22   https://bpr.berkeley.edu/2018/02/09/a-call-for-caution-indias-aadhaar/
23   다음 기사에서도 말했다시피 단순화한 설명이기는 하지만, 한 문장으로 설명하기에 더 좋은 표현을 찾지 못했다. https://www.wired.co.uk/article/china-social-credit-system-explained

난 양의 데이터가 쌓이게 된 것까지 정부 책임은 아니다. 어쩌면 국가 정보기관이 인터넷에서 정보를 수집해 분석하는 일에 열중하게 된 건, 그저 인터넷이 데이터를 너무 많이 만들어내기 때문인지도 모른다.

앞에서 보았듯, 인터넷이 방대한 데이터를 생산하게 된 건 개인 맞춤형 광고라는 수익 모델 때문이다. 열린 인터넷은 대부분 광고 수익으로 유지된다. 그리고 인터넷 업계는 누구에게 보여주느냐에 광고의 성패가 달려 있다고 믿는다. 그러다 보니 광고를 보는 사람이 누구인지 알려줄 데이터를 계속해서 모을 수밖에 없는 것이다(이런 사고방식 덕분에 구글과 페이스북은 이제 세계 최대의 기업이 되었다).

그런은 이런 상황으로 인해 요즘 젊은 세대가 사생활을 거의 포기하고 있다고 지적했다. 이미 개인정보가 다 알려진 마당에 정부가 그걸 본다고 무슨 문제가 되겠는가?

"메릴랜드주립대학교 로스쿨에서 법과 정책을 가르친 적이 있습니다. 온라인 법 수업에 들어가기 전에 마음을 단단히 먹었어요. '다들 시민 자유권을 주장하겠지. 아닌 학생도 몇 명 있겠지만'이라고 생각했죠. 저는 '정부가 여러분의 페이스북 공개 포스트를 보려면 얼마나 많은 절차를 거쳐야 하는지 아나요?' 같은 말로 학생들을 진정시켜야 할 거라고 생각했습니다. 그런데 막상 수업에 들어가니까 '어차피 이메일도 다 볼 텐데 신경 안 쓴다'는 식이더군요. 그래서 수업 방향을 180도 바꿔야 했죠. 학생들이 너무 잘못 알고 있는 데다 아무렇지도 않게 받아들여서 두려웠습니다. … 요즘은 달라졌기를 바랍니다만, 사생활이라는 건 원래 없고 그래도 괜찮다고 생각하는 세대가 있습니다. 미국뿐 아니라 전 세계에서 이런 안 좋은 현상이 나타나고 있어요."

사생활을 지킬 수 있으리라는 기대조차 없고, 큰 기업과 정부를 이길 수 없다는 무력감이 팽배한 세상, 이것이 광고 자본주의가 만든 세상이다. 누가 이런 세상이 올 줄 알았을까? 광고를 보는 대신 무료로 누릴 수 있는 서비스들이 이런 사회적 비용과 독점을 눈감아줄 만큼 가치 있는 것일까? 수많은 질문이 머릿속을 맴돌았다.

그래서 나는 인터넷 규제를 책임지고 있는 사람들과 이야기를 나눠보기로 했다.

7

규제기관

2017년 12월, 아지트 파이^{Ajit Pai}가 춤을 추고 있었다.[1] 까까머리 중년 남성이 양복을 입고(그나마 넥타이는 안 맸다) 광선검을 어설프게 휘두르며 5년 전에 유행했던 '할렘 셰이크^{Harlem Shake}(2013년 유행한 댄스 밈—옮긴이)'에 맞춰 춤을 추는 모습이라니.

파이와 함께 무대에 오른 밀레니얼 세대 사인방을 보면 의구심이 더욱 커진다. 모두 '데일리칼러^{Daily Caller}'라는 웹사이트의

---

[1] 영상은 다음 주소에서 볼 수 있다(되도록 보지 않기를 권한다). https://dailycaller.com/2017/12/13/ajit-pai-wants-you-to-know-you-can-still-harlem-shake-after-net-neutrality-video/

직원인데, 데일리칼러는 미국 백인 우월주의 단체와 관련된 극우 사이트로, 위험하고 황당한 음모론을 퍼뜨리는 곳이다. 이들이 퍼뜨린 음모론 중에는 악명 높은 피자게이트[Pizzagate] 음모론도 있다. 민주당 지도부의 이메일에 등장하는 '치즈 피자' 같은 단어가 사실 소아성애 성향을 감추기 위한 은어라는 어처구니없는 주장이었다.[2, 3]

이 유튜브 영상은 몰래 촬영한 것이 아니라 파이가 인터넷에 직접 업로드한 것이다. 이 영상에서 오른쪽에서 파이와 함께 춤추고 있는 여성은 마르티나 마르코타[Martina Markota]인데, 그 말도 안 되는 피자게이트 음모론을 지지하는 영상을 찍은 전력이 있다. 참고로 피자게이트를 진짜라고 믿은 한 남성이 무장한 채 워싱턴DC의 피자 가게에 나타나 (있지도 않은) 비밀 지하실을 공개하라며 난동을 부리는 일까지 있었다.[4] 다행히 다친 사람은 없었다.

피자게이트가 진짜라고 주장하는 마르코타의 영상은 한 여성의 제보로 시작한다. 마르코타에 따르면, 자신이 'CIA 성 노예'였다고 주장하는 그 여성은 1990년대에 이미 힐러리 클린턴

2   https://www.salon.com/2017/08/21/the-daily-caller-has-a-white-nationalist-problem_partner/
3   https://www.theatlantic.com/politics/archive/2018/09/a-daily-caller-editor-wrote-for-an-alt-right-website-using-a-pseudonym/569335/
4   https://www.theguardian.com/us-news/2016/dec/05/washington-pizza-child-sex-ring-fake-news-man-charged

Hillary Clinton이 레즈비언이고 성 노예 매매에 연루되어 있다고 폭로했다. 그다음 마르코타는 이 일과 '피자게이트' 사이에 '정말, 정말 흥미로운' 연관이 있다고 말하면서, 그 '정보원'에게 '치즈 피자'라는 은어를 언급하자, 그 은어를 들어본 적이 있다면서 흥미를 보이더라는 말을 했다.

마르코타는 이후 7분 동안이나 음모론에 불을 지피는 헛소리를 지껄였다.[5]

극우 웹사이트 사람들, 그것도 인터넷에서 도는 가장 이상한 종류의 음모론을 퍼뜨리는 사람들과 서툰 춤을 추는 영상을 스스로 올리는 사람이 있다는 것도 믿기 어렵겠지만, 아지트 파이가 누구이고 당시 그가 무슨 일을 하고 있었는지 알고 나면 더욱 어이가 없을 것이다.

그해 초 도널드 트럼프Donald Trump가 임명한 뒤 파이는 인터넷을 포함해 "전체 산업의 6분의 1을 규제하는 기관"[6]을 이끌고 있었다. 미국 내에서 그 말은 사실이었다. 당시 아지트 파이는 연방통신위원회Federal Communications Commission, FCC 위원장을 맡고 있었다.

---

5   다음 주소에서 영상을 볼 수 있다(이번에도 보지 않기를 권한다). https://www.youtube.com/watch?v=KFx34mEnOig(2021년 현재 비공개 상태)

6   https://c-7npsfqifvt0x24epdtx2egddx2ehpw.g00.cnet.com/g00/3_c-7x78x78x78.dofu.dpn_/c-7NPSFQIFVT0x24iuuqtx3ax2fx2fepdt.gdd.hpwx2fqvcmjdx2fbuubdinfoutx2fGDD-29-267B3.qeg_$/$/$/$?i10c.ua=1&i10c.dv=17(2021년 현재 접속 불가)

프랭클린 루스벨트Franklin Roosevelt 정부 시절 만들어진 FCC는 미국에서 힘이 센 규제기관으로 손꼽힌다. FCC는 라디오, 텔레비전, 전화를 포함해, 미국 안에서 이루어지는 모든 형태의 통신을 감독한다. 이는 곧 FCC가 인터넷의 상당 부분을 감독하고 규제한다는 뜻이다. 감독 범위가 워낙 넓다 보니 미디어 산업 소유권 규제나 방송 규제처럼 큰 논란이 있는 안건을 맡을 때가 많다. 정치적 대립이 극심한 이 위원회의 위원장은 대통령이 임명하게 되어 있다.

트럼프가 임명한 다른 규제·감독기관장과 마찬가지로, 파이는 반 규제주의자다. 그는 위원장으로 임명되기 전, 워싱턴 DC에서 통신법 전문 변호사로 일하고 버라이즌Verizon의 자문을 맡는 등 짧은 시간 동안 자신이 규제하게 될 통신 산업 분야에서 일한 경험이 있었다.

파이와 공화당 쪽 위원들은 우연이라고 둘러댔지만, 파이의 임명 직후 FCC는 도널드 트럼프에게 우호적인 언론에 수혜를 주는 결정을 여러 번 내렸다. 특히 2017년 4월에는 업계의 끈질긴 로비에 넘어가 대형 방송사가 지역 방송국을 너무 많이 소유하지 못하도록 규제하는 법을 완화했다.[7]

이 규제를 완화함으로써 가장 큰 수혜를 입은 기업은 친

---

7   https://www.nytimes.com/2017/05/01/business/dealbook/tv-station-owners-rush-to-seize-on-relaxed-fcc-rules.html

트럼프 성향 보수 방송사인 싱클레어브로드캐스트그룹^{Sinclair} Broadcast Group이었다. 싱클레어브로드캐스트그룹은 이 규제가 풀리자마자 신문 방송 기업인 트리뷴^{Tribune}을 39억 달러에 인수한다고 밝혔다.[8] 몇 달 뒤 싱클레어브로드캐스트그룹은 다른 규제기관의 인수 승인을 기다리던 중에 지역 방송국 뉴스 앵커들에게 생방송에서 언론이 '가짜 뉴스'를 퍼뜨리고 편향된 보도를 한다는 스크립트를 읽으라고 강요한 사건으로 많은 관심을 받았다. 도널드 트럼프는 싱클레어브로드캐스트그룹의 이 방송에 환호하며 트윗을 날렸다.[9]

2017년 12월, 파이는 위 사례보다 훨씬 영향력이 크고 국제적 파장이 예상되는 결정을 앞두고 있었다(물론 그때까지도 그의 홍보팀은 나의 인터뷰 요청에 답하지 않았다). 당시 FCC는 케이블 회사를 비롯한 인터넷 망 사업자들이 트래픽을 처리할 때 지켜야 하는 엄격한 원칙의 폐지 여부를 심사하고 있었다. 망 중립성 원칙으로 알려진 이 원칙은 인터넷의 다른 원칙과 마찬가지로 많은 사람이 신성시하는 원칙이다.

결정을 내리기에 앞서 파이는 전문가에게 조언을 구하거나 합의를 이끌어내려 노력하는 대신, 데일리칼러에 '망 중립성이

---

8   https://www.nytimes.com/2017/11/16/business/media/fcc-local-tv.html
9   https://www.nytimes.com/2018/04/02/business/media/sinclair-news-anchors-script.html

사라져도 할 수 있는 일 7가지'라는 영상을 올렸다. 영상에서 그는 3D 안경을 쓰고 피젯 스피너와 장난감 총을 손에 든 채 산타복 차림으로 할렘 셰이크를 췄다.

며칠 뒤, FCC는 찬성과 반대 3 대 2(투표 결과는 공화당과 민주당으로 완전히 갈렸다)로 미국의 망 중립성 보호 규제를 완화하는 안건을 통과시켰다. 모든 온라인 커뮤니티에서 설전이 벌어졌고, 몇 년이 지난 지금도 논쟁은 잦아들지 않고 있다.

망 중립성은 많은 이에게 신성한 원칙으로 여겨진다. 인터넷이 처음 생겼을 때부터 있던 원칙이고 인터넷을 이전의 전화망과 차별화하는 중요한 원칙이기 때문이다.

인터넷에서는 모든 트래픽을 동등하게 취급한다. 누가 누구에게 보내는 트래픽이든, 어떤 종류의 트래픽이든(이메일이든 파일 전송이든) 전부 똑같이 처리하는 것이 인터넷의 원칙이다. 이 원칙은 이전의 네트워크와 완전히 차별화되는 인터넷만의 특징이다. 예를 들어 전화망의 경우, 미국에서는 자동응답기능이 있는 전화기를 연결하려면 돈을 더 내야 한다. 자동응답기능을 쓴다고 트래픽의 양이 더 늘어나는 것은 아니지만 통신사의 규정이 그렇다.

하지만 인터넷에는 모든 트래픽은 어디서 왔든, 어떤 종류든 똑같이 취급해야 한다는 망 중립성 원칙이 있다. 아르파넷 때부터 있던 이 원칙은 텍스트든 사진이든 영상이든 오디오든, 데이터의 종류와 관계없이 모든 데이터를 '패킷' 단위로 나누어 보낸 뒤 받는 쪽 컴퓨터에서 재조립하는 인터넷의 전송 방식 때문에 생겨났다. 망 중립성 원칙에 따르면 패킷은 패킷일 뿐, 어떤 패킷도 다른 패킷보다 더 높은 순위를 가질 수 없으며, 어떤 패킷도 나중에 도착한 다른 패킷을 먼저 보내기 위해 기다려선 안 된다.

사람들이 망 중립성 원칙에 민감하게 반응하는 건 추상적이고 철학적인 이유 때문만은 아니다. 더 중요한 이유는 이 원칙이 사라지면 망 사업자가 어떤 일을 벌일지 알기 때문이다.

사람들은 통신사와 케이블 회사가 망 중립성이 보장되지 않는(즉 트래픽을 종류별로 차별할 수 있는) 다른 네트워크에서 한 일을 알고 있다. 그들은 모든 프리미엄 서비스에 추가 요금을 물렸다. 만일 망 중립성 규제가 폐지되어, 인터넷 회사가 우리 집으로 들어오는 트래픽이 HD 영상인지 아닌지 알아낼 수 있다면, 아마 'HD 영상용 프리미엄 패키지' 따위를 팔려 할 것이다. 기본 인터넷 요금에 월 5.99파운드(한화 약 9900원—옮긴이)만 더 내면 HD 영상을 스트리밍으로 볼 수 있다고 광고하면서 말이다. 만일 우리가 인터넷 데이터의 대부분을 페이스북, 트위터, 스냅챗을 하는 데 쓴다면, 인터넷 회사는 한 달에 2.99파운드(한화 약 4990원—옮긴이)만 더 내면 소셜 네트워크를 무제한으로 이용할 수 있다면서 '소셜 패키지' 가입을 제안할지도 모른다.

여기서 끝이 아니다. 우리가 같은 통신사의 집 전화 서비스와 인터넷 서비스를 둘 다 쓰고 있다고 가정해보자. 아마 통신사는 우리가 스카이프나 페이스타임 대신 분당 사용 요금을 내거나 선불 요금제에 가입해야 쓸 수 있는 전화를 더 많이 사용하기를 바랄 것이다. 망 중립성 규제가 있으면 망 사업자는 사용자가 어떤 데이터를 주고받든 '그저 전달만' 해야 한다. 하지만 규제가 사라지면, 합법적으로 스카이프나 페이스타임의 패킷을 차별할 수 있다.

또 시민단체들은 망 중립성 규제가 폐지되면 망을 흐르는 패킷을 분석하고 그 내용을 들여다볼 수 있는 설비가 널리 보급되면서, 독재 정부가 시민이 특정 콘텐츠에 접근하지 못하게 막고, 권력을 강화하기 위해 인터넷을 통제하기 쉬워질 거라고 경고한다. 이런 감시는 지금도 할 수 있지만, 망 중립성이 사라지면 감시에 드는 비용이 낮아지면서 일상화될지도 모른다.[10]

망 중립성을 강력히 옹호하며 풍자에 일가견이 있는 기술 블로그 기즈모도Gizmodo는 아지트 파이가 FCC의 망 중립성 투표를 앞두고 퍼뜨린 그 홍보 영상을 소개하며 다음과 같이 직설적으로 말했다.

"이 안이 통과된다면, 망 사업자는 인터넷 상품을 세분화해 소비자의 주머니를 탈탈 털고, 소비자가 경쟁사 콘텐츠나 대역

---

10   망 중립성과 표현의 자유에 관한 좋은 글이 있다. https://motherboard.vice.com/en_us/article/kbye4z/heres-why-net-neutrality-is-essential-in-trumps-america

폭을 많이 사용하는 돈 안 되는 서비스를 이용하지 못하게 막을 수 있게 됩니다. 파이는 겉으로는 사실을 감추려 노력하고 있지만, 이는 사람들을 바보로 아는 행동입니다."[11]

아지트 파이의 전임자인 전 FCC 위원장 톰 휠러Tom Wheeler는 이 사건을 매우 관심 있게 지켜본 인물 중 한 명이다. 버락 오바마가 임명한 휠러는 그가 임기 동안 이룩한 성과를 후임자가 계획적으로 망가뜨리는 모습을 지켜봐야만 했다. 그중에는 2015년 FCC가 통과시킨 망 중립성 강화 규제도 포함되어 있었다.[12]

휠러는 절대 반기업 성향의 인물이 아니다. FCC 위원장이 되기 전, 그는 꽤 오랫동안 케이블 회사와 무선통신 기업의 로비스트로 일했다. 휠러는 일을 하면서 회의감과 역사의 흐름을 느꼈다고 말했다. 휠러는 한때 인터넷 망 사업자들이 자신들을 FCC가 규제하는 '공중전기통신사업자'로 분류해달라고 아우성쳤다는 사실을 기억하고 있다. 이미 오래전 공중전기통신사업자가 된 그들은 이제 자신들이 공중전기통신사업자로서 받는 규제를 완화해달라고 아우성치고 있다.

휠러는 말했다. "지금은 전혀 아니지만, 제가 그 업계에서 일할 때만 해도 케이블과 무선통신 사업자들은 통신업계의 반

---

11   https://gizmodo.com/ajit-pai-thinks-youre-stupid-enough-to-buy-this-crap-1821277398
12   https://www.wired.com/2017/03/ex-fcc-boss-gut-net-neutrality-gut-internet-freedom/

항아였어요. 다들 기존 사업자를 따라잡으려는 신규 사업자들이 었으니까요. 케이블 회사는 3대 주요 방송사와 전화 회사에 도전장을 내밀었고, 무선통신 산업은 유선통신 산업에 맞섰죠. 저는 제 일이 경쟁을 촉진하고 소비자에게 도움을 줄 거라고 생각했습니다. 고객의 선택지가 넓어지고 경쟁이 치열해질 테니까요. 하지만 반항아도 자리를 잡고 나니 기존 사업자들처럼 바뀌어버리더군요. … 결국 그들이 낡은 기업이 되었다는 사실에 익숙해져야 했어요. 그러고 나니 제가 그들을 규제하는 처지가 되었지 뭡니까! 업계에서 일한 경험이 도움이 되었습니다."

휠러는 망 중립성 청문회에서 있었던 이야기를 들려주었다. 그 자리에서 케이블 회사들은 '공중전기통신사업자'로서 망 중립성 규제를 받다 보니, 필수 설비에 투자할 여력이 부족하다고 주장했다.

하지만 휠러가 기억하기로 케이블 회사들은 1990년대에는 오히려 공중전기통신사업자로 등록해달라고 로비를 했다. 공중전기통신사업자가 되지 않으면, 어떤 규정을 따라야 할지 몰라서 투자를 할 수 없다는 것이 이유였다.

"저는 그 자리에서 말했습니다. '잠깐만요. 둘 중에 어떤 말이 맞는 겁니까?' 과거 자료를 보니, 1993년에 공중전기통신사업자로 등록될 때까지 3000억 달러가량을 로비에 썼더라고요. 공중전기통신사업자라서 더 힘들다는 소리는 앞뒤가 안 맞는 소리였죠."

휠러가 위원장으로 있는 동안 FCC는 망 중립성 원칙을 강화하는 역사적인 규제를 통과시켰다. 2017년 12월 파이가 폐지한 바로 그 규제다. 현재 휠러는 잘 알려진 망 중립성 지지자지만, 처음부터 그랬던 건 아니었다. 임기 초에는 과거 이력으로 볼 때, 그가 망 중립성에 반대할 거라는 의견이 많았다.[13]

휠러는 말했다. "제 목표는 명확했습니다. 목표를 달성하는 방식에는 이견이 있을지 몰라도 빠르고 공정하고 열린 네트워크를 만들어야 한다는 목표에는 이견이 없었죠."

휠러는 수년 동안 전문가의 조언을 듣고 회의를 열고 생각을 정리한 뒤 임기 말이 되어서야 망 중립성 규제를 강화했다. 파이의 접근 방식은 달랐다. 법을 어기지는 않았고 FCC 홈페이지에서 의견 수렴도 했지만, 그는 처음부터 오바마 정권의 주요 업적을 하나 더 없애기로 마음먹은 사람 같았다.

파이가 촉발한 망 중립성 논쟁은 현재 인터넷 세계의 축소판이나 다름없다. 규제를 둘러싼 논쟁은 금세 과열되어 러시아의 개입, 봇 부대, 디도스 공격, 부패한 기업 권력 등 온갖 주제가 끌려나왔다(물론 망 중립성 논쟁을 단순한 기업 간 알력 다툼으로 보고, 정부가 유튜브와 넷플릭스 편을 들어주느냐 케이블 회사의 편을 들어주느냐의 차이일 뿐이라고 생각하는 냉소주의자들도 있었다).

---

13   https://motherboard.vice.com/en_us/article/xygmbk/fcc-chairman-tom-wheeler-net-neutrality-champion-says-hell-step-down

이 모든 소란은 오바마 정권이 망 중립성 관련법을 통과시키기도 전인 2014년 〈라스트위크투나잇Last Week Tonight〉의 진행자 존 올리버가 망 중립성 지지 선언을 하면서 시작되었다. 2017년 5월, 올리버는 다시 망 중립성을 지지한다는 뜻을 밝히며, 아지트 파이의 계획이 실현되면 '망 중립성은 짝짓기 프로그램 〈버챌러The Bachelor〉 주인공의 결혼 약속만큼이나 구속력' 없는 원칙이 될 거라고 평했다.[14] 그리고 시청자들에게 www.gofccyourself.com(쇼에서 편의를 위해 만든 주소로, 실제 FCC 웹사이트의 의견 수렴 게시판으로 연결되어 있었다)에 방문해 의견을 남겨 달라고 부탁했다.

그러자 시청자들은 망 중립성 규제를 없애는 데 반대하는 의견을 남기기 위해 웹사이트로 몰려갔다. 하지만 FCC 웹사이트가 다운되어버리는 바람에 많은 사람이 의견을 남기지 못했다. 파이와 FCC는 디도스 공격 때문에 웹사이트가 다운되었다고 말했지만, 이런 변명은 통하지 않았다. 사람들은 FCC가 위원장의 입맛에 안 맞는 온라인 의견을 받지 않기 위해 사이트를 다운시켜놓고 변명 거리를 찾는 것이라고 믿었다.

진실은 망 중립성 규제가 폐지되고 1년여가 지난 뒤에야 밝혀졌다. 디도스 공격은 없었고, FCC 웹사이트는 〈라스트위크투

---

14   http://time.com/4770205/john-oliver-fcc-net-neutrality/

나잇〉 시청자들이 한꺼번에 몰리면서 다운되었다. 파이는 몇 달 전 그 사실을 보고받고도 바로 공개하지 않고 계속 디도스 공격 탓을 했던 것으로 드러났다. 그는 배후를 잘못 파악한 기술직 직원이 기소 당할까 봐 그랬다는 변명을 둘러댔다.[15]

온라인 의견 수렴과 관련해 불거진 문제는 이게 다가 아니었다. FCC가 받은 의견 중 상당수가 가명이나 이미 사망한 사람의 이름, 일회용 메일 주소로 작성되었음이 밝혀지기도 했다.

FCC가 최종 결정을 내리기 하루 전, 뉴욕의 검찰총장 에릭 슈나이더만Eric Schneiderman은 새로운 망 중립성 규제안에 대해 제출된 의견 가운데 약 200만 건이 가짜라고 밝혔다. 그는 투표를 미루고 진정한 의견 수렴을 하라고 촉구하며 다음과 같이 말했다. "이 투표를 강행하는 건 미국의 공공 의견 수렴 절차를 우롱하고, 자신의 계획을 달성하기 위해 이런 사기를 친 사람에게 상을 내리는 짓입니다."[16]

다음 날, 투표는 예정대로 진행되었다.

그 후 몇 달 동안 FCC는 수백만 건의 가짜 의견을 올린 사람이 누구인지 알아내려는 시도를 모두 차단했다. 뉴욕 검찰총

---

15 https://www.cnet.com/news/fccs-net-neutrality-ddos-story-falls-apart-ajit-pai-blames-previous-admin/; https://www.kitguru.net/tech-news/featured-tech-news/damien-cox/ajit-pai-was-aware-that-fcc-ddos-attack-was-a-lie-in-january-but-reportedly-couldnt-say/

16 https://www.cnet.com/news/eric-schneiderman-new-york-attorney-general-2-million-net-neutrality-comments-were-fake/

장의 자료 요청을 몇 번이나 거절했고, 언론인들의 잇따른 정보 공개 청구에도 무시로 일관했다.[17] 심지어 파이는 민주당 FCC 위원으로부터 사건을 '은폐'한다는 지적을 받은 뒤, 이 일을 자신에게 유리한 쪽으로 이용하기까지 했다.

파이는 민주당 FCC 위원이 그 일에 대해 말이 '많은데' 왜 '수렴된 의견 중 50만 건가량이 러시아 이메일 주소로 제출되었고, 약 800만 건이 그녀와 같은 입장을 지지하는 FakeMail Generator.com(가짜 메일 주소 생성 사이트—옮긴이)에서 만든 이메일 주소로 제출되었다는 사실'은 말하지 않는지 모르겠다면서 자료를 요구하는 사람들과 동료 FCC 위원의 속을 긁었다.[18] 근거도 없는 주장이었지만, 곧 FCC의 의견 수렴 절차에 러시아가 개입했다는 기사가 쏟아져나왔다. 하지만 스팸을 보낼 때 가짜 러시아 이메일 주소를 사용하는 것은 매우 흔한 일로, 러시아 이메일 주소만으로 가짜 의견의 배후에 러시아가 있다고 볼 수는 없다.[19]

하지만 사실 의견이 진짜든 가짜든 의견 수렴 절차는 전혀

---

17 https://www.techdirt.com/articles/20181204/07033241154/fcc-commissioner-accuses-her-own-agency-net-neutrality-cover-up.shtml

18 https://c-7npsfqifvt0x24epdtx2egddx2ehpw.g00.cnet.com/g00/3_c-7x78x78x78.dofu.dpn_/c-7NPSFQIFVT0x24iuuqtx3ax2fx2fepdt.gdd.hpwx2fqvcmjdx2fbuubdinfoutx2fGDD-29-267B3.qeg_$/$/$/$?i10c.ua=1&i10c.dv=17(2021년 현재 접속 불가)

19 https://www.techdirt.com/articles/20181207/08072441177/contrary-to-media-claims-theres-no-evidence-russia-was-behind-fake-net-neutrality-comments.shtml

중요하지 않았다. 파이는 사람들이 무슨 의견을 내든 원하는 대로 밀고 나갈 생각이었다. 메릴랜드주립대학교 정책대학이 공화당 지지자의 75퍼센트, 민주당 지지자의 89퍼센트가 파이의 안에 반대한다는 중립적인 설문 조사 결과를 발표했을 때조차[20] 파이는 결과가 '편향'되었다고 말하며 입장을 고수했다.[21]

그럼 대체 아지트 파이와 공화당 측 FCC 위원 두 명은 누구의 말을 듣고 망 중립성을 완화하는 결정을 내렸을까? 톰 휠러가 보기에 답은 하나였다. 도널드 트럼프 행정부가 인터넷 사용자가 아닌 망 사업자 편을 든 것이다.

휠러는 말했다. "트럼프 정권의 FCC는 완전히 망 사업자들의 장단에 맞춰 춤추고 있습니다. 이건 매우 위험한 일입니다. 21세기의 가장 중요한 네트워크를 이렇게 규제하다니요."

휠러는 인터넷이 중요한 만큼, 인터넷 망 사업자들이 FCC와 의회에 행사하는 영향력도 크다고 말했다. FCC의 최종 감독 기관은 의회다. 의회는 FCC에 방향을 제시하고 FCC 규제의 상위법을 제정하는 기관이다.

"FCC는 재미있는 기관입니다. 의회가 만든 기관이지만, 대통령이 임명한 여당 인사가 과반을 차지하고 있죠. 아시다시피,

---

20 http://www.publicconsultation.org/wp-content/uploads/2017/12/Net_Neutrality_Quaire_121217.pdf

21 https://gizmodo.com/only-1-in-5-republicans-want-the-fcc-to-gut-net-neutral-1821231973

저는 FCC에 로비하는 일도 했습니다. FCC에 영향력을 미치려면 의회 또는 여당을 통해 접근해야 합니다. 로비스트들은 FCC에서 여는 공식 행사에도 참석하지만, 압력을 행사하려면 결국 국회를 설득해야 합니다. 이런 로비 외에 망 사업자들이 매우 잘하는 일 중 하나는 독립된 단체처럼 보이는 단체를 여러 개 만들어 자신들을 대변하게 하는 겁니다. 소위 싱크탱크라 불리는 이들 단체는 언제나 망 사업자들의 말을 앵무새처럼 따라 합니다. 여기에 망 사업자로부터 자금을 지원받는 소비자 집단이나 민족 집단 같은 소위 독립 단체들도 가세하죠. 이런 단체들이 '이 연구 결과는 이런 가정이 편향되었고, 따라서 결과도 편향되었다'거나 '이렇게 하면 우리 쪽에 불리하다'는 말로 계속해서 딴죽을 거는 겁니다."

시간이 지나면서 휠러는 인터넷을, 적어도 FCC가 규제하는 부분에 한해서는 물리적 실체로 보게 되었다. 그는 망 중립성에 대한 자신의 의견을 내는 집단뿐 아니라, 망 중립성에 대해 잘 모르지만 은연중에 망 중립성의 혜택을 누리고 있는 사람들까지 고려해야 한다고 믿었다. 휠러가 보기에 인터넷은 전기, 가스, 수도와 마찬가지로 필수 공공 서비스다.

"우리는 수도관에는 관심이 없습니다. 물맛에만 관심이 있지요. 하지만 저는 모든 게 물리적 네트워크에서 시작된다고 생각합니다. 우리가 연결된 네트워크가 우리의 한계를 정합니다. 네트워크가 없었다면, 페이스북이나 구글도 없었을 테니까요.

불행히도 현재 초고속 인터넷 시장은 사실상 국지적 독점 상태입니다. 독점 기업은 독점적 지위를 활용해 자신의 이익만 추구하려 하지요. 저는 경쟁을 촉진하고 소비자의 권익을 지키기 위해 이들에게 맞설 세력이 있어야 한다고 생각합니다."

물론 FCC 외에도 인터넷을 규제하는 기관은 많다. 대형 인터넷 기업을 규제하는 일은 여러모로 어려운 일이다. 한 가지 문제는 이들 기업이 너무 크고 돈이 많아서 웬만한 나라 정부보다 더 많은 돈을 투자하고 더 좋은 변호사를 쓴다는 것이다. 또 이들 기업은 적어도 최근까지는 소비자의 편이라는 이미지로 잘 포장되어 있어서 인기가 많았다. 그래서 인터넷 기업을 규제한다고 하면 여론이 좋지 않았다.

게다가 인터넷 기업들은 기존 규제의 범위를 벗어나는 새로운 분야의 사업을 새로운 방식으로 하는 경우가 많다. 또 제조 기업과 달리, 물리적·재정적 기반이 없는 나라에도 쉽게 진출하기 때문에 시장 규모가 큰 나라가 아니면 제대로 규제할 수조차 없다.

여기에 더해 인터넷 관련 기술이 워낙 난해한 데다 인터넷의 토대를 이루는 핵심 프로토콜을 관리하는 기관이 사실상 존재하지 않기 때문에 규제기관은 인터넷 대기업(망 사업자든, 콘텐츠 제공 사업자든)의 변화 속도를 전혀 따라잡지 못하고 있는 실정이다. 현재 이들 대기업을 제대로 규제할 만큼 시장 규모를 갖춘 국가는 유럽연합과 미국뿐이며, (표현의 자유와 투명성 문제가 있지만) 나중에는 중국도 이 대열에 합류할 가능성이 크다.

그런데 이들 중 미국은 한 가지 문제를 더 가지고 있다. 현재 세계적 인터넷 기업이 대개 미국 기업이기 때문에, 미국으로서는 이들 기업을 규제하는 것이 과연 국익에 도움이 될지 고민할 수밖에 없다.

컬럼비아대학교의 토디지털저널리즘센터Tow Center for Digital Journalism 소장 에밀리 벨Emily Bell은 미국이 처한 이런 딜레마에 깊은 관심을 가지고 있다. 오랫동안 온라인 세계의 지형 변화를 추적해온 벨은 현재 각국 정부가 트위터, 구글, 페이스북을 규제하는 방식에 어떤 차이가 있는지 연구하고 있다. 벨은 온라인이 매우 미국 중심적이고 미국이 앞서나가는 분야이기 때문에 미국 정부가 규제를 꺼릴 가능성이 있다고 생각한다.

나는 맨해튼 업타운에 있는 컬럼비아대학교 저널리즘대학 건물에서 벨을 만났다. 벨은 바로 본론으로 들어가 왜 대형 인터넷 기업을 규제하기 어려운지 설명했다.

"제가 항상 지적하는 인터넷 기업의 문제는 스탠퍼드대학교의 공학적 모형을 시카고대학교의 경제 모형에 접목했다는 것입니다. 대형 인터넷 기업은 최대한 빨리 발전하고 보자는 공학적 사고방식과 프리드먼 학파의 신자유주의 경제 모형을 하나로 합친 존재입니다."

벨이 언급한 시카고대학교의 경제 모형이란, 시카고 경제대학에서 발전한 신자유주의 사상을 말한다. 신자유주의는 미국의 레이건 정부와 영국의 대처 정부에 영향을 주면서 전 세계에서 주류 경제사상으로 자리 잡았다. 신자유주의 학파는 시장이 정보와 가치를 가장 빨리 반영한다고 보기 때문에 규제나 독과점 방지법 등의 정부 개입을 바람직하지 않게 여긴다.

벨은 대형 인터넷 기업이 자유로운 기업 문화로 가장하고 있을 뿐, 실상은 신자유주의 경제사상과 한 치의 기다림도 허용하지 않는 공학적 사고방식(일단 시작하고 중간에 계속 고치면 된다는 사고방식)이 합쳐진 존재라고 말했다. 벨이 보기에 이들 두 사상은 따로 존재할 때보다 합쳐졌을 때 더욱 위험하다.

벨은 다음과 같이 말했다. "두 사상을 결합하는 데 가장 중요한 역할을 한 건 벤처 캐피털입니다. 저는 언제나 그 결합이 아주 위험하다고 생각했습니다. 규제가 없는 틈을 타서 생긴 결합인데, 저는 규제를 좋아하는 편이거든요. … 물론 그 사람들 잘못은 아닙니다. 법적으로 허용된 일이니까요. 제가 볼 땐, 정부가 허용된 수준을 넘어서 장려하는 것 같기도 합니다." 그녀는 페이스북이 나중에 경쟁자가 될 만한 기업을 사들이는 데도 규제기관이 개입하지 않는 것을 예로 들었다. "'잠깐만, 뭘 하려는지 알겠군. 당신이 인스타그램과 왓츠앱을 인수할 수는 없소'라고 말해줄 규제가 없어요. 정말 기본적인 규제만 있어도 이 추세를 막을 수 있을 겁니다."

한 가지 이유는 미국의 공정거래법이 적어도 유럽에 비해

약하고 기업 친화적이라는 데 있다. 미국에서는 기업 규모가 커질수록 소비자가 내야 할 가격이 높아진다는 증거가 명백하지 않으면, 기업이 몸집을 키우도록 허용할 때가 많다. 그래서 페이스북처럼 사용자에게 무료로 제공되는 서비스는 적어도 한동안 규제 받을 가능성이 없다.

벨은 한 가지 이유를 더 지적했다. 대형 인터넷 기업이 세계 시장에서 자리를 잡고 여러 국가의 문화에 영향을 미치는 것은 분명 미국의 소프트 파워에 도움이 된다. 그래서 미국 정부는 이해 충돌을 겪을 수밖에 없고, 기업이 국제적인 규모로 자라도록 두는 편이 전략적으로 더 낫다고 판단할 가능성이 있다.

"구글이나 페이스북 같은 기업에 관한 규제를 논의할 때는 언제나 국가 안보 측면에서 봐야 합니다. 이들은 그냥 기업이 아니라, 미국의 소프트 파워를 이루는 한 부분입니다. 미국 정부가 이들을 규제할 때, 이 사실을 고려하지 않을 거라고 보는 건 너무 순진한 시각입니다. 제 생각에는 … 실리콘밸리의 역사 자체가 그런 것 같습니다. 실리콘밸리는 원래 방위 산업을 위해 만들어졌습니다. 1950-1960년대 방위 산업의 중심지였죠. 나중에 상업화되기는 했지만, 방위 산업적 측면은 여전히 남아 있습니다. 중앙 정부와 계속 관계를 맺고 있으니까요. … 실리콘밸리 기업뿐 아니라, AT&T 같은 기업도 마찬가지입니다. 이들은 모두 연구소를 갖추고 있습니다. 이들 기업 연구소 가운데 많은 수가 정부 지원을 받습니다. 국립과학재단 연구 지원금 등의 명목으로요. DARPA는 아예 처음부터 인터넷 연구 자금을 지원했습니다. 재미로 그런 일을 하지는 않죠."

이처럼 벨은 미국 정부가 온라인 세계와 거기서 탄생한 새로운 거대 기업을 빠르게 규제하지 않는 데는 국제 정치적 이유가 있다고 말했다. 그리고 정부의 이러한 소극적인 태도가 미국 내에서도 나쁜 영향을 미치고 있다면서, 새로운 온라인 사업 때문에 삶의 기반을 잃은 사람들을 언급했다.

인터넷이 권력층의 기반을 무너뜨렸는지 아닌지는 논란의 여지가 있다(자세히 들여다볼수록 그렇지 않다는 증거가 많이 발견된다). 하지만 인터넷이 파괴적이지 않았던 건 아니다. 그저 가장 힘없는 사람들이 힘을 빼앗겼기에, 대다수 정치인과 규제기관의 눈에 잘 띄지 않았을 뿐이다.

벨은 말했다. "제 생각에 인터넷은 누군가에게 힘을 실어준 만큼 다른 사람들의 힘을 앗아갔습니다. 그중 하나는 노동조합의 기반을 무너뜨린 겁니다. 요즘은 '노조나 단체행동에 관심 없다'는 분위기가 퍼져 있죠. 인터넷의 파괴 행위는 현재 진행 중입니다. '그렇게 심각한가요?'라고 물으면 바로 '네!'라고 답할 수 있을 정도로요. 미국 중서부에 사는 흑인 여성들은 아마존과 온라인 매장 때문에 다들 직업을 잃었습니다. 부유한 해안가 마을이 아닌 다른 작은 마을에 가서 기술기업들이 어떤 영향을 미쳤는지 보세요."

벨은 이전 산업혁명 때보다 훨씬 빠른 온라인 시대의 기술 변화 속도를 생각할 때, 규제가 기술을 따라잡으려면 일반적인 생각보다 훨씬 더 오랜 시간이 걸릴지도 모른다고 말했다.

"이렇게 빨리 변한다는 건 우리가 거대한 변화의 시대를 살고 있다는 뜻입니다. 산업혁명의 경우 50-100년에 걸쳐 변화가 진행되었죠. 그다음 50-100년 정도는 사회를 재편하는 기간이었습니다. 사실 20세기 초중반을 돌아보면 기억에 남는 일은 다 사회 개혁, 교육 개혁, 의료 개혁 등 여러 개혁입니다. 산업혁명이 초래한 혼란을 해결하기 위한 일들이었죠."

이전의 기술혁명이 50-100년에 걸쳐 일어났다는 사실을 말한 다음, 벨은 닷컴 붐이 시작된 지 이제 겨우 20년이 지났음을 지적했다.

마지막으로 벨은 공식적으로 사회의 안전을 지켜야 할 입법부, 행정부, 사법부가 이 변화를 따라잡지 못하거나 일부러 따라잡지 않거나, 아예 문제를 인식하는 것조차 실패할 때 비공식적으로 앞에 나서서 문제를 밝히고 힘을 통제하려는 집단이 있다면서 이들에 대해 언급했다.

이들 가운데 가장 눈에 띄는 사람들은 학자와 언론인이다. 문제를 깊이 파고드는 학자와 '역사의 초안'을 작성하는 언론인은 사람들이 문제에 관심을 갖게 하기 위해 때때로 성공 가능성이 낮은 노력을 하기도 한다.

실제로 최근 학계와 언론계에서는 인터넷을 비판적으로 분석하거나 비평하는 글이 늘어나고 있다. 하지만 인터넷 산업은 감시자 역할을 하는 이들을 능숙하게 따돌리고 있다. 그 방법 중 하나는 기자가 듣고 싶어 하는 좋은 이야깃거리를 들려주는 것이다. 미숙했던 창업 초기의 이야기, 파괴적 혁신 기업이 된 이야기, 대학을 중퇴하고 사업을 시작해 세상에 자신을 증명한 이야기 등 약자들의 성공 스토리는 모두가 좋아하는 주제다.

이제 대기업이 된 인터넷 기업들은 그들을 비판하는 연구를 할 만한 학자들의 입을 막는 데도 능숙해졌다. 인터넷 기업은 대학은 절대 줄 수 없는 큰돈을 주고 가장 똑똑한 학자를 고용하며, 대학 연구실에 자금을 지원하거나 입맛에 맞는 행동을 하는 학자에게만 데이터를 건네준다. 기업이 데이터를 모두 가지고 있기 때문에 기업의 마음에 들지 않는 연구를 하는 학자들은 데이터를 받기가 어렵다.

벨은 말했다. "제 생각에 대형 기술기업은 돈으로 쉽게 반대 의견을 막아버립니다. 대학교 전산과는 전부 구글, 페이스북, 애플 등이 장악했어요. 안면 인식이나 자연어 처리를 연구하는 유명 학자라면, 아무 회사나 골라잡으면 됩니다. 그럼 연봉을 스무 배는 받을 수 있거든요. 대학이 돈을 꽤 잘 주는 편인데도 말이죠. 게다가 기업과 같이 일하면 데이터도 얻을 수 있어서 훨씬 수월하게 연구할 수 있습니다. 지원을 받지 않고 혼자 연구하는 사람은 데이터도 얻을 수 없습니다. 기업은 독립 연구자가 자기들이 하는 일을 파고드는 걸 원하지 않거든요. 언론 쪽 상황도 마찬가지고요."

잘 알려졌다시피 인터넷 기업은 업무 환경이 좋기 때문에 (높은 자율성, 높은 연봉, 좋은 직원 복지) 내부에서 불만이 나올 가능성조차 거의 없다. 벨은 마크 저커버그를 예로 들며, 기술기업 CEO들이 자신과 비슷한 이사와 임원으로 둘러싸인 자기만의 세상에 살고 있다고 지적했다.

"페이스북 이사회는 피터 틸(페이팔 공동 창업자 겸 벤처 캐피털리스트), 마크 안드레센(오페라Opera 공동 창업자 겸 벤처 캐피털리스트), 리드 호프먼Reid Hoffman(링크드인LinkedIn 공동 창업자 겸 벤처 캐피털리스트)으로 구성되어 있습니다. 비슷한 일을 해서 돈을 벌었고 믿기지 않을 만큼 좁은 세계관을 가진, 엄청나게 부유한 백인 남성 세 명이 페이스북을 이끌고 있는 거죠."

현재 워싱턴DC에 있는 브루킹스연구소 방문연구원으로 자리를 옮긴 톰 휠러는 인터넷 혁명을 장기적 시각으로 파악하기 위해 노력하고 있다. 벨과 마찬가지로 휠러도 이전의 기술혁명과 인터넷 혁명 사이에 닮은 점을 발견했다. 하지만 그는 다른 점에도 주목해 인터넷이 과거의 철도보다 더 큰 영향을 미칠 가능성이 있다고 말했다.[22]

---

22   대화 내용을 토대로 작성했지만, 여러분이 이 글을 읽을 때는 이미 톰 휠러의 책이 발간된 후일 것이다. 책 제목은 다음과 같다. 《구텐베르크부터 구글까지: 우리 미래의 역사(From Gutenberg to Google: The History of our Future)》, The Brookings Institution, 2019.

휠러는 이렇게 설명했다. "역사적으로 네트워크는 중앙집중화를 촉진했습니다. 산업혁명의 상징인 철도는 대량 생산에 유리한 지역으로 원자재를 실어 나르고 완성품을 여러 곳으로 퍼뜨리는 일을 수월하게 했습니다. 생산을 중앙집중화한 거죠."

휠러는 웽거와 마찬가지로 철도를 사례로 들었지만, 다른 점에 주목했다. 휠러는 철도를 놓을 때는 돈이 많이 들지만, 일단 철도를 깔고 나면 기차 한 대를 운행할 때 드는 추가 비용은 그리 많지 않으며, 이미 있는 기차에 차를 한 량 더 붙이는 비용은 더더욱 싸다는 점에 초점을 맞췄다. 기차의 이런 특징 때문에 원자재를 대량으로 공장까지 실어나른 다음, 그곳에서 대량 생산을 하는 것이 비용 면에서 효율적인 선택이 되었다. 이전에는 생각하지도 못한 생산 방식이었다. 전에도 마차로 원자재를 나를 수는 있었지만, 원자재의 양이 느는 만큼 마차 한 대당 지불해야 하는 운송비가 똑같이 늘었기 때문이다.

휠러는 산업혁명 시대에 관한 이야기를 이어나갔다. "모든 것이 중앙집중화되었습니다. 철강 산업의 중심지는 왜 피츠버그일까요? 자동차는 왜 디트로이트에서 만들까요? 농축산물은 왜 시카고에서 가공할까요? 처음에 철도가 그렇게 놓였기 때문입니다. 철도가 중앙집중화를 촉진한 거죠. 어차피 다른 곳으로 물자를 보내려면 일단 시카고를 거쳤다가 가야 하는데, 시카고에 머무는 동안 가공하면 좋지 않겠어요?"

겉으로 보기에 인터넷은 철도처럼 중앙집중화를 촉진하지

는 않는다. 앞서 여러 차례 언급했듯이 인터넷은 분산적으로 설계되었기 때문에, 이론적으로는 물자가 모일 수밖에 없는 중간 지점이 존재하지 않는다.

문제는 데이터와 데이터의 소유권에 관해 우리가 내린 결정 때문에 플랫폼 사업자들(각국의 구글과 페이스북에 해당하는 기업들)이 가상의 시카고처럼 되어버렸다는 것이다. 데이터가 모이는 이들 지점이 중심지가 된 것이다. 그리고 이제는 인터넷의 물리적 네트워크를 소유한 기업들까지 그 세계에 뛰어들 방법을 찾고 있다. 우리는 온라인 세계의 땅이 무한히 넓다고 생각하지만, 온라인에서도 좋은 자리를 선점하기 위한 각축전이 벌어진다. 텔레비전 시대에 대형 케이블 회사들은 엄청난 시장 지배력을 가지고 있었고, 사람들에게 어떤 콘텐츠를 보여줄지 결정할 수 있었다. 그러나 인터넷이 등장하면서 케이블 회사의 사업 모델이 흔들리기 시작했다. 이들은 분산된 구조로 설계된 인터넷에 새로 등장한 거대한 중앙집중적 플랫폼 사업자들이 돈을 버는 모습을 지켜봐야 했다.

"망 사업자들은 플랫폼 사업자에게 질투를 느끼고 있습니다. 그래서 플랫폼 사업자를 닮으려 노력하지요. 망 사업자인 AT&T가 다이렉TV DirecTV(미국의 위성방송사―옮긴이)를 왜 샀을까요? 타임워너 Time Warner(미국의 콘텐츠 중심 미디어 그룹―옮긴이)는요? 플랫폼 사업에 뛰어들고 싶어서입니다. … 언제 어디서나 쓸 수 있는 분산형 네트워크인 인터넷은 전례 없는 수준으로 중앙집중화를 촉진하고 있습니다."

이는 곧 FCC가 아무리 현명하게 주의를 기울여 규제한다고 해도, 낡은 규제 모델로 변화에 대응하기는 어렵다는 뜻이다. 엔터테인먼트를 만드는 콘텐츠 기업과 그 콘텐츠를 전송하는 망 사업자의 차이가 점점 줄어들고 있다. 두 산업을 모두 규제할 새로운 방안이 필요하다.

휠러는 말했다. "망 사업자들은 대개 국지적 독점 상태이기 때문에 감독이 필요합니다. 하지만 네트워크 효과 때문에 이제는 플랫폼 사업자들도 경쟁을 저해하는 독점 기업이 되었습니다. 플랫폼 사업자도 감독해야 합니다."

인터넷이 우리에게 즐거움과 놀라움을 주는 이유는 모든 것을 연결하기 때문이다. 하지만 모든 것이 연결되어 있기에, 인터넷의 문제는 다른 곳에서 발생하는 문제보다 훨씬 해결하기가 어렵다.

인터넷 규제기관이 안고 있는 또 한 가지 문제는 인터넷이 너무 빠르게 변해서 규제를 만들어 실행할 때쯤이면 이미 시대에 맞지 않는 규제가 되어 있다는 것이다. 앞에서 인터넷이 절대 '구름cloud' 같은 존재가 아니라는 사실을 언급한 바 있다. 인터넷은 나라와 대륙과 전 세계를 가로지르는 케이블, 그리고 데이터를 저장하고 있는 서버로 이루어진 물리적 네트워크다.

그러나 상황은 변하고 있다. 우리의 노트북, 태블릿, 휴대전화와 직접 연결되는 인터넷의 말단부를 소위 '가입자 구간'이라고 부르는데, 3G와 4G가 상용화되면서 이 구간이 무선으로 대체되는 경우가 많아졌다. 특히 기존에 설치된 유선 인터넷 망이 그리 촘촘하지 않은 개발도상국에서는 유선 인터넷 망을 설치하지 않고 바로 무선 인터넷을 사용하는 추세다.

5G가 도입되면, 선진국에서도 곧 무선이 주 접속 방식이 될 가능성이 높다. 4G의 다음 세대인 5G는 기존 무선 인터넷보다 '최대 1000배 빠른' 기술로 기대를 모으고 있다. 물론 이론적 최고 속도를 현실에서 경험하기는 힘들겠지만, 5G가 훨씬 더 빠르다는 건 확실하다. 그리고 여러모로 훨씬 스마트하기 때문에 많은 사용자가 집 인터넷을 5G로 바꿀 가능성이 있다.

이렇게 되면 겉으로 보기엔 그저 삶이 조금 편해지는 정도의 변화가 나타나겠지만, 우리 눈에 안 보이는 곳에서는 훨씬 엄청난 변화가 일어날지도 모른다. '3G', '4G', '5G' 등의 무선통신 서비스는 기존 유선통신 서비스와 다른 법을 적용받기 때문이다. 기업은 무선통신 기술을 개발하는 과정에서 법을 자신에게 유리한 쪽으로 바꾸려고 노력할 것이고, 이 과정에서 망 중립성을 둘러싼 기존의 논쟁이 의미를 잃을 가능성이 높다.

ICANN 최고경영자 예란 마르비는 인터넷 프로토콜을 관리할 권한이 특정 집단에게 넘어가면, 그 집단이 정치적이나 상업적 의도를 가지고 권한을 남용할 위험이 있다고 설명하면서 이 문제를 언급했다.

마르비는 말했다. "5G를 예로 들어봅시다. 요즘 많은 5G 사업자들이 망 분할network slicing이라는 개념을 논의하고 있습니다." 여기서 망 분할이란 5G 네트워크를 영상 스트리밍용 망, 자율주행용 망, 산업 제어용 망 등 특정 콘텐츠나 앱에 특화된 더 작은 망으로 나누어 제공하는 것을 말한다.

망 분할은 실용적이기는 하지만, 망 사업자가 콘텐츠 종류별로 다른 요금을 매기도록 허용해 망 중립성 원칙을 무력화시킬 가능성이 있다. 망 사업자가 비디오용 망에 필요한 기술이 메신저용 망에 들어가는 기술과 달라서 망을 '분할'해야 하므로, 사용료도 다르게 받겠다고 주장할 가능성이 있기 때문이다.

유럽연합을 포함한 일부 국가에서는 자유롭고 평등한 인터넷 접근 권한을 해치지 않는 수준에서 꼭 '필요할' 때만 망 분할을 허용하려 하고 있다. 하지만 이 문제를 연구하는 법 전문가들은 모호한 문구 때문에 규제를 빠져나가는 기업이 생길 수 있다는 우려를 표했다.

유럽연합은 '인터넷 접속 서비스 이외에 특정 콘텐츠, 앱, 서비스에 특화된 다른 서비스'를 제공하기 위한 망 분할을 허용할 계획이라고 밝혔지만, 이미 인터넷이 모든 종류의 데이터와 서비스를 전송할 수 있게 만들어져 있는데 인터넷을 제외한 다른 서비스란 대체 무엇을 말하는지 명확하지 않은 상황이다.[23] 정부가 아무리 빠르게 대응한다고 해도, 무선 인터넷 시대의 주도권을 선점하려는 기업의 움직임이 그보다 더 빠른 듯하다.

한편, 미국의 5G 도입을 둘러싼 각축전은 미국 기업 사이의 경쟁을 넘어 중국과의 국가 간 경쟁의 모습까지 띠고 있다. 이 문제는 기술적 세부사항에 관심이 없는 편으로 알려진 도널드 트럼프 대통령의 관심마저 끌었다.

트럼프는 다음의 트윗 2개를 4분 간격으로 올렸다.

저는 미국이 5G와 6G를 최대한 빨리 도입하기를 바랍니다. 이들 기술은 현재 이동통신 표준보다 훨씬 강력하고 빠르고 스마트합니다. 미국 기업은 더 열심히 노력하지 않으면, 뒤처질 것입니다. 미국이 통신의 미래가 될 것이 분명한 이 기술을…

〔#〕

늦게 도입할 이유는 없습니다. 저는 미국이 더 나은 기술을 거부하는 것이 아니라, 받아들여서 경쟁에서 승리하기를 바랍니다. 미국은 모든 분야에서 리더가 되어야 합니다. 기술 분야에서는 특히나 더!

트럼프의 5900만 팔로워들은 대통령이 갑자기 일자리, 미국 우선주의(MAGA), 국경 장벽이 아닌 이동통신 기술에 관심을

---

23   http://www.analysysmason.com/About-Us/News/Newsletter/net-neutrality-rules-in-europe-jul17/

보이는 것에 의아했을 것이다. 사실 이 트윗은 백악관 내 기업 친화적 세력과 국가 안보 중시 세력 사이의 극심한 갈등을 반영한 것이었다.[24]

당시 백악관의 일부 측근들은 트럼프에게 화웨이(중국 정부와 밀접한 관계가 있는 하드웨어 제조 기업)가 미국의 5G 서비스 사업자 입찰에 참여하지 못하도록 행정명령을 내려달라고 부탁했다. 이들은 미국이 (비록 지식재산권을 훔치지는 않았지만) 유선 인터넷 지배력을 첩보 활동에 활용했듯이, 화웨이가 미국에 무선 인터넷을 공급하게 되면 산업 기밀과 국가 기밀이 중국 정부로 넘어갈지도 모른다고 우려했다.[25]

그러니까 트럼프는 트윗을 통해 이들의 제안을 거절하며 신기술 도입을 막을 게 아니라 미국 기업이 더 노력해서 기술 경쟁에서 이겨야 한다고 말한 것이다. 물론 트럼프가 한 말인 만큼, 그런 정책 기조가 계속 유지될지는 알 수 없다. 화웨이가 언론에서 약 올리듯이 트럼프의 트윗에 동의를 표한 걸 보면 특히 더 그렇다(화웨이는 임원 한 명이 미국의 요청에 따라 캐나다에서 체포된 뒤부터 미국 정부와 대치 중이다). 화웨이 회장 구오핑 Guo Ping

---

24 https://twitter.com/realDonaldTrump/status/1098581869233344512; https://twitter.com/realDonaldTrump/status/1098583029713420288(2021년 현재 삭제된 상태임)

25 다음 기사에서 트럼프의 트윗에 숨은 이야기를 자세히 볼 수 있다. https://www.washingtonpost.com/news/powerpost/paloma/the-cybersecurity-202/2019/02/25/the-cybersecurity-202-on-huawei-policy-it-s-trump-vs-the-trump-administration/5c72e0731b326b71858c6c23/?utm_term=.77032a06a277

은 로이터에 이렇게 말했다.[26] "미국이 뒤처지고 있다 … 는 말은 분명 사실이라고 생각합니다."

트럼프 대통령이 화웨이와 5G에 대해 어떤 결정을 내리든 (트럼프는 2019년 중국과 무역 전쟁을 계속하는 과정에서 말을 몇 번이나 바꿨다) 5G 기술의 발전은 인터넷 시대의 큰 흐름을 바꾸는 전환점이 될 것이다.

우리는 경험을 통해 온라인 권력이 오프라인 권력을 반영한다는 사실을 알고 있다. 오프라인 세계에서 미국이 세계 유일의 초강대국으로 군림하던 시절은 막을 내리고 있다. 빠른 속도로 미국을 추격 중인 중국이 곧 미국과 나란히 설 것이기 때문이다.

화웨이는 중국의 수많은 대형 인터넷 기업 중 하나에 불과하다. 중국에는 중국 자체의 아마존, 이베이, 페이팔 서비스가 존재하며 이들은 모두 알리바바라는 기업에 속해 있다. 중국의 구글이라 할 수 있는 검색 엔진 바이두baidu는 구글과 마찬가지로 인공지능, 자율주행 자동차, 광고 플랫폼 사업을 겸하고 있다. 중국의 왓츠앱에 해당하는 위챗WeChat은 텐센트라는 기업에 속해 있으며, 텐센트는 전 세계 소셜 네트워크 앱에 투자하고 있다.

---

26   https://www.cnet.com/news/huawei-reportedly-sides-with-trump-on-5g-us-is-
      lagging-behind/

그런 중국의 대형 기술기업들이 이제 중국 내에서의 사업에 만족하지 못하고 있다.

그동안 미국은 인터넷 주도권과 대형 인터넷 기업을 여럿 보유하고 있다는 이점을 활용해 소프트 파워를 행사하고 정보 수집 활동을 했다. 중국이 인터넷에 미치는 영향력이 커진다면, 중국 정부는 적어도 미국 정부만큼은 그 영향력을 활용하려 할 것이다. 아니, 중국이 지적재산권을 빼돌린 전적이 있음을 생각하면, 미국보다 훨씬 더 영향력을 행사하려 할 가능성이 높다.

만일 미국이 전략적인 판단에 따라 인터넷을 규제하지 않고 있다면, 이제 그 판단을 재고해야 할 때다. 서두르지 않으면 미국이 앞장서서 인터넷을 바로잡고 규제할 기회가 사라질지도 모른다. '지금 쓰지 않으면 사라진다'는 말만큼 행동하게 만드는 말이 또 있을까? 과연 미국은 이 기회를 놓치지 않고 국제 협력을 통해 문제를 바로잡을 수 있을까?

물론 미국 정부는 전략적 판단 때문이 아니라 다른 이유로 규제를 미루고 있을지도 모른다. 에밀리 벨은 사회와 미래에 엄청난 영향을 미칠 이 시급한 문제를 아무도 해결하지 않는 원인으로 한 가지를 더 지적했다. 바로 무관심이다.

벨은 말했다. "제 생각에는 사람들이 기술을 잘 몰라서인 것 같습니다. 사실 이 이유가 꽤 커요. 기술을 정확히 이해하고 일이 어떻게 돌아가는지 제대로 알고 있는 사람이 많지 않습니다. 이런 문제를 꾸준히 지적하는 사람도 별로 없을뿐더러, 몇 안 되는 엘리트 집단에게나 그 말이 먹힐 뿐입니다. 정부는 이 사람들의 말을 들어줄 이유가 없죠. 돈을 버는 사람들이 아니라, 오히려 돈을 그만 벌 방법이나 제안하는 사람들이니까요."

사람들에게 돈은 덜 벌리겠지만, 올바른 방향으로 가야 한다고 설득하기는 분명 어렵다. 하지만 누군가는 반드시 해야 할 일이다.

8

저항운동가

샌프란시스코 도심에는 인류가 자유롭고 공정한 국제 질서를 확립하고자 UN을 결성한 것을 기리는 공간이 있다. 1975년 만들어진 UN플라자는 도심에 자리 잡은 1만 제곱미터가량의 탁 트인 광장으로, 그 중심에는 인류의 고결한 이상을 상징하는 분수가 있다.

분수 앞에는 다음처럼 시작하는 UN 〈세계인권선언〉 전문이 적혀 있다. "모든 인류 구성원의 천부의 존엄성과 동등하고 양도할 수 없는 권리를 인정하는 것이 세계의 자유, 정의 및 평화의 기초이며…."

만일 설계자가 기술혁명의 중심지에서 국제 질서가 어떤

취급을 받는지 보여줄 의도로 이 광장을 만들었다면, 그는 큰 성공을 거둔 셈이다. 분수는 방치된 채 낡아가고 있고, 분수 앞에 새겨진 〈세계인권선언〉은 다 닳아서 무슨 말인지 알아보기 힘들다. 고장 난 분수가 찍찍 뿜어대는 물줄기는 그야말로 시시하다. 게다가 종종 안 그래도 없는 사람을 더 쫓아낼 작정인지 '샌프란시스코 공공 공사'라는 가림막까지 둘러 있다.

UN플라자는 지난 수십 년 동안 샌프란시스코의 고결한 이상보다는 추한 현실을 더 많이 보여주었다. UN플라자 주변은 사기꾼, 매춘부, 마약 중독자, 노숙자로 뒤덮인 지 오래다.[1] 분수에서 6미터쯤 떨어진 곳(참고로 세계에서 가장 일하고 싶은 직장이 모여 있는 곳에서 엎어지면 코 닿을 거리다)에는 마약 중독자들이 주삿바늘을 안전하게 버릴 수 있도록 마련된 장소인 '미드마켓 핏스톱mid-market pit stop'이 있다.

시내를 5분 정도 더 걷다 보면, 돌비 사옥을 지나 트위터의 샌프란시스코 사옥과 시청 건물이 나온다. 에디스트리트로 들어서면 텐트를 치거나 쇼핑 카트에 물건을 싣고 하룻밤 잠자리를 꾸린 노숙자의 수가 갑자기 늘어난다. 샌프란시스코는 원래 노숙자가 많지만, 에디스트리트에는 특히 더 많다.

BMW 미니 전시장 겸 정비소를 지나면, 밋밋한 4층 건물이

---

1   https://www.nytimes.com/2004/07/18/us/letter-from-san-francisco-a-beautiful-promenade-turns-ugly-and-a-city-blushes.html

나온다. 이곳에 인터넷을 통제하려는 세력에 맞서 싸우는 활동가들의 고향인 일렉트로닉프런티어재단Electronic Frontier Foundation, EFF 이 있다.

이 비영리 재단의 본사는 유명 인터넷 기업의 본사와는 무척 대조적이다.

몇십 킬로미터 더 가면 나오는 애플의 새로운 본사 캠퍼스에는 맞춤 유리로 제작된 26만 제곱미터 면적의 고리 모양 건물이 있다. 이 건물에 달린 4층 높이의 자동문은 한 짝당 무게가 20톤이나 나간다. 중앙에 따로 지어진 건물에만 직원 1만 2000명이 근무하며, 다른 직원들은 이 건물을 둘러싼 고리에서 근무한다. 물론 애플의 상징과도 같은 신제품 발표를 위해 1000석 규모의 홀도 마련되어 있다. 애플은 이 건물을 짓는 데 8년 동안 50억 달러를 들였다.[2]

2018년, 페이스북은 캘리포니아 멘로파크 본사 캠퍼스를 확장했다. 이 공사로 1만 4000제곱미터 넓이의 옥상 정원이 있는 건물과 12미터짜리 세쿼이아 수백 그루, 2000명을 수용할 수 있는 이벤트 홀, 식당 다섯 곳, 주문 제작한 미술 작품 10여 개가 새로 생겼다.[3] 현재 구글은 유명 디자이너 토머스 헤더윅Thomas

---

2   애플 캠퍼스에는 너드의 관심을 끌 만한 요소가 많다. 관심이 있다면 다음 《와이어드》 기사를 참고하라. https://www.wired.com/2017/05/apple-park-new-silicon-valley-campus/

3   https://www.adweek.com/digital/facebooks-menlo-park-campus-now-has-a-new-

Heatherwick과 함께 미국 서부 해안에 5만 5000제곱미터 규모의 캠퍼스[4]를 조성하고 있으며, 런던에서는 영국 본사로 사용하기 위해 현재 런던에서 가장 높은 빌딩보다 더 높은 '랜드스크래퍼landscraper'라는 건물을 짓는 중이다.[5]

대형 인터넷 기업은 수십만 명을 고용해 수십억 달러의 매출을 올리고 엄청난 기업 가치와 화려한 본사 건물을 자랑한다. 반면 연립주택을 개조한 것처럼 생긴 EFF의 건물은 샌프란시스코의 비인기 지역에 외따로 서 있다. 상근 직원은 100명 미만인데, 이중에는 매키 베어Mackey Bear라는 버니즈마운틴도그종 개도 있다. 홈페이지에 따르면 매키 베어의 직무는 "인턴에게 간식 받아먹기, 임원을 보면 왈왈 짖기, EFF를 방문한 영화배우 앞에서 오줌 싸기"다.[6] 한 해 예산은 1500만 달러가 채 안 된다.[7]

신디 콘Cindy Cohn은 EFF에서 15년 동안 법무이사로 일한 뒤 2015년부터 상무이사로 일하고 있다. 그녀는 나를 사무실로 안내하며 EFF에서 일하게 된 경위를 설명했다. 사무실 책상은 꽤

frank-gehry-designed-building/

4   https://www.fastcompany.com/3068889/googles-newly-approved-hq-are-the-perfect-metaphor-for-silicon-valley

5   https://www.theguardian.com/technology/2017/jun/01/google-submits-plans-million-sq-ft-london-hq-construction-kings-cross

6   https://www.eff.org/about/staff

7   감사 보고서에 따르면 2016-2017년도 예산은 1100만 달러였다. 하지만 콘은 예산이 점점 늘고 있다고 말했다. 다음 페이지를 참고하라. https://www.eff.org/document/2016-2017-audited-financial-statement

낡아 보였는데 전에 그 건물을 쓰던 비영리 단체 플랜드패런트 후드Planned Parenthood로부터 물려받았다고 했다. 이곳에서는 물건을 잘 버리지 않는다.

EFF와 콘의 관계는 1990년부터 시작되었다. 콘은 당시 로스쿨에 다니며 인권법을 공부했는데, EFF의 활동 분야에 관심이 있었다. 당시 그녀는 베이에어리어에 거주했기 때문에 주변에서 인터넷 산업과 관련된 사람들을 많이 만날 수 있었다. 콘이 어울리던 사람들 중에는 선마이크로시스템스Sun Microsystems에서 일찍부터 직원으로 일했던 존 길모어John Gilmore와 록 밴드 그레이트풀데드Grateful Dea의 작사가로 잘 알려진 존 페리 발로John Perry Barlow도 있었다.

2018년 70세의 나이로 세상을 떠난[8] 발로는 1990년대부터 인터넷의 가능성을 알아본 선지자였다. 그러나 그는 인터넷의 위험성도 함께 경고했다.

1994년, 발로는 여러 엔지니어가 모인 자리에서 이렇게 말했다. "저는 한 치의 과장 없이, 진심으로, 이 자리에 모인 여러분이 하고 있는 일이 불의 발명 이래 가장 큰 변화를 세상에 몰고 올 것이라고 생각합니다. 우리는 어쩌면 정부가 우리의 시시콜콜한 일상을 다 들여다볼 수 있는 미래를 향해 돌진하고 있는

---

8 https://www.nbcnews.com/news/us-news/john-perry-barlow-open-internet-champion-grateful-dead-lyricist-dies-n845781

지도 모릅니다. 이대로 간다면 금융 거래를 할 때마다 사이버 공간에 지문이 남는 세상이 올 것입니다. 꼭 이렇게 되란 법은 없지만, 다른 쪽으로 방향을 틀기 위해서는 커다란 의식의 변화가 필요합니다."[9]

1990년 여름 발로와 길모어는 미첼 카포Mitchell Kapor와 함께 EFF를 설립했다. EFF의 설립에는 그해 일어난 한 사건이 큰 영향을 주었다. 그해 초, 게임 도서 제작자인 스티브 잭슨Steve Jackson 이 911 긴급 신고 시스템의 작동 방식에 관한 문서를 몰래 입수했다는 누명을 쓰고 회사를 압수 수색당하는 일이 있었다. 수사 종료 후, 컴퓨터를 돌려받은 잭슨은 회사 전자게시판(BBS)에서 일반 사용자끼리 주고받은 사적인 이메일을 경찰이 열어봤다는 사실을 발견하고 소송을 하기로 했다. 이 소송은 인터넷에서 자유권을 보장하라는 시민운동으로 발전했다.[10]

이전까지 미국 경찰은 영장을 신청하지 않아도 이메일을 수집하고 열람할 수 있었지만, 이 사건(스티브 잭슨 게임사 사건) 이후로는 이메일 내용도 통화나 편지 내용과 마찬가지로 국가로부터 보호받아야 한다는 원칙이 확립되었다. EFF는 당시 소송에서 잭슨을 대변했다.

영원한 시인 발로는 유토피아에 가까운 자유로운 인터넷을

---

9   http://shop.oreilly.com/product/9781565929920.do
10   https://www.eff.org/about/history

꿈꿨다. 그는 온라인 세계가 기존 권력에 장악되지 않기를 바랐다. 발로는 1996년 전 세계 경제 엘리트들이 모인 스위스 다보스 세계경제포럼 World Economic Forum에서 다음처럼 인터넷의 독립을 선언했다.

산업 세계의 정부여, 살과 철로 이루어진 피곤한 거인이여, 나는 새로운 정신의 고향, 사이버 공간에서 왔다. 과거에 속한 너희에게 미래를 위해 부탁하나니, 부디 우리를 내버려두라. 우리는 너희가 반갑지 않다. 너희에게는 우리가 모인 이곳의 통치권이 없다.

우리는 인종, 경제력, 군사력, 신분에 따른 편견과 특권 없이 모두가 어울릴 수 있는 세계를 만들 것이다. 우리는 침묵이나 순응을 강요당할 걱정 없이, 누구나 어디서든 자신의 믿음을, 아무리 독특한 믿음이라도, 마음껏 표현할 수 있는 세상을 만들 것이다.

우리는 너희가 정한 재산권, 표현, 정체성, 활동, 배경에 관한 법적 개념을 적용받지 않는다. 그것들은 모두 물질에 근거를 두고 있고, 여기에는 물질이 없기 때문이다.[11]

---

11 발로의 선언 전문은 다음에서 볼 수 있다(동의하든 동의하지 않든, 분명 열정적이고 특정 시대를 보는 통찰이 담긴 글이다). https://www.eff.org/cyberspace-independence

콘은 자신도 발로에게 동의한다고 말했다. 인터넷은 엄청난 가능성을 가지고 있었지만, 그 가능성을 실현하려면 싸워야만 했다.

콘은 말했다. "발로는 암흑이 몰려온다면 도망쳐버리고 싶을지도 모르니까 긍정적으로 생각한다고 말하곤 했습니다. 나쁜 일이 벌어질 걸 알고 있었던 거죠. ⋯ 저는 발로가 옳았다고 믿습니다. 제 생각에 그는 낙천적인 기질을 타고난 것 같아요. 저는 여전히 인터넷 덕분에 인류 역사상 유례없이 많은 사람이 자기 생각을 널리 알릴 수 있게 되었다고 생각합니다. 이제 우리는 누구에게든 바로 말을 걸 수 있죠. 물리적 장벽은 사라졌습니다. 이 상황에 너무 익숙해져서 아무도 의식하지 않을 정도로요. ⋯ 인터넷은 목소리가 없던 사람들에게 목소리를 주었습니다. 저는 로스쿨을 졸업한 직후에 UN에서 일했습니다. 한번은 필리핀에 관한 보고서를 써야 했어요. 필리핀에서 일어나는 인권 침해 사례를 조사해야 했는데 자료를 찾을 방법이 없었습니다. 지금은 프로파간다와 정보 조작이 횡행한다는 게 문제죠. 하지만 일단 정보가 있어야 이런 문제도 발생하는 겁니다. 저는 이런 문제가 더 많은 사람이 인권을 보장받는 사회를 만들기 위해 거쳐야 하는 중간 단계라고 생각합니다. 제겐 이 일이 재미있었습니다. 지금도 재미있고요. 매일 재미있답니다."

콘은 재미있다고 말했지만, 비영리 재단이라고 해서 귀여운 히피들이 모인 모임을 떠올리면 곤란하다. 비록 소규모이고 저

예산으로 운영되는 재단이지만, EFF는 많은 일을 한다.

기업이나 다른 큰 재단으로부터 기부금을 받아 운영되는 다른 비정부 기구와 달리, EFF는 주로 회원의 기부금으로 운영된다. 현재 회원 수는 약 4만 명이다.[12]

돈을 주로 어디에 쓰냐고 물으니, 콘은 웃으면서 말했다.

"저는 고소로 먹고살아요. 매일같이 정부를 고소합니다. 정보를 얻기 위해 고소할 때가 많아요. 정보공개법 관련 소송은 저희 업무의 핵심입니다. 정부가 정보를 공개하지 않으면 그 정보를 활용할 수도 없으니까요. NSA 관련 소송도 계속하고 있어요. 인터넷 기간망 데이터 수집과 감시, 통화 내역이나 인터넷 사용기록 불법 수집 등이 이유죠. 페이스북에서 특정인을 차단한 국가 기관을 상대로도 두 건 정도 소송을 진행하고 있습니다. 텍사스 A&M(주립대학)이 학교 페이스북 페이지에 동물보호단체인 페타People for the Ethical Treatment of Animals, PETA나 동물 학대 사건과 관련된 내용을 올리지 못하게 한 일에 대해서도 소송 중이에요. 민간 단체가 아닌 공공기관이 그런 짓을 해선 안 되니까요. 요즘 이런 소송 중에 가장 큰 사건은 저희와 친한 나이트재단Knight Foundation[13]이 진행 중인 트럼프 트위터 관련 소송인데(이와 관련해

---

12   https://www.eff.org/files/annual-report/2017/index.html#FinancialsModal
13   나이트재단은 미국에서 저널리즘, 기술, 표현의 자유 관련 공익 프로젝트를 후원하는 주요 재단이다.

법원은 대통령 임기 중에는 트위터에서 미국 시민을 차단할 수 없다는 판단을 내렸다), 물론 이 소송도 적극 지지하고 있습니다. 그리고 특허 괴물에 맞서 싸우는 사람들을 지원하기 위해 특허 소송도 자주 해요. 소송이 정말 많아요.”

EFF의 법무자문과 법무이사를 거쳐 상무이사가 된 콘의 경력을 생각하면 그녀가 업무 시간의 대부분을 소송에 할애하는 것은 별로 놀랍지 않다. 그러나 EFF가 하는 일이 소송밖에 없는 건 아니다.

EFF는 다양한 일반 시민단체 활동과 더불어 사생활 침해 방지 기술을 개발해 배포하는 활동도 하고 있다. EFF가 만든 소프트웨어인 파놉티클릭 3.0 Panopticlick 3.0은 사용자의 광고 차단 프로그램이나 개인정보보호 프로그램이 얼마나 잘 작동하는지 검사해준다. 내 브라우저의 경우 ‘웹 추적을 어느 정도 방지해주지만 빈틈이 있다’는 평가를 받았다.[14] 웹 추적을 방지해 익명성을 지켜주는 프로그램인 프라이버시배저 Privacy Badger도 있다. 프라이버시배저는 새로운 추적 장치를 자동으로 감지해 막아주는 스마트한 추적 방지 소프트웨어다.[15] 프라이버시배저는 HTTPS 에브리웨어 HTTPS Everywhere와 함께 사용할 수도 있다.[16] HTTPs는

---

14   https://www.eff.org/ko/deeplinks/2017/11/panopticlick-30
15   https://www.eff.org/privacybadger
16   https://www.eff.org/https-everywhere

HTTP보다 보안이 강화된 프로토콜로, 데이터를 중간에 가로채기 힘들게 되어 있는데, HTTPS 에브리웨어는 브라우저가 HTTPs를 이용해서 사이트에 접속하게 해준다. 또 다른 프로그램인 서트봇Certbot은 소규모 웹사이트 운영자들이 HTTPs 환경을 구축할 수 있게 도와주는 프로그램이다.[17]

그러나 이런 프로그램은 기술 이해도가 높은 소수의 온라인 이용자와 개인정보보호 활동가들에게 도움을 줄 뿐, 인터넷 시장 전체와 일반 이용자의 사생활 문제에 대한 해결책이 될 수는 없다. 그래서 EFF는 다른 활동에도 힘쓰고 있다.

EFF의 활동은 정부 권력을 제한하는 것을 목표로 할 때가 많다. 정부가 온라인 커뮤니케이션을 감시하거나 전자기기를 압수하는 것을 막고 언론의 자유를 제한하지 못하도록 하는 것이 EFF의 주 업무다. 이런 일을 하는 EFF에게 망 중립성은 조심스러운 주제일 수밖에 없다. 어쨌든 망 중립성도 일종의 규제이기 때문이다. 그래서 EFF는 망 중립성을 옹호하기는 하지만, 다른 문제와 마찬가지로 소송에 집중한다는 입장이다. 콘은 망 중립성 문제가 단순히 콘텐츠 사업자와 망 사업자 사이의 갈등이 되는 것을 막기 위해서라고 설명했다.

"저희는 사용자를 대변하기 때문에, 저희 쪽에서 망 중립성

---

17   https://certbot.eff.org/

을 지키기 위해 싸운다는 건, 망 사업자가 웹사이트 운영자에게 '멋진 사이트를 운영하고 계시군요. 이런 사이트에 불미스러운 일이 있어선 안 되겠지요. 저희에게 돈을 주시면 저희 고객들이 당신의 사이트에 접근하는 걸 막지 않겠습니다'라고 말하지 못하도록 하겠다는 뜻이에요. 망 사업자가 고객을 인질로 삼거나, 고객에게 접근하려는 사람에게 돈을 받으면 안 된다고 생각합니다. 사람들은 인터넷 전체를 쓰려고 사용료를 내는 거지, 페이지를 빠르게 띄워 달라면서 망 사업자에게 웃돈을 준 사이트만 보려고 돈을 내는 게 아니니까요. 케이블 회사와 웹사이트 사이의 다툼에 관해 이야기하기 바쁘다 보니, 사용자의 입장은 간과될 때가 많아요. 케이블 회사와 웹사이트는 사용자에게 접근할 권한을 두고 싸우는 겁니다. 그러니 사용자가 목소리를 낼 수 있어야 해요. 저희에게 중요한 건 바로 그 점입니다."

이 책에서 지금까지 말한 문제들을 떠올려보면, 인터넷과 함께 생긴 여러 문제를 해결하려면 일단 규제부터 도입해야 한다고 생각하기 쉽다.

하지만 EFF의 생각은 다르다. 그리고 그 이유는 들여다볼 가치가 있다. EFF는 처음부터 국가의 통제에 저항하기 위해 태어났다. 인터넷의 문제 중 많은 부분이 시민의 삶을 더 자세히 들여다보고자 하는 국가의 열망과 힘이 너무 커서 생겼다는 사실을 잊어서는 안 된다. 어쩌면 미국의 열악한 인터넷 환경, 그리고 불친절한 망 사업자들도 규제의 결과인지 모른다.

콘은 말했다. "페이스북을 규제해야 한다고 말하는 사람들에게 저는 규제를 많이 받는 미국의 광대역 인터넷 시장을 보라고 말합니다. 소셜 네트워크나 검색 엔진의 독점보다 미국 광대역 인터넷 시장의 독점 문제가 더 심각합니다. 덕분에 망 사업자들은 품질이 낮은 인터넷 서비스를 제공하면서 소비자의 주머니를 털 수 있죠. 미국 사람들은 한국이 아니라 유럽에만 가도 인터넷 속도에 깜짝 놀랍니다. 그리고 독과점이 얼마나 미국의 인터넷 품질을 떨어뜨리는지 알게 됩니다. 독과점 상황에서는 서비스를 개선할 유인이 없으니까요."

콘은 독점 권력이 생기는 것을 막고 사용자들이 경쟁 시장에서 서비스를 선택할 수 있게 하면, 정부의 월권 행위를 포함한 인터넷의 문제가 대부분 해결될 거라고 믿는다. 규제가 그 일에 도움이 된다면 규제를 사용해도 좋을 테지만, 그러리라는 보장은 없다.

"좋은 규제를 도입하면 (열린 인터넷이나 망 중립성 같은) 좋은 목표를 달성할 수 있습니다. 하지만 규제만 도입한다고 다가 아니죠. 누가 규제를 집행할지, 어떤 부분에 집중할지에 따라 세상이 좋아질 수도 있고 나빠질 수도 있습니다. 그래서 EFF는 규제 여부를 고민하기보다는 경쟁을 촉진할 방법을 찾는 데 초점을 맞추고 있습니다. '규제를 해야 하나, 말아야 하나' 묻기보다는 '어떻게 경쟁을 촉진할까?'라고 물어야 합니다. '어떻게 하면 경쟁을 촉진하는 방향으로 규제기관, 기업, 시장, 법, 규칙을 움직여 사람들의 선택권을 넓힐 수 있을까?'라고 묻는 거죠. 경쟁을 촉진해도 정부의 감시 문제는 남아 있겠지만, 정부가 기업 두어 개가 아닌 10여 개를 상대해야 한다면, 그중에는 정부에 맞서려는 기업도 있을 겁니다. 이런 식으로 다른 문제도 해결할 수 있습니다."

확실히 EFF는 정부의 감시를 막는 일에 가장 중점을 두고 있다. 앞서 말했듯, 애초에 EFF가 설립된 이유도 공권력 남용의 피해자를 변호하기 위해서였다. 그 이후 스노든의 폭로 등으로 미국 정부가 인터넷을 활용해 (외국을 대상으로 하던 첩보 활동의 범위를 국내까지 확대하는 등) 감시 범위를 넓히고 있다는 사실이 수차례 드러나면서, EFF는 정부에 대한 회의적 시각을 더욱 굳히게 되었다.

이러한 배경과 정부가 인터넷에서 권력을 남용하는 경향이 있다는 사실을 고려하면, EFF가 정부의 규제와 감독을 믿지 못하고, 정부를 상대로 한 소송에 집중하는 이유도 이해가 간다. 그러나 콘은 정부뿐 아니라 인터넷의 기본 구조와 돈과 권력을 추구하는 힘 있는 사람들도 감시를 부추긴다는 데 동의했다.

콘은 말했다. "인터넷이 생기면서 더 정교한 통제와 추적을 할 수 있게 되었습니다. 감시 업무를 맡고 있는 NSA와 법 집행 기관들로서는 감시에 잘 맞는 네트워크가 생겨난 것이 큰 행운이었겠죠. 또 추적 광고처럼 감시를 기초로 한 수익 모델을 가진 기업에게도 큰 행운이었고요. 소비자를 잘 알수록 물건을 더 팔

수 있다는 가정 아래 인터넷에서는 매우 촘촘한 감시가 이루어지고 있습니다. 문제는 인터넷 자체가 감시에 적합하게 만들어져 있어서 이런 감시에서 벗어나기 어렵다는 겁니다."

이 문제를 해결하려면 전 세계적으로 엄청난 정치적 운동이 필요할 것이다. 하지만 콘은 지금까지의 경험으로 미루어볼 때, 사람들이 인터넷 감시 문제에 별로 관심을 보이지 않는다고 말했다. 콘은 그 이유로 감시자가 눈에 보이지 않는다는 점을 지적했다. 감시자가 보이지 않기 때문에 웹서핑은 안전하고 개인적인 경험으로 느껴진다.

"화면 앞에서 우리는 기본적으로 자신이 혼자라고 느낍니다. 보이지 않는 곳에서 벌어지는 일의 인과관계를 파악하는 건 언제나 힘든 일입니다. 인간은 이런 일에 정말 재주가 없습니다. 흡연자들이 폐암에 걸리는 일이 계속되었지만, 사람들이 담배와 폐암 사이의 인과관계를 깨닫고 행동에 나서기까지는 오랜 시간이 걸렸습니다. 우리는 사생활이 침해되거나 정보가 빠져나가는 순간을 눈으로 볼 수 없습니다. 게다가 그 결과도 눈에 잘 띄지 않죠. 결과가 보이더라도 인과관계를 밝힐 수 없을 때도 많고요. 그래서 '그 일은 생각하지 말자. 당장 도로가 밀리는 게 문제지, 안 보이는 데서 일어나는 일까지 신경 쓸 필요 없어'라는 태도를 가지기 쉽습니다."

콘은 사실상 모든 정부가 인터넷에 관해 같은 결정을 내린다는 사실도 지적했다. 정부는 인터넷을 국가 안보와 감시 능력을 키우는 수단으로 활용한다. 국가 안전을 유지하고 테러를 방지한다는 대의를 내세워 그렇게 하기도 하고, 권력을 유지하고 강화할 목적으로 이용하거나 국제 무대에서 우위를 차지하기 위해 그렇게 하기도 한다. 때로는 단순히 기술 발전에서 뒤처지지 않으려는 이유로 감시를 계속할 때도 있다.

"이 지점에서는 모든 정부의 뜻이 일치합니다. 시민에게 현실을 보여줘서 무엇이 문제인지 깨닫게 하려는 정부는 없어요. 다들 다른 나라가 하면 따라 하고 싶어 하거든요. 파이브아이즈든 중국이든 러시아든, 모든 정부가 유권자, 시민, 인류의 권익보다는 자기 이익을 앞세우고 있습니다. 모든 정부가 공모자입니다."

저항의 최전선에 선 사람이자, 권력자들이 내린 선택의 결과를 낱낱이 드러내기 위해 노력하는 사람인 콘은 민주 정부들이 모두 이런 전략을 택한 것이 다른 나라에 위험한 선례가 되고 있다고 말했다.

"저희가 맡은 사건 중에 키다네Kidane[18] 대 에티오피아 정부 사건이 있습니다. 메릴랜드에 사는 남성 키다네 씨의 컴퓨터에 에티오피아 정부가 소유한 IP 주소로 정보를 전송하는 악성 코드가 깔려 있었습니다. 키다네 씨는 에티오피아 민주화 운동에

18　키다네는 가명이지만, 그는 에티오피아 이민자 집단에서 실제로 이 이름을 사용하고 있다.

참여한 사람으로, 에티오피아에서 출생했지만, 난민 신청을 통해 미국 시민이 되었습니다. 저는 바로 도청 혐의로 에티오피아 정부를 고소했습니다. 스카이프 통화를 엿들었거든요. 미국에서 도청은 중범죄입니다. 하지만 미국 정부는 '외국 정부가 우리 시민을 도청해선 안 된다'는 답을 하지 않았습니다. 미국 정부는 아무 말도 하지 않았어요. 그리고 미국 법원은 판단을 유보했습니다. 다른 나라 정부가 한 일이니 면책 사항이라면서요."

다시 말하자면, 콘은 미국 시민이 미국 땅에서 통화와 대화를 감청당한 사건을 맡아서 진행 중이다. 전화를 쓰던 시절에 이런 일이 벌어졌다면, 서구 정부가 그냥 넘길 리 없는 사건이다. 그런데도 미국 정부는 이 사건에 관여하거나 공식 성명을 내지 않았다. 게다가 법원마저 도청의 주체가 외국 정부라서 개입할 수 없다며 판단을 유보했다. 콘이 말한 대로 도저히 이해할 수 없는 상황이다. 미국 행정부와 사법부는 죄를 묻지 않음으로써, 외국 정부가 미국 시민을 감시하는 일을 허용한 것이다.

콘은 말했다. "미국 법이 주권 면책을 들어 자국에서 외국 정부의 감시를 받는 미국 시민을 보호하지 않다니요. 이건 도저히 이해할 수 없는 일입니다. 시민이 자국에서 외국 정부의 공격을 받지 않도록 보호하는 건 정부가 해야 할 가장 기본적인 일입니다. 자유지상주의자들도 여기에는 동의할 겁니다. 법원은 이걸 문제라고 보지 않았지만, 저는 법원이 틀렸다고 생각합니다. 저는 언젠가 시류가 바뀔 거라고 믿습니다. 저희는 그때를 위해 일하는 거라고 생각해요."

콘은 EFF가 대중에게 인터넷 감시를 중요한 문제로 인식시키는 데 성공하지 못했음을 (겸허하고) 솔직하게 인정했다.

콘이 보기에 한 가지 문제는 눈에 띄는 피해를 본 사람 한 명을 중심으로 이야기를 전개하는 편이 훨씬 홍보가 잘된다는 것이다. 심지어 이런 이야기조차 관심을 끌지 못할 때가 많은데, 스토리텔링이 가능하지 않은 일반적인 문제가 주목을 받기는 더욱 어렵다.

"우리는 이 문제를 더 피부에 와닿게 홍보할 방법을 찾아야 합니다. 사람들이 개인적 사고방식을 벗어던지고 사회와 민주주의의 관점에서 생각하게 만들어야 합니다. 주인공 한 명이 자신이 겪은 억울한 일을 말하는 방식으로는 알릴 수 없는 문제가 많습니다. 문제를 더 잘 알릴 방법을 찾지 못한다면, 사람들은 계속 문제를 문제로 인식하지 않을 겁니다. 심지어 아까 말한 키다네 씨 사건은 내러티브가 있는데도 관심을 끌지 못했습니다."

일반 대중을 상대로 한 홍보도 그렇지만, 후원자를 모집할 때도 마찬가지다. 사람들은 인터넷의 시스템과 구조에 관한 문제를 너드들이나 관심을 가질 만한 협소하고 기술적인 문제로 생각하는 경향이 있다. 하지만 인터넷은 의심할 여지 없는 21세기의 핵심 공공 서비스다. 인터넷을 누가 관리하고 인터넷의 권력을 누가 잡을지는 중요한 문제다.

이 문제를 전문으로 다루는 몇 안 되는 단체 중 하나를 이끄는 콘은, 자신이 영웅이나 20세기 초의 반독점 운동가보다는 돈이 부족한 배관공과 더 닮았다고 말했다.

"정말 어려워요. 때때로 농담 삼아 EFF는 자유의 배관공이라고 말하곤 해요. 우리는 막혀 있는 관을 뚫으려 하고 있거든요. 그런데 우리 배관공들에게는 돈이 별로 없어요. 네트워크가 필수재인 만큼 더 많은 관심이 필요합니다. 자선단체 같은 곳도 마찬가지예요. 자선단체에 가서 네트워크 기반시설에 대해 말하려고 하면, 사람들이 흥미를 잃어요. 하지만 그 사람들이 후원하는 전 세계 모든 단체와 사람들도 인터넷으로 일하는 걸요."

하지만 콘은 여전히 긍정적이다. 콘은 25년을 계속 광범위해지고 판이 커져가는 온라인 전쟁의 최전선에서 보내고 난 다음에도 1990년대에 페리 발로를 비롯한 동료들과 공유한 긍정적 자세를 잃지 않았다.

아무리 이길 가능성이 낮다고 해도, 싸울 가치가 없는 건 아니다. 특히 인터넷의 긍정적인 면에 초점을 맞추는 사람에게 이 싸움은 의미 있는 싸움일 것이다. 돈과 권력에 짓눌려 잊기 쉽지만, 인터넷에는 장점이 많다.

콘은 이렇게 말했다. "저는 인터넷 덕분에 인류 역사상 가장 많은 사람이 다른 사람과 연결될 수 있게 되었다고 생각해요. 단순한 예로, 가족들이 세계 곳곳에 흩어져 살아도 인터넷 덕분에 서로 실시간으로 대화할 수 있잖아요. 저는 그런 장점들이 여전히 남아 있다고 믿어요. 장점이 사라지지는 않았어요. 새로운 기술이 누릴 수 있는 가장 큰 영광은 너무 익숙해져서 아무도 그 존재를 의식하지 않는 것 아닐까요."

콘과 EFF가 인터넷에서 표현의 자유를 제한해야 한다는 일부의 주장을 경계하는 것도 이런 사람들 사이의 연결, 특히 국제적 차원에서의 연결이 약해질 수 있기 때문이다. 요즘 서구권에서는 포퓰리즘의 득세를 막기 위해 표현의 자유를 제한해야 한다는 주장이 나오고 있다. 하지만 지구 전체로 범위를 넓혀보면 어떨까?

콘은 말했다. "다른 나라 운동가들과 일할 때면 더 그렇게 느낍니다. 많은 나라 사람들이 표현의 자유가 지나치다는 서구권 사람들의 말을 들으면 짜증을 냅니다. 그 나라에선 여전히 목소리를 얻기 위한 싸움이 계속되고 있거든요. 서구권 사람들이 다짜고짜 누구에게 말할 권리가 있고 누구에게는 없다고 정해버리는 건 옳지 않다고 생각해요. 그건 그 사람들에게 사형 선고일 뿐입니다."

콘은 온라인 사생활에 대한 관점에서 세대 차이가 나타나는 이유가 젊은 세대일수록 인터넷이 권력에 어떤 영향을 미치고, 온라인 사생활이 왜 중요한지, 왜 온라인에서 일어나는 사생활 침해가 집에서 누군가 내 글이나 일기를 훔쳐보고 서랍을 뒤지는 것만큼이나 심각한 일인지를 본능적으로 알고 있기 때문이라고 생각한다.

언론은 10대에서 20대 초반의 젊은 세대는 소셜 미디어 시대에 항상 온라인에 접속된 상태로 자랐기 때문에 사생활을 보장받을 거라는 기대를 하지 않는다고 쉽게 단언하는 경향이 있다. 하지만 이는 아무 근거 없는 주장이다. 오히려 태어날 때부터 온라인을 경험한 이들 세대가 이전 세대보다 온라인 사생활에 더 관심이 많고, 실제로 사생활을 보호하려는 조치를 더 많이 한다. 다만 소셜 네트워크와 온라인 서비스를 사용하기 위해 사생활을 어느 정도 드러낼 의향이 더 클 뿐이다.[19]

빠른 기술 변화에 조급해질만도 하지만, 콘은 현재 권력을 쥔 사람들을 바꿀 수 없다면 미래에 권력자가 될 사람들을 공략하는 것도 좋은 방법이라고 생각한다.

"아이들은 정부를 신경 쓰지는 않지만, 선생님, 친구들, 부모님의 눈은 확실히 신경 씁니다." 콘은 EFF가 이 점을 공략할 수 있다고 말했다.[20] "주변 사람들로부터 사생활을 지키려는 이런 본능을 더 큰 범위로 확장할 수 있습니다. … 많은 아이들이 정부가 사생활을 위협할 수 있다는 걸 알고 있습니다. 아이들은 감시 성향이 있는 부모로부터 자신을 지키기 위해 사용했던 방법을 정부로부터 자신을 지키기 위해서도 사용할 수 있습니다. 이건 저만의 생각이 아니에요. 저는 어른들이 진정한 사생활 침

---

19   https://uk.kantar.com/tech/social/2018/gen-z-is-the-generation-taking-a-stand-for-privacy-on-social-media/

20   콘은 코리 닥터로Cory Doctorow가 온라인 사생활을 주제로 쓴 청소년 소설 《리틀 브라더Little brother》가 이 주제를 다루고 있다고 말했다.

해와 아닌 것의 차이를 제대로 이해하지 못한다고 생각합니다. 제가 보기에 요즘 아이들은 프라이버시가 권한이나 힘과 관련된 문제라는 것을 제대로 알고 있습니다. 중요한 건 다른 이의 감시로부터 자신을 지킬 힘이 있느냐는 것입니다. 내 사생활을 많이 공개할지 적게 공개할지를 내가 결정할 수만 있다면 사생활이 지켜지는 겁니다. 일상생활을 많이 공개한다고 해서 사생활을 중시하지 않는다고 말할 순 없습니다. 무엇을 공개할지 내가 결정할 수 있다면요."

문제는 EFF와 그 대척점에 서 있는 기업 가운데 누가 젊은 세대의 마음을 사로잡을 것이냐다. EFF는 10대와 청년층에게 사생활을 지키려는 본능이 있다고 믿고 이를 지원하지만, 기업은 이들에게 사생활은 중요하지 않고 온라인 시대에는 사생활을 지킬 수 없다고 설득해 돈을 벌고 있다.

콘은 말했다. "슬프게도 광고업자들은 사생활은 이제 없으니 익숙해지라고, 그리고 그게 더 좋은 일이니 오히려 기뻐하라고 모두를 설득하고 있습니다. 실제로 프라이버시를 포기한 사람들이 많은데 너무 안타까운 일입니다. 사람들에게 포기하지 말라고 말하는 게 제 일이지요"

신디 콘이 시민운동과 소송을 통해 인터넷의 문제를 직접 해결하려는 활동가라면, 지미 웨일스Jimmy Wales는 다른 방식의 저항운동을 대표하는 인물이다. 그는 기존의 사업 모델과 완전히 다른 사업 모델을 만들어 저항하고 있다.

웨일스는 위키피디아의 공동 창업자다. 위키피디아는 인터 넷에서 방문자 수가 다섯 번째로 많은 웹사이트로,[21] 영문판 위 키피디아의 페이지뷰 수만 월 82억 회가 넘는다.[22] 영문판만 집 계했을 때, 위키피디아에는 580만 개가 넘는 항목이 있으며, 이 항목들은 8억 8000만 회 이상 수정되었고, 가입자 수는 3500만 명이 넘는다.[23]

위키피디아는 이렇게 성장하는 동안 한 번도 벤처 캐피털의 투자를 받거나 광고를 하거나 수익을 내지 않았다. 301가지 언 어로 작성된 백과사전을 제공하는 이 비영리 재단은 1년에 1억 달러 이하의 기부금으로 운영된다. 사이트에 올라오는 광고라고 는 몇 달에 한 번씩 올라와 수 주 안에 사라지는 기부금 모집 광 고가 고작이다.[24]

웨일스는 다른 닷컴 창업자와 많은 면에서 비슷하고(사용자 와 페이지뷰 수가 많은 세계적 규모의 사이트를 운영한다는 점), 또 많 은 면에서 다르다. 일단 그는 자신이 억만장자가 아니라고 말했 다. 하지만 그의 말은 영향력이 크다. 웨일스는 이제 위키피디아 와 위키미디어 재단을 직접 운영하지 않고 활동가로 더 많이 일

---

21   https://www.alexa.com/siteinfo/wikipedia.org
22   https://stats.wikimedia.org/v2/#/en.wikipedia.org
23   https://en.wikipedia.org/wiki/Wikipedia:Statistics
24   https://foundation.wikimedia.org/wiki/2016-2017_Fundraising_Report

하는데, 활동 목적은 EFF와 비슷하다. 웨일스는 지나치게 엄격한 저작권법에 반대하고 망 중립성을 지지하고 인터넷에서 일어나는 감시와 통제의 위험성을 경고하는 일을 한다.

웨일스가 고른 인터뷰 장소는 겉보기에 잘 어울리지 않는 두 가지 일을 함께하는 그와 비슷한 곳이었다. 런던의 고급 주택가(메이페어)에 위치한 세련된 프라이빗 클럽이었는데, 평범한 프라이빗 클럽은 아니었다. 《보그》의 설명에 따르면, 런던에 막 문을 연 '콩뒤클럽Conduit Club,'은 '세상을 바꿀 수 있다고 믿는 사람이 모인 곳. 바에서는 윤리 펀드 매니저를, 도서관에서는 지속 가능한 패션 디자이너를, 무도회장에서는 주요 시민단체 인사를 만날 수 있는 곳'이었다.[25]

그날 클럽은 노트북을 편 채 일에 몰두한 젊은 사회적 기업가들로 북적였다. 나이가 많고 부유한 동료들의 지원과 후원으로 클럽에 가입한 이들이었다. 내가 웨일스와 이야기를 나누는 동안, 우리 옆 테이블에 앉은 미래의 사회적 기업가는 옆자리에 앉은 사람이 누구인지 모른 채 위키피디아를 보고 있었다.

위키피디아는 원래 영리 기업(웨일스가 CEO로 일했던 보미스Bomis라는 기업으로, 현재는 문을 닫았다)에서 닷컴 버블이 꺼진 직후 뚜렷한 사업 모델 없이 만든 서비스였다. 웨일스는 처음부터

---

25   https://www.vogue.co.uk/article/how-the-conduit-plans-to-change-the-world

기부금으로 운영되는 비영리 서비스를 하려고 했던 게 아니라, 우연히 그렇게 되었다고 말했다.

"(2003년 여름까지만 해도 위키피디아는) 회사의 여러 일 중 하나였고 주요 사업은 아니었습니다. 저는 비영리로 운영하는 편이 그 프로젝트에 더 잘 맞겠다고 생각했습니다. 닷컴 버블이 꺼진 직후여서 사정이 정말 안 좋았습니다. 뚜렷한 사업 모델이 없었어요. 참여자들이 비영리 사이트가 되기를 바랐는데 저도 그 편이 보기 좋을 것 같았습니다. 전 세계의 공유 자원이 되어야 한다고 생각했어요."

원래는 보미스가 위키피디아의 운영 자금을 지원했지만, 닷컴 버블이 꺼진 여파로 더는 지원이 어려운 상황이었다.[26] 그런 상황에서 크리스마스에 악몽 같은 사건이 벌어졌고, 웨일스는 그 사건을 해결하는 과정에서 위키피디아를 기부금만으로 운영할 수 있다는 확신을 얻게 되었다.

"당시 서버 세 대로 위키피디아를 운영하고 있었습니다. 데이터베이스 서버 한 대와, 프런트엔드 웹서버 두 대였지요. 크리스마스 당일에 서버 두 대가 고장 났어요. 그때 저는 샌디에이고를 떠나 있었습니다. 서버는 샌디에이고에 있지, 연휴 동안 회사에 남아 있던 직원은 크리스마스라서 집에 갔지, 정말 아무것도

---

26   https://en.wikipedia.org/wiki/Bomis

할 수 없는 상황이었어요. 저는 크리스마스 당일에 허둥지둥 회사로 가서 일단 서버 한 대로 서비스를 구동할 수 있게 해두었습니다. 그랬더니 예상대로 속도가 끔찍하게 느려지더군요. 크리스마스 연휴가 끝난 뒤에야 그럭저럭 문제를 해결했어요. 그때 어쩌면 서버가 훨씬 더 많이 필요할지도 모른다는 생각이 들었습니다. 성장 속도가 굉장히 빨랐거든요. 그런데 서비스 속도가 느려지면 계속 그렇게 성장할 리 없었죠. 그래서 처음으로 모금을 했습니다. 저는 30일, 그러니까 한 달 동안 2만 달러만 모였으면 좋겠다고 생각했습니다. 그런데 몇 주 만에 3만 달러가 모이더라고요. 충격을 받았죠. 정말 멋졌어요. 비영리로 운영할 수 있다는 증거가 처음으로 생긴 거죠. 그전에는 운영 자금을 어떻게 마련해야 할지 불분명했거든요."

웨일스가 말한 대로, 그가 엄청난 이타심에서 위키피디아를 비영리 서비스로 만든 건 아니었다. 그저 투자 자금이 부족한 시기에 기부금을 받는 것 외에 돈을 모을 방법이 없었을 뿐이다. 게다가 위키피디아는 자기 시간과 지식을 무료로 제공하는 참여자들이 있어야 운영되는 서비스였다. 그 참여자들이 누군가에게 큰돈을 벌게 해주기 위해 그런 일을 할 리는 없지 않을까?

"뚜렷한 사업 모델이 없었습니다. 전에 비슷한 걸 했던 사람이 아무도 없었으니까요. 위키피디아는 웹 2.0이라는 말이 생기기도 전에 웹 2.0(참여, 공유, 개방 정신을 바탕으로 사용자가 직접 정보 생산에 참여하는 형태의 웹—옮긴이)을 구현한 사이트였어요.

저는 위키피디아에 광고를 실어야 한다고 생각하지 않았습니다. 항상 반대하는 입장이었어요. 대놓고 안 된다고 말한 적은 없지만, 항상 '광고는 안 했으면 좋겠습니다. 다른 방법을 찾아봅시다'라고 말했죠. 그리고 봉사자들이 참여하는 서비스라서 사용자로부터 돈을 받을 수도 없었어요. 모든 사람이 자국어로 된 무료 백과사전을 볼 수 있게 하자는 생각으로 시작한 프로젝트거든요. 그러니까 무료로 운영해야만 했죠. 사람들이 정말로 위키피디아를 지원해주는 걸 보니 즐거웠어요. 킥스타터 같은 크라우드 펀딩 사이트가 생기기 전에 크라우드 펀딩을 한 거죠."

무료로 콘텐츠를 만들어 무료로 제공하는 위키피디아 모델과 경쟁하기는 거의 불가능한 것으로 드러났다. 과거 IT 업계에서 대적할 기업이 없던 마이크로소프트도 당시 인기 있던 백과사전 엔카르타Encarta에 위키피디아 모델을 차용해 사용자들에게 참여할 기회를 주었지만 실패를 맛보았다.

"마이크로소프트가 이제 일반 사용자도 엔카르타를 편집할 수 있다면서 엄청난 홍보를 한 적이 있었어요. 그 기사를 읽었을 때는 … 신경이 쓰였습니다. 하지만 곧 웃어넘길 수 있게 되었어요. 엔카르타에 가입해서 편집을 해봤는데요. 항목을 선택하고 고친 다음 전송을 눌렀더니 이런 메시지가 뜨더라고요. '감사합니다. 학자와 연구자로 구성된 전문 팀의 검토를 거친 후 되도록 한 달 내로 연락을 드리겠습니다.' 저는 '됐어. 걱정할 필요 없겠어. 이걸로는 아무것도 바뀌지 않겠군'이라고 생각했어요."

웨일스가 보기에 엔카르타에는 더 큰 실패 원인도 있었다. 그는 웹사이트나 서비스의 사업 모델은 운영 방식이나 추구하는 가치와 밀접하게 연관되어 있다고 믿는다. 쉬운 예로, 사람들에게 대가 없이 자발적으로 시간을 투자하라고 말하는 서비스가 영리를 목적으로 한다면 실패할 가능성이 크다. 그뿐 아니라, 사업 모델은 서비스의 원칙과도 관련이 있다.

웨일스는 독재 정권이 웹사이트를 감시하거나 개인정보를 요청하는 경우를 예로 들어 설명했다. 비영리 사이트는 그 나라에서 얻는 수입이 줄어들 것을 걱정하지 않아도 되기 때문에 이런 요청을 더 쉽게 거절할 수 있다. 게다가 독재 정권의 요청에 응할 경우 사용자들이 반발할 것까지 생각하면 더더욱 옳은 결정을 내리기 쉬워진다.

웨일스는 말했다. "저는 조직이 자연스럽게 돈을 따라간다고 믿습니다. 아무리 원칙을 세웠더라도, 사업 모델이 그 원칙과 충돌하면 시간이 지날수록 그 원칙을 지키기가 매우 힘들어집니다. … 이 말은 영리 조직과 비영리 조직에 모두 적용됩니다. 안 좋은 비정부 기구가 많은 것도 그런 이유입니다. 그런 비정부 기구들의 사업 모델은 실제로 문제를 해결하는 게 아니라, 잘사는 나라 기부자들에게 예쁜 안내 책자를 돌려 돈을 모으는 것이거든요."

웨일스는 위키피디아의 원칙과 사업 모델이 어떻게 조화를 이루는지 설명하기 위해 위키피디아와 터키 정부 사이의 갈등을 예로 들었다. 위키피디아에 터키 정부가 ISIS와 알카에다에 자금을 지원한 정황이 있다면서 터키를 테러 지원 국가로 규정하는 내용이 올라오자, 터키 정부는 자국 내에서 위키피디아 전체를 사용하지 못하게 막았다. 그 페이지가 터키의 통신법을 어겼다는 이유였다.[27] 웨일스의 말에 따르면, 위키피디아는 비영리 재단이기 때문에 이 검열 논쟁에서 원칙을 지킬 수 있었다. 아니, '지켜야만' 했다. 원칙을 지키지 않으면 사용자와 기부자들이 등을 돌릴 것이기 때문이다. 비영리 재단이라는 사업 모델 덕에 위키피디아는 계속 정직하게 사이트를 운영할 수 있다.

웨일스는 말했다. "현재 터키는 위키피디아를 차단하고 있습니다. 사람들은 '사이트를 차단하겠다는데도 굴복하지 않다니, 정말 원칙에 따른 용기 있는 행동'이라고 말합니다. 저는 '네 그렇죠'라고 답하지만, 기부금을 받아 운영하는 사업 모델을 가진 비영리 재단으로서는 그렇게 할 수밖에 없습니다. 그렇게 해야 기부자들이 우리에게 동의할 테니까요. 만일 우리가 '터키 정부를 비난한 페이지들을 지우겠다'고 말했다면, 기부금이 안 걷혔을 겁니다. 그리고 비영리 재단을 운영하다 보면 이런 태도를 가지게 됩니다. '터키에서 비즈니스를 안 한다고 요트를 팔아야 하는 것도 아닌데 뭐.' 어차피 요트도 없으니까요."

---

27   https://en.wikipedia.org/wiki/Block_of_Wikipedia_in_Turkey

그렇다고 위키피디아가 완벽하다는 말은 아니다. 완벽한 건 없다. 위키피디아는 다른 인터넷과 마찬가지로 성 편향이 심하다. 위키피디아의 항목을 원격으로 생성하고 관리하는 데 참여하는 사용자들을 '편집자'라고 부르는데 이중 90퍼센트가 남성이고 여성은 단 9퍼센트다.[28] 또 여성 편집자들이 위키피디아에서 일어나는 온라인 성범죄를 고발한 적도 있다.[29] 백과 항목에서도 성별 차이가 나타나는데, 세계 인구의 반 이상이 여성임에도 여성을 소개하는 항목은 전체 인물 항목의 18퍼센트 미만이다.[30] 또 거짓 정보와 거짓 정보에 대한 공포가 성행하는 온라인 세계에서, 위키피디아는 언제나 거짓 정보를 퍼뜨리는 데 악용될 위험을 안고 있다.[31]

이처럼 위키피디아라고 해서 인터넷이 안고 있는 문제가 없는 것은 아니다. 하지만 비영리사업 모델 덕분에 위키피디아는 인터넷이 겪고 있는 일부 문제를 피할 수 있었고, 페이스북이나 구글 등의 영리 기업처럼 옳고 그름을 판단하기 힘든 상황에 놓이지 않을 수 있었다.

웨일스는 말했다. "저는 그 회사들이 곤란한 상황에 처해 있

---

28 https://en.wikipedia.org/wiki/File:LE15_Gender_overall_in_2018.png
29 https://www.theatlantic.com/technology/archive/2015/10/how-wikipedia-is-hostile-to-women/411619/
30 https://www.nature.com/articles/d41586-018-05947-8
31 미국의 싱크탱크인 데모스Demos의 칼 밀러Carl Miller가 트위터에서 이 사실을 지적했다. https://twitter.com/carljackmiller/status/1022055586471534592

다고 생각합니다. 페이스북만 봐도, 사업 모델 때문에 사람들이 별로 좋아하지 않는 일을 하고 있죠. 제 생각에 페이스북 내부 사람들도 아마 그런 일을 별로 안 좋아할 겁니다. 엔지니어들 중에는 괜찮은 시각을 가진 사람이 많으니까요. 그런데도 그만두기가 어렵죠."

웨일스는 인터넷의 개방성과 실험 정신, 유대감 덕분에 위키피디아를 만들 수 있었다. 앞에서 네트워크라는 기반시설을 계획 없이 만드느라 여러 위험 요소가 생겼다고 말했지만, 네트워크의 기초를 구성하는 프로토콜이 아닌, 웹사이트나 서비스를 만들 때는 그런 놀이 같은 접근 방식이 효과적일 때가 많다.

웨일스는 1990년대 후반부터 2000년대 초까지 상황이 다른 식으로 전개되었더라면, 지금 인터넷의 모습이 크게 달라졌을 거라고 말했다. 당시 인터넷은 오늘날의 망 중립성 논쟁과는 비교도 안 될 정도로 큰 갈림길에 서 있었다. 미국의 대형 인터넷 망 사업자들(AOL, 컴퓨서브CompuServe 등)이 자체 플랫폼을 만들어, 사용자들에게 자신이 만들거나 선정한 콘텐츠만 보여주려 시도했던 것이다.

"날아오는 총알을 운 좋게 피한 기분입니다. 인터넷이 막 피어나서 다양성을 가진 생태계로 성장하려는 시점에 정말 커다란 폭탄이 날아왔습니다. AOL, 컴퓨서브, 프로디지Prodigy 같은 인터넷 망 사업자들이 지금은 상상하기 힘들 정도로 높은 벽을 세워 닫힌 플랫폼을 만들고자 했거든요. 그렇게 했다면 네트워크 효과 때문에 그들 중 하나가 승자가 되었을 겁니다. … 그럼 한 주에 AOL CD를 10개씩 받았겠죠. 어쩌면 전 세계를 CD로 뒤덮어버렸을지도 모릅니다(AOL은 미국에서 홍보를 위해 무료 설치 및 체험 CD를 무차별 배포했다. 당시 사람들은 AOL CD를 너무 많이 받는 바람에 그냥 버리는 경우가 많았다 ─ 옮긴이)."

당시 사람들은 친구들과 같은 서비스를 이용하고 메시지를 주고받기 위해 AOL에 가입하고 싶어 했다. AOL은 상승 기류를 타는 듯했다.

"친구들이 다 AOL을 쓰니까 나도 AOL을 써야 하는 게 당연했어요. 그렇게 벽이 쌓여 버리면, 그 벽을 부수는 건 무척 힘듭니다. 사람들이 요즘 페이스북의 문제로 지적하는 게 바로 그 점이죠."

"하나의 회사가 관리하는 플랫폼에서 혁신적이고 다양한 서비스가 등장하기는 어려웠을 겁니다. 만일 AOL과 일해야 했더라면 위키피디아는 살아남기 어려웠을 겁니다. 일단 플랫폼에 올리려면 사용료를 내야 했을 테니까요. 다행히 창의력을 폭발시키는 다른 모델이 등장했고 사람들은 그쪽으로 끌렸죠."

우리는 다행히 닫힌 플랫폼과 AOL이 지배하는 인터넷과 AOL이 지배하는 세계를 피할 수 있었다. 하지만 어쩌면 착각일지도 모른다. 웨일스는 하버드대학교 법학대학원 교수이자, 존경받는 인터넷 사상가 조너선 지트레인Jonathan Zittrain[32]의 연설을 언급하며 현재의 인터넷이 옛날 AOL이 꿈꿨던 닫힌 플랫폼과 생각만큼 다르지 않을 수도 있다고 말했다.

"지트레인은 그 멋진 강연에서 먼저 AOL과 컴퓨서브의 시작 화면을 보여주었습니다. 아이콘 여러 개 떠 있는 화면이었어요. 그는 먼저 '다행히 우리는 이런 시대를 벗어나 다양하고 자유롭고 열린 웹을 누릴 수 있게 되었습니다. 누구나 허락받지 않아도 무엇이든 할 수 있죠'라고 말했습니다. 그러더니 '이제 우리에게는 스마트폰이 있습니다'라면서 화면을 보여주는 겁니다. 충격적이었죠. 돌아간 겁니다. 다시 컴퓨서브의 시대였어요. 한 회사가 우리가 쓰는 모든 앱을 관리하니까요. 그걸 쓰려면 매달 돈도 내야 하고요. 매우 인상적이었습니다."

애플과 안드로이드가 관리하는 애플리케이션 세계는 사용자들에게도 어느 정도는 유익하다. 바이러스나 수상한 프로그램이나 사기를 일부 막아주기 때문이다. 하지만 이런 장점은 제조사나 네트워크 사업자의 통제로부터 벗어날 자유와 실험 정신을 포기한 대가(그리고 사용료를 지불한 대가)다. 웨일스는 이러한 앱 시스템이 놀이를 허용하지 않는다고 걱정했다. 새로운 아이디어는 놀이 없이 탄생하기 힘들다.

"예를 들어서 마인크래프트 같은 경우가 그렇습니다. 마인크래프트는 게임 마니아들이 모이는 포럼에 누군가가 '나 게임

---

32 조너선 지트레인은 《인터넷의 미래 The future of the internet》의 저자다. 읽을 가치가 있는 책이다.

하나 만들었는데 봐줄래?'라는 글이 올라오면서 시작되었습니다. 포럼 사람들이 조언할 때마다 글을 올린 사람은 계속 게임을 고쳐 나갔죠. 그런 일이 앱 세계에서는 불가능합니다."

웨일스처럼 옳은 일을 하려면 실험과 놀이만 즐길 뿐 성공한 닷컴 기업 설립자가 누릴 수 있는 것들은 모두 포기해야 하는 걸까? 웨일스의 유명세를 보면 유명해지는 것까지 포기할 필요는 없어 보이지만, 그의 말에 따르면 웨일스는 억만장자는 아니지 않은가?

하지만 그렇다고 웨일스가 가난한 건 절대 아니다. 위키피디아가 가장 성공한 비영리 사업이긴 해도 말이다. 웨일스는 위키피디아에 쓰이는 기술을 응용한 영리 사이트도 운영하고 있으며, 그 사이트에서는 광고도 한다. '팬덤Fandom'이라는 이름의 그 사이트는 비디오 게임이나 텔레비전 프로그램 등의 팬들이 모여 그 프로그램에 관한 위키피디아를 만들 수 있는 사이트로, 믿기 힘들 만큼 상세하고 복잡한 팬 세계를 기록으로 남길 수 있게 해준다.

웨일스가 활동가로서 하는 일도 그렇지만, 그가 하는 일 가운데 인터넷의 관행에 가장 명백히 저항하는 모습을 보여주는 건 다름 아닌 위키피디아 그 자체다. 위키피디아는 사생활을 침해하는 추적 광고에 의존해 사이트를 운영하지도 않고, 벤처 캐피털로부터 막대한 자금 지원을 받지도 않았다. 위키피디아로 막대한 부를 거머쥔 사람은 없다. 위키피디아는 공동체를 가꿀

뿐, 그 공동체를 부당하게 이용하지 않는다. 물론 다른 그 무엇과 마찬가지로, 위키피디아도 완벽하지는 않다. 하지만 경쟁자들이 아무도 채택하지 않은 사업 모델을 택하고도 손꼽히는 규모의 사이트가 되었다.

그리고 그렇게 하기 위해 치러야 했던 대가는 생각만큼 크지 않았던 것 같다. 웨일스는 호화 요트는 없지만, 즐거움을 다 포기한 건 아니라고 말했다. 나는 그 말을 기꺼이 믿기로 했다.

"플로리다에 7미터짜리 가족용 모터보트가 있어요. 전 잘살고 있습니다."

결론

나는 이 책에서 인터넷을 이야기하고자 했다. 인터넷이 실제로 어떻게 작동하고, 그로부터 누가 이득을 얻고 있는지를 말이다. 흔히들 기술적이고 지루하고 신경 쓸 필요 없고 무시해도 괜찮다고 하는 이야기를 더 인간적인 이야기로 바꾸고 싶었다.

인간의 이야기이므로, 권력과 부는 빠질 수 없다. 인터넷은 인간이 보상을 좇는 과정에서 여러 결정을 내리며 만들어낸 인공물이지, 저절로 생겼기 때문에 무조건 받아들여야 하는 자연물이 아니다. 그런데도 우리는 인터넷이 자연스럽게 지금의 모습이 되었다고 느낀다. 심지어 이 책을 만드는 데 도움을 준 사람들조차도 그렇게 느끼고 있었다.

인터넷은 발명된 지 이제 겨우 60년이 지났을 뿐이다. 지구상에는 인터넷 발명 이전에 태어난 인구가 17억 명이나 있다.[1]

인터넷은 대중화된 지 20년밖에 되지 않은 기술이다. 주요 인터넷 기업 가운데 대다수는 여전히 창업자가 운영하고 있으며, 인터넷의 기반 구조를 만든 사람들도 대부분 아직 살아서 자신이 만든 기술의 결과물을 목도하고 있다.

그러나 이들 가운데 자신이 인터넷을 움직이고 있다고 믿는 사람은 아무도 없다. 기술 변화는 원래 한 사람이 앞장선다기보다는 동시다발적으로 일어나는 법이다. 인터넷의 기반 구조를 만든 사람들은 오늘날의 거대한 글로벌 네트워크를 자신이 개발했다는 사실을 믿기 힘들어하지만, 인터넷은 그들의 발명품이 맞다. 그리고 이 책은 인터넷을 만든 그 사람들이 인터넷과 자본, 그리고 정부 권력의 관계를 어떻게 보고 있는지 알려준다.

스티브 크로커의 말과 DARPA 및 당시 연구자들이 남긴 기록을 보면 최초의 인터넷은 서로 다른 동기를 가진 다양한 집단이 만든 것임을 알 수 있다. 교수들은 컴퓨터를 더 살 예산을 받고자 했지만, 네트워크를 구축할 예산밖에 받지 못했다. 대학원생들은 지도교수들이 미처 못 본 가능성을 알아보고 맡은 일보다 더 많은 일을 했다. 그리고 국방 관련 연구를 지원하는 기관인 DARPA는 네트워크 기술을 군사용으로 사용하기 전에, 실패해도 위험하지 않은 학계에서 먼저 검증하고자 아르파넷 연구

---

1   https://www.populationpyramid.net/world/2018/

를 지원했다.

아르파넷은 초기 거의 20년 동안 미국 국방부의 관리를 받았고, 그 뒤에도 다시 20년 동안 느슨하기는 했지만 미국 상무부의 관리를 받았다. 인터넷은 탄생 당시부터 정부 권력과 깊은 관계를 맺고 있었다. 정부가 있을 자리는 없다면서 새 세계, 새 역할을 외치는 사이퍼펑크 운동과는 거리가 멀었다.

1990년대에 인터넷은 빠르게 성장하기 시작했고, 물리적 기반시설이 갖춰졌다. 인터넷의 물리적 기반시설은 손에 잡히지 않는 '구름'도, 새로운 세상도, 새로운 통신 수단도 아니다. 인터넷은 강한 규제를 받던 1970-1980년대의 전화망보다 프로토콜 면에서는 훨씬 개방적이고 혁신적이지만, 물리적 기반시설은 그리 다르지 않다.

인터넷 망은 국가로부터 강한 규제를 받는 다른 통신 수단 및 경쟁 기술(물론 케이블 TV와 전화가 여전히 인터넷의 경쟁 기술이라고 할 수 있다면 말이지만)이 사용하는 전화선과 광통신 케이블을 똑같이 사용한다. 인터넷은 대다수 사람이 인터넷을 알지도 못했던 시절부터 규제를 둘러싼 이권 다툼의 대상이었다. 그리고 규제를 둘러싼 이권 다툼이 있었다는 사실은, 처음부터 인터넷에 권력이나 이윤이 걸려 있었음을 보여준다. 그리고 규제를 둘러싼 다툼이 있다는 사실은 그 싸움을 통해 권력이나 이윤을 거머쥘 가능성이 있다는 뜻이다.

이런 물리적 네트워크를 기반으로 세워진 새로운 온라인

세상이 낡은 세계의 권력자들로부터 자유로울 리 없다. 존 페리 발로는 1996년 사이버 공간의 독립을 선언했지만, 그는 당시 그 선언이 현실이 아닌 소망이라는 사실을 알고 있었다(마치 미국이 아직 영국의 식민 지배를 받던 1776년에 첫 〈독립선언문〉을 낭독한 것처럼 말이다). 그 선언을 하기 6년 전에 이미 이메일을 감시하려는 정부에 맞서 EFF를 공동 설립한 사람이 아무럼 그 사실을 몰랐을까?

인터넷은 아는 사람들끼리 쓰는 네트워크로 시작했고, 그래서 보안을 거의 고려하지 않고 만들어졌다. 당시 사람들은 보안을 나중에 고려할 문제로 여겼거나, 대개는 아예 신경조차 쓰지 않았다. 또 프라이버시도 고려하지 않아서, 이전의 통신망과 달리 손쉽게 중간에 정보를 대량으로 가로챌 수 있었다. 이런 약점은 사람을 거치지 않고도 가로챈 정보를 읽고 분석할 수 있는 인공지능 기술의 발전과 맞물려 감시를 더욱 용이하게 했다.

여기에 프로그래머틱 광고 기법이 생겨나고 모든 사이트가 광고 수익을 위해 이용자의 인터넷 활동을 추적하는 일이 당연시되면서, 정부의 감시 능력은 더욱 커졌다.

프로그래머틱 광고는 정부의 개입 없이 만들어졌지만(정부가 악의적 음모를 가지고 계획적으로 프로그래머틱 광고 기법을 만든 건 아니다), 현재 세계에서 가장 중요하고 수익성 높은 사업 분야인 광고 산업이 정부가 필요로 하는 정보를 생산 및 제공하게 만들어, 이전의 군산복합체가 군정복합체(군사-정보 복합체militaryinformational complex)[2]로 바뀌는 데 기여하고 있다.

벤처 캐피털 또한 이 추세를 가속화하고 있다. 벤처 캐피털은 과도한 돈을 투자해 신생 닷컴 기업이 수익을 좇아 거대한 글로벌 기업으로 성장하도록 유도하고, 프로그래머틱 광고 모델을 택하도록 강제하며, 투자한 기업이 성공하면 인터넷 시대 이전부터 상당한 영향력을 행사해온 기관 투자자(대학, 연기금 등)와 원래부터 부유했던 개인 투자자들에게 엄청난 수익을 몰아준다.

2008년 금융위기는 이러한 선점 행위를 오히려 재촉하는 결과를 낳았다. 각국 중앙은행이 1930년대와 같은 대공황이 오는 것을 막고 경기를 되살리고자, 이자율을 0퍼센트 가까이로 최대한 낮춰 수천억 달러의 값싼 돈을 시장에 투입했기 때문이다.

투자처를 찾는 돈이 넘쳐나는 와중에, 소셜 네트워크가 각광받기 전의 실리콘밸리 기업들, 즉 전 세계의 이베이와 페이팔들이 성장해 엄청난 기업 가치를 인정받으면서, 기술기업은 세계에서 가장 각광받는 투자처가 되었다. 어떻게 보면 투자할 기업보다 시장에 떠도는 돈이 더 많은 상황이었다.

벤처 캐피털을 따라 기술기업에 투자할 유인은 그 어느 때

---

2   처음에는 내가 이 표현을 만들어냈다고 생각했지만, 구글 검색을 해보니 이미 쓰이는 말이었다. 예를 들어 2014년 쇼샤나 주보프Shoshana Zuboff(《감시 자본주의 시대The Age of Surveillance Capitalism》의 저자)가 쓴 다음 기사에서도 이 단어를 볼 수 있다. https://www.shoshanazuboff.com/new/my-new-article-on-the-weapons-of-mass-detection/

보다 커졌다. 하지만 기술 거품이 만들어낸 수익의 대부분은 일찍부터 기술기업에 투자한 벤처 캐피털에게 돌아간다. 이들은 초기에 엔젤 투자자로 참여해 돈을 묻어둘 수 있다. 일반 투자자들이 주식을 거래할 때는 이미 벤처 캐피털이 잠재 수익 중 대부분을 가져간 다음이다.

이런 일이 가능한 것은 각국 행정부와 입법부가 이런 행위를 의도적으로 묵인하고 있기 때문이라고밖에 볼 수 없다. 만일 오프라인에서 사업하는 유통업체 두 곳이 합병을 신청한다면, 규제기관은 면밀한 관찰과 분석을 거쳐 승인 여부를 결정할 것이다.

실제로 2018년 영국에서 슈퍼마켓 체인 세인즈버리Sainsbury 와 (월마트가 소유한) 아스다Asda가 합병 신청을 했을 때, 영국 정부는 두 업체 모두 온라인 유통업체와의 극심한 경쟁에 시달리고 있었음에도 경쟁이 제한될 것을 우려해 허가를 내주지 않았다.[3] 미국에서도 지역 신문사나 방송사를 소유한 회사가 다른 신문사나 방송사를 인수하려면 엄격한 심사를 거쳐야 하며, 최대한 소유할 수 있는 신문사나 방송사의 개수도 명확히 정해져 있다.

낡은 사업들이 이런 규제를 받는 동안(심지어 이들 규제로도

---

3   http://www.cityam.com/273662/sainsburys-shares-crash-asda-merger-torpedoed

불충분하다는 주장이 많다), 페이스북은 당시 자사 앱의 경쟁자로 빠르게 성장 중이던 메시지 앱인 왓츠앱을 무리 없이 인수했다. 페이스북이 미국 외 국가에서 왓츠앱 사용자 수가 빠르게 늘어나고 있다는 정보 그리고 왓츠앱 이용 시간이 길어질수록 페이스북 앱의 사용 시간이 짧아진다는 정보를 볼 수 있었던 건, 서드파티third-party 분석 앱(광고를 위해 사용자의 앱 사용 내역을 분석하는 도구—옮긴이) 덕분이었다.

　페이스북은 왓츠앱을 190억 달러라는 엄청난 가격에 인수한 데 이어,[4] 잠재적 경쟁자를 찾아내 제거하는 데 도움을 준 분석 앱도 사들였다. 아무도 이를 저지하지 않았다. 아니, 의문을 제기한 사람조차 없었다. 지금껏 아무도 이런 일을 문제 삼지 않았다.

　이 모든 일이 가능했던 건, 지금까지 우리가 충분히 관심을 기울이지 않았기 때문이다.

　사실 이런 무관심은 2008년 금융위기 때도 드러난 우리의 고질적 문제다. 현재 상황은 금융위기 때와 많이 닮았다. 금융위기 직전 전 세계적으로 자산 거품이 형성되었다. 돈의 값어치는 낮았고, 대출을 쉽게 받을 수 있었으며(심지어 일정한 소득이 없거

4　https://www.bbc.co.uk/news/business-26266689

나 소득이 적은 사람도 받을 수 있었다) 시장은 과열되었다.

그러나 아무도 불편한 질문은 하지 않았다. 왜 그런 일이 벌어지고 있는지, 왜 집값이 월급보다 훨씬 빨리 오르는지 묻지 않았다. 간간이 기사나 토론에서 복잡한 금융 공학의 문제점을 다루기는 했지만, 너무 복잡하고 지루하다는 이유로 묻혀버렸다. 부채담보부증권이 뭔지, 합성포지션거래가 뭔지, 우리가 왜 알아야 한단 말인가? 그런 금융 상품으로 어떻게 돈을 버는지야 수학자들이 잘 알 테고, 은행에서는 똑똑한 사람들이 일하고, 정부도 걱정 없어 보이고, 모두 잘살게 되었는데, 왜 사서 걱정을 해야 하는가?

인터넷에 대한 우리의 태도도 마찬가지다. 어려운 금융 용어를 들으면 흥미를 잃는 사람이 많은 것처럼, 기술 용어를 써가며 네트워크 기반 구조를 상세하게 설명하는 걸 재미있어 하는 사람은 거의 없다. 우리가 어렵다고 생각하고 피하려 하기 때문에, 힘 있는 사람들은 불편한 질문을 받을 걱정 없이 결정을 내릴 수 있다.

브라이언 오켈리는 매우 복잡한 분야로 악명 높은 온라인 광고 산업도 일상적인 용어로 설명하면 근본적인 문제가 무엇인지 곧 드러난다는 사실을 보여주었다. 다른 분야도 마찬가지다. 우리는 굳이 자세히 알 필요 없으니 걱정하지 말라는 말을 들을 때마다 의심하는 습관을 길러야 한다.

대규모 재앙을 일으키는 것은 우리가 만든 시스템이지 이

따금씩 등장하는 악당이 아니다. 그런데도 문제가 생기면 우리는 본능적으로 나쁜 사람을 찾아 모든 죄를 그에게 뒤집어씌우려고 한다.

페이스북의 사생활 침해 문제가 터질 때마다, 사람들은 마크 저커버그의 잘못을 비난한다(페이스북에 반복적으로 올라오는 정치적 극단주의 게시물, 페이스북의 기업 문화, 검열 등이 문제가 될 때도 마찬가지다).

이런 생각이 꼭 틀렸다고 할 수는 없다. 실제로 사회 최상류층들은 다른 사람이었다면 지탄받을 만한 행동을 하고도 처벌을 피하곤 한다. 그러나 이상한 경영자를 비난하는 것으로 시스템을 바꿀 수는 없다. 더 멀리 내다봐야 한다.

시스템 전체를 봐야 한다. 마크 저커버그나 페이스북, 소셜 미디어만 따로 떼어 공격할 수는 없다. 인터넷의 물리적 구조 자체가 네트워크들의 네트워크라는 점을 기억하자.

마찬가지로 인터넷을 움직이는 무형의 동력원들, 즉 새로운 기업 투자 모형, 새로운 수익 창출 모형, 새로운 연결과 투명성 모형도 서로 연결되어 있다. 만든 사람조차 자신이 만든 것 같지 않다고 말하는 시스템이지만, 인터넷이라는 시스템은 분명 사람이 만든 것이고, 그러므로 사람이 통제할 수 있다. 우리는 과거 산업혁명 때도 같은 일을 해냈다.

인터넷 시대의 시스템이 권력과 부를 어떻게 분배하는지 살피다 보면, 한 가지 사실이 눈에 띈다. 권력과 부를 거머쥐는

데 성공한 사람들이 대부분 백인이고 대부분 남성이고 대부분 인터넷 시대가 시작되기 전부터 부자였다는 것이다.

이 사실은 인터넷이 지닌 여러 맹점을 설명해준다. 어쩌면 그래서 인터넷의 문화적 감수성이 낮고, 초기 소셜 네트워크에서 협박과 희롱이 아무렇지도 않게 행해졌는지도 모른다. 인터넷이 기득권층에 권력과 부를 몰아준 것은 우연이 아니다. 인터넷이 부와 명예를 좇는 사람들의 장이 되면서부터, 전 세계 기득권층이 인터넷으로 고개를 돌리리라는 건 쉽게 예상할 수 있는 일이었다. 그리고 예상대로 기득권층은 인터넷으로 몰려들었다.

인터넷은 삶을 더 빠르게 만들었다. 물리적 거리는 중요하지 않아졌고, 훨씬 쉽고 빠르게 정보를 찾을 수 있게 되었다. 하지만 그 외에 달라진 점은 거의 없다. 어떻게 보면 인터넷은 그저 우리가 실수를 반복하는 속도를 그 어느 때보다 빠르게 만들었을 뿐이다.

이런 면에서, 현재 세계에 인터넷이 보급되는 모습에는 문제가 많아 보인다. 페이스북이 개발도상국의 인터넷 접근성을 높이기 위해 추진 중인 프리베이직스Free Basics 프로젝트는 이런 문제를 가장 단적으로 보여주는 사례다. 프리베이직스는 개발도상국 사람들이 무료로 일부 웹사이트를 사용하게 해준다.

무료로 제공되는 사이트에는 '당연히' 페이스북이 포함되어 있다. 문제는 (선진국에서는) 필수 공공 서비스[5]로 여겨지는 인터넷을 그 나라 정부가 아니라, 어느 정도의 정부 개입은 있지만,

한 서구 민간 기업이 보급하고 있다는 것이다.

프리베이직스가 보급된 여섯 나라(콜롬비아, 가나, 케냐, 멕시코, 파키스탄, 필리핀)를 연구한 결과에 따르면, 이 프로젝트에 참여한 민간 기업들은 엄청난 양의 데이터를 얻는 동시에 해당 국가에서 시장 점유율을 높이는 효과를 보고 있다. 프로젝트에 돈을 지원한 미국 기업들이 해당 국가의 자체 서비스나 경쟁사보다 유리한 위치를 선점하는 것이다.

게다가 이 서비스는 망 중립성 원칙에도 위배된다. 사용자가 프리베이직스 프로그램에 포함되지 않은 서비스를 사용하거나 정보에 접근하려 할 때마다 콘텐츠를 보려면 사용료를 내라는 안내가 뜨기 때문이다. 프리베이직스에서 모든 데이터를 똑같이 취급해야 한다는 망 중립성 원칙은 지켜지지 않는다.

이 상황은 '디지털 식민주의'라고 부르기에 충분하다. 동인도회사 2.0이 발전과 선의의 이름으로 다시 한번 세계를 휩쓸고 있다.[6]

인터넷과 제국주의의 이런 놀라운 유사점을 보면, 인터넷이

---

5   인터넷이 필수 서비스라는 말에 여전히 동의하지 않는 사람도 있을 것이다. 하지만 10년 전까지만 해도 이 말을 웃어넘길 수 있었으리라는 사실을 기억하자. 그러나 이제 영국 같은 나라에서는 인터넷이 없으면 공공요금 고지서를 보고 납부 내역을 확인하고 세금을 처리하고 공공 주택 대기 번호를 확인하고 복지를 알아보고 신청하는 등의 일을 하기 어렵다. 이러한 디지털 격차는 점점 더 벌어지고 있다.

6   https://www.theguardian.com/technology/2017/jul/27/facebook-free-basics-developing-markets

기존 권력 구조의 상층부를 뒤바꿔놓았다는 생각은 틀렸음을 알 수 있다. 인터넷이 유발한 기술 충격은 노동조합과 소매업 종사자, 택시 운전사, 물류 센터 노동자 등 여러 노동자의 힘을 약화시키기는 했지만, 권력 구조를 뒤바꿔놓지는 않았다. 인터넷의 권력 구조는 과거 오프라인 사회의 권력 구조를 그대로 답습하고 있다.

'망 중립성'이라는 말을 처음으로 사용한 컬럼비아대학교 로스쿨의 팀 우 교수는 인터넷 시대와 20세기 초 도금 시대 사이의 유사점을 지적하며 인터넷 시대가 '새로운 도금 시대'를 열고 있다고 말했다. 도금 시대를 초래한 산업혁명에는 분명 긍정적인 면이 있었다. 세계는 새로운 기술 덕분에 더 많은 상품을 더 효율적으로, 더 빠르게 생산할 수 있었다.

시간이 지나면서 상품의 가격은 내려갔고 일부 국가에서는 인류 역사상 가장 빠른 속도로 생활 수준이 향상되고 부가 축적되었다. 하지만 새로운 기술의 과실이 자연스럽게 분배되는 일은 일어나지 않았다(사실 기술의 과실이 공평하게 분배된 적은 인류역사에 없었다). 그 결과 대공황이 발생했고 사람들은 기술 변화의 부정적 영향을 감내해야 한다는 말을 들었다.

팀 우는 저서 《빅니스》에서 J.P. 모건이 뉴잉글랜드의 여러 철도 회사를 뉴헤이븐 철도로 통합한 일을 다뤘다.

뉴헤이븐 철도는 사실 사상누각이었다. 대규모 합병이 있을 때 흔히 그렇듯 구조조정 바람이 불었다. 모건은 주주들에게 약속한 수익을 돌려주기 위해 직원을 대량으로 해고하는 등 공격적인 비용 절감에 나섰고, 이는 곧 잦은 고장과 탈선, 지연 운행으로 이어졌다.

1911년에만 24명이 죽고 105명이 다쳤다.

모건은 사람의 목숨을 희생해 수익을 내면서도 오히려 자신을 비판하는 사람들을 공격했다. 독점 금지를 주장한 변호사 루이스 브랜다이스Louis Brandeis(이후 곧 대법관으로 임명되었다)가 뉴헤이븐 철도 합병을 비판하자, 모건은 오히려 "들개는 원래 발전의 바퀴만 보면 짖는다"며 큰소리를 쳤다.

책에서 팀 우는 도금 시대와 인터넷 시대의 닮은 점을 계속해서 지적한다. 그는 두 시대의 독점 기업가들이 구사하는 전략 또한 거의 비슷하다고 말한다. 예를 들어 망 중립성 논쟁을 일으킨 인터넷 망 사업자들의 전략은 석유 재벌 존 D. 록펠러John D. Rockefeller가 당시 통신과 운송의 역할을 모두 담당하던 철도망에 대한 자신의 시장 지배력을 활용해 경쟁자를 따돌리기 위해 쓴 전략을 떠올리게 한다.

록펠러는 먼저 클리블랜드와 피츠버그에 있는 대형 정유 회사들과 연합체를 구성했다. 그다음 주요 철도 사업자들과 협상해 이 연합체에 속한 기업에게만 특별히 낮은 운송비를 적용하게 만들었다. 록펠러가 쓴 전략은 오늘날의 망 중립성 논쟁을 떠올리게 한다. 그는 당시 경제의 핵심 네트워크였던 철도망을 장악함으로써 규모가 작은 경쟁자들을 따돌릴 수 있었다.

록펠러의 이런 수법은 20세기 내내 계속된 반독점법 재판 끝에, 다른 비슷한 수법들과 함께 결국 불법으로 판결받았다. 하지만 같은 문제가 현재 인터넷에서 반복되고 있는데도 주의를 기울이는 사람은 거의 없다. 이러한 근시안적 태도는 마치 시간을 되돌리듯 이전에 얻어낸 승리를 무색하게 하고 있다. 팀 우는 21세기의 기업들이 뇌물이 오가고 담배 연기가 자욱한 회의실에서 대놓고 담합을 논의하던 20세기의 기업들만큼이나 노골적인 전략을 펴고 있다고 지적했다. 팀 우가 페이스북의 왓츠앱 인수에 대해 쓴 글을 보자.

이 190억 달러 규모의 인수는 J.P. 모건이 앤드루 카네기에게 뇌물을 준 것만큼이나 의심스러운 일인데, 아무런 의심을 사지 않았다. 당시 사람들은 그저 인수 가격에 놀랐다. 하지만 한 해 500억 달러 이상의 매출을 올리는 수익성 좋은 소셜 미디어의 독점을 깨뜨리지 않는 대가라고 생각하면 적당한 가격으로 보일 것이다.

페이스북은 지금껏 67개 기업을 아무 문제 없이 인수했다. 무척 많아 보이지만, 91개를 인수한 아마존, 214개를 인수한 구글에 비하면 오히려 적은 숫자다.

팀 우는 경쟁법competition law을 주로 연구하는 학자인 만큼 반독점법이 적어도 부분적으로는 이 상황을 해결해줄 것으로 보고 있다. 그는 대형 반독점 재판이 열리던 시절로 돌아가, 독점 기업을 법정에 세워 규제하고 다른 기업이 독점 기업의 행동을 모방하는 것을 막자고 주장한다.

팀 우가 페이스북, 구글, 아마존 등 인터넷 기업을 살펴본 다음 내린 결론은 이렇다. "내가 알기로 대형 반독점 재판의 전통을 되살리기에 이보다 더 적합한 분야는 없다."

다시 도금 시대가 도래한 지금, 첫 번째 도금 시대의 막을 내리는 데 가장 눈에 띄는 역할을 했던 반독점법 카드를 다시 꺼내자는 생각을 하는 것은 어찌 보면 당연하다. 하지만 이런 생각은 주의해야 한다.

한 가지 이유는 이전 전쟁에서 썼던 전술을 다시 사용하는 것이 그리 좋은 전략이 아니라는 것이다. 기관총을 들고 참호전을 펼치던 제1차 세계대전의 전쟁터에 기병을 투입하는 전술은 끔찍한 결과를 낳았다. 마찬가지로 중장비를 사용하던 제2차 세계대전에서 참호를 파는 것도 나쁜 전술로 밝혀졌다. 이는 정치 전쟁에서도 마찬가지다. 이전에 잘 먹혔던 전술이 이번에도 잘 먹힐 거라고 섣불리 가정해선 안 된다.

이런 일반적인 이유 외에, 반독점법이 이번에는 효과가 덜 하리라고 생각하는 근거도 있다. 우선 지난 세기 동안 반독점 재판을 경험한 오늘날의 기업은 반독점법을 피하는 법을 잘 알고 있다. 게다가 미국 대법원은 앞으로 꽤 오랫동안 공화당이 임명한 법관이 과반수를 차지할 전망이다.

게다가 미국보다 반독점법이 강한 유럽연합에서도 독점 문제를 해결하려면 기업을 분할하는 수밖에 없다는 매우 입증하기 어려운 사실을 입증하지 못할 경우 고작 벌금을 물릴 수 있을 뿐이다. 게다가 정부 규제기관은 기술기업보다 훨씬 적은 인력과 예산으로 재판에서 이겨야 한다. 기술기업은 세계의 그 어떤 경쟁 규제기관보다 더 많은 돈을 재판에 쓸 수 있다.

이러한 문제가 있기는 하지만, 반독점법은 대형 기술기업의 힘을 통제하고 모든 사람을 위해 움직이는 시스템을 만드는 데 어느 정도는 도움이 될 수 있다. 하지만 첫 번째 도금 시대에 그랬던 것처럼, 반독점법 외에 다른 무기도 확보해야 한다.

노동조합법, 노동자의 안전 및 건강 관련법, 노동 시간 및 노동 연령 규제 등은 첫 번째 도금 시대를 끝내고 산업 사회가 모든 사람을 위해 움직이게 하는 데 큰 역할을 했다. 문제가 한두 가지가 아니었으므로, 해결책도 한두 가지가 아니었다. 이런 법을 만들고 통과시킨 사람들이 도금 시대를 끝내자는 원대한 계획을 품지는 않았겠지만, 꼭 그런 계획을 세울 필요가 있는 것은 아니다.

위의 다양한 해결책에 해당하는 디지털 시대의 작은 개혁안들로는 어떤 것이 있을까? 한 기술 옹호론자는 현재로서는 명확한 답을 내릴 수 없다고 말한다. 우리가 아직 인터넷의 초기 단계에 머물러 있기 때문에 지금까지 겪은 변화보다 앞으로 올 변화가 더 크다는 이유에서다.

이 말을 한 사람은 뉴욕시립대학교 토나이트 기업가저널리즘센터Tow-Knight Center for Entrepreneurial Journalism의 제프 자비스Jeff Jarvis 교수다. 그는 기술에 대한 긍정적 시각을 잃지 않는 사람으로, 여러 기술기업의 자문을 맡고 있다. 그의 주장의 핵심은 인터넷이 현대 인쇄술의 시작을 알린 구텐베르크의 금속활자에 버금가는 혁신이라는 것이다.

맨해튼의 스타벅스 매장에서 자비스는 이렇게 말했다. "저는 언제나 장기적인 시각으로 인터넷을 봅니다. 그게 제 주특기죠. 금속활자는 1450년대에 발명되었습니다. 아니, 한국에서 먼저 발명되었으니 개발되었다고 하죠. 책이 우리가 아는 지금의 모습을 갖추기까지는 그로부터 50년이 더 걸렸습니다. 엘리자베스 아이젠슈타인Elizabeth Eisenstein(《변화의 동인으로서의 인쇄기The Printing Press as an Agent of Change》의 저자)에 따르면, 한 세기가 지나고 나서야 인쇄기가 사회에 미치는 영향이 뚜렷해지기 시작했고, 한 세기 반이 지나고 나서야 신문이 발명되었다고 합니다."

자비스의 논리대로 금속활자의 위치에 웹브라우저를 놓고

보면, 앞으로 120년 뒤에나 누군가 신문에 해당하는 것을 발명하게 될 것이다. 이런 논리대로라면, 지금은 어떤 정책이 효과가 있고 어떤 정책이 효과가 없는지 가리기에 너무 이르다.

"구텐베르크 시대로 따지자면, 우리는 지금 1474년 정도에 와 있습니다. 아직 루터가 태어나기도 전이지요. 우리는 아직 이 기술을 잘 모릅니다. 굉장히 오랜 시간이 지나야 알 수 있을 거라고 생각합니다. 그래서 저는 플랫폼 독과점을 걱정하지 않습니다. 앞으로 많은 변화가 일어날 테니까요."

자비스의 생각도 일리는 있다. 한 회사가 인터넷을 장악할 기미가 보일 때마다 개입했더라면, 우리는 AOL, 마이스페이스 MySpace, 마이크로소프트를 억제하는 법을 일일이 만들어야 했을 것이다. 실제로 한때 인터넷을 지배하는 것처럼 보였던 기업들도 5년에서 10년 뒤에 다른 기업에게 자리를 내주었다.

하지만 인터넷이 미친 영향을 제대로 평가하기 위해 앞으로 130년이나 더 기다려야 한다는 말은 불공평하게 느껴진다. 요즘 세상은 1450년대보다 훨씬 빠르게 변한다.

이 혼란 속에서 답을 찾을 수 있을까? 나는 그렇다고 본다. 이집트의 시민 활동가이자 구글의 제품 매니저였던 와엘 고님 Wael Ghonim은 그 답을 찾는 데 근본적인 도움을 줄 제안을 했다. 그는 인터넷을 다른 무엇도 아닌 그저 하나의 도구로 보라고 말한다. 아무런 이상도 깃들어 있지 않고, 본질적으로 좋지도 나쁘지도 않은, 그저 하나의 도구 말이다.

인터넷이 도구라면, 중요한 건 누가 그 도구를 휘두르느냐다. 벽에 액자를 걸려고 쥔 망치와 복면을 쓴 강도의 손에 들린 망치는 같은 망치라도 무척 다르게 느껴진다. 20세기 초 기업가들이 철도와 방적 공장 등의 도구를 꽉 쥐고 있던 것처럼, 현재 부와 네트워크와 커뮤니케이션을 위한 도구인 인터넷은 엘리트들의 손아귀에 있다.

우리는 개별 기업을 공격하거나 원대한 계획 하나로 모든 문제를 해결하려 하기보다는 각각 다른 면에서 시스템의 작동 방식을 개선할 수 있는 여러 해결책을 동시에 만들어나가야 한다. 예를 들어 아마존이 고용 안정을 전혀 보장하지 않고 물류 센터 직원들에게 과중한 업무를 부과해 직업 시장을 '파괴'한다면 그에 대응하기 위해 노동관련법을 개정해 고용 계약과 노동자를 보호해야 할 것이다. 페이스북 등이 부적절한 콘텐츠를 분류하는 비정규직 고용자들에게 제대로 된 보수와 고용 환경을 보장하지 않는 문제도 마찬가지다.

구글, 페이스북, 광고 네트워크 등이 우리의 데이터를 이용해 막대한 돈을 벌고 있는 상황을 해결하려면, 오늘날 엄청난 가치를 지니게 된 개인정보를 취급하는 방침을 마련해야 한다. 시민에 관한 데이터, 인간에 관한 데이터, 그리고 은밀한 개인적 삶에 관한 데이터를 기업이 이렇게 쉽게 가져가도 되는 걸까? 다른 주체에게 소유권을 넘길 수는 없을까? 기업이 데이터로 얻은 이익을 공유하게 하면 어떨까? 데이터 기반 온라인 광고가 콘텐츠의 질을 높이지도 않고, 우리가 제품을 선택하는 데도 큰 도움을 주지 않는다면, 이 광고 기법을 그만 써야 하지 않을까?

이외에도 우리는 전 세계에서 사업하는 인터넷 기업들이 정당한 몫을 세금으로 내게 하는 방법을 생각해볼 수 있다. 알고리즘에 인종, 계층, 젠더, 성별 등에 따른 불평등이나 편견이 반영되지 않도록 감시하는 독립 기구를 만들 수도 있고, 우리의 연금과 자금을 관리하는 주체에게 투자 윤리를 지키라고 요구함으로써 벤처 캐피털에게 간접적으로 압력을 행사할 수도 있다.

기술기업들은 좋은 해결책 하나가 문제를 다 해결해줄 것처럼 말한다. 하지만 역사는 다양한 작은 해결책을 통해서만 지속적인 변화를 만들어낼 수 있다고 말한다.

변화를 위해 가장 먼저 해야 할 일은 인터넷이 실제로 어떻게 작동하는지 정확히 이해하는 것이다. 그래야 금융위기 때처럼 어려워 보이는 겉모습에 속아 아무 행동도 하지 않는 실수를 저지르지 않을 수 있다. 두 번째는 기술기업을 다른 기업과 마찬가지로 취급하는 것이다. 기술기업은 사명을 가지고 움직이는 새로운 기업이 아니라, 이윤을 좇는 평범한 기업이다. 세 번째는 오늘날의 기술이 이전과는 다르다는 사실을 인식하고 이전에 썼던 방법이 오늘날에도 효과가 있으리라는 기대를 버리는 것이다.

우리는 빠르게 달려왔고 그 과정에서 많은 것을 무너뜨렸다. 그러나 무너뜨린 것을 복구하는 데는 지지부진했다. 그러는 편이 미국과, 미국의 엘리트와, 미국 정부에 도움이 된다는 이유에서였다. 중국의 기술기업이 성장하고 미국의 독주가 서서히 막을 내리고 있는 지금은 두려운 미래로 접어드는 변곡점일 수도 있지만, 어떻게 보면 행동을 시작할 기회일 수도 있다.

큰 변화가 없는 한, 다음 세대 인터넷은 중국 기업들이 이끌게 될 것이고, 미국 정부와는 아주 다른 원칙과 우선순위를 가진 중국 정부가 이들을 관리할 것이다. 그동안 인터넷 발명국으로서 누리던 우위가 줄어들면, 미국 정부는 사생활 보호 정책을 마련하고 보안을 강화하고 인터넷 망을 관리하는 기업과 정부의 힘을 줄이는 일에 나설 가능성이 있다.

우리는 이 변화를 위기로 받아들일 수도 있고, 기회로 받아들일 수도 있다. 할 일이 너무 많아 보여서 과연 다 할 수 있을지 의구심이 들 수도 있지만, 모두를 위한 인터넷을 만드는 건 결코 불가능한 일이 아니다. 한번에 다 바꾸려 하지 말고 문제를 잘게 쪼개 작은 일을 하나씩 해결해나가다 보면 어느새 문제가 해결되어 있을 것이다.

우리는 그렇게 되리라는 것을 안다. 과거에도 그랬기 때문이다. 기술 혁신 뒤에는 언제나 기술이 만든 문제를 해결하는 단계가 따라온다. 이제 그 단계는 우리 손에 달려 있다.

용어 설명

인터넷에는 기술적이고 어려운 전문용어가 많다. 이 책을 읽기 위해 전문용어를 알아야 할 필요는 전혀 없다. 영문 약자가 나올 때는 최대한 풀어 쓰도록 노력했지만, 미처 설명하지 못하고 넘어간 단어가 있거나 더 설명이 필요할 때는 이 용어 설명이 도움이 될 것이다.

1000회 노출당 비용(CCPM)
온라인 광고비를 산정하는 표준 단위로, 광고 노출 횟수 1000회 당 지불하는 광고비를 말한다.

4G
'4세대' 이동통신을 줄여서 부르는 말로, 현재 전 세계에 보급 중인 무선 이동통신의 표준이다.

5G
'5세대' 이동통신을 줄여서 부르는 말로, 4G보다 훨씬 빠른 차세대 무선 인터넷 기술이다. 브라우징 속도가 유선 인터넷과 비슷할 것으로 기대된다. 미중 무역 전쟁의 화두로 언급되었으며 미래 망 중립성 논쟁의 중심에 있다.

경계경로프로토콜(BGP)

냅킨에 휘갈긴 아이디어를 기초로 만들어진 이 시스템은 오늘날까지 인터넷 트래픽의 흐름을 관리하는 프로토콜로 남아 있다.

공급측플랫폼(SSP)

온라인 광고 경매에서 수요측플랫폼의 상대방이 되는 기업. 광고거래소에 광고 공간에 대한 정보를 넘기는 역할을 한다.

광고거래소 ad exchange

온라인 광고의 마지막 단계에서 사용자와 광고의 연결을 중재하는 플랫폼이다. 사용자에 관한 정보를 토대로 광고 회사들이 참여하는 실시간 온라인 경매를 열어 그 사용자에게 광고할 권리를 판다.

국가안보국(NSA)

미국의 (전자 통신) 신호 정보 수집 기관이다. 영국 정보통신본부보다 훨씬 많은 예산을 쓴다.

국방부고등연구계획국(DARPA)

미국 군대의 특별 연구 계획 조직이었다. 인터넷의 전신인 아르파넷에 처음으로 자금을 지원했다.

국제인터넷주소관리기구(ICANN)

DNS를 관리하는 비영리 기구다.

기업공개(IPO)

기업은 흔히 기업공개를 거쳐 다우, 나스닥, FTSE 같은 주식 거래소에 상장한다. 기업공개를 한 기업은 주식을 발행해 공개 시장에서 결정된 가격에 팔게 된다. 벤처 캐피털의 '엑시트' 방법 중 하나다.

네트워크network

컴퓨터를 연결해 서로 소통하고 데이터를 주고받을 수 있도록 만든 것이다. 일반적인 용도로 만들 수도 있고, 특수 용도(항공 시스템 등)로 만들 수도 있다. 아르파넷이 발명되기 전에도 네트워크는 존재했다.

데이터관리플랫폼(DMP)

맞춤형 온라인 광고에 쓸 데이터를 정리해 (때로는 데이터 중개 기업에게서 데이터를 사서 보충하기도 한다) 수요측플랫폼(DSP)에 넘기는 역할을 하는 기업이다. 수요측플랫폼은 다시 이 정보를 광고거래소에 넘기고 이를 바탕으로 경매가 열린다.

데이터 중개 기업data broker

상업적으로 이용 가능한 형태의 데이터를 수백만 명 단위로 사들이고 분류해서 다른 기업에 되파는 기업이다. 일반 소비자들은 잘 모르는 기업이다. 데이터 중개 기업이 취급하는 데이터는 신용 평가 등에 이용되기도 하지만, 온라인 광고용 데이터를 '보강'하는 데 쓰이기도 한다. 온라인 광고 기업들은 사용자에 대해 더 잘 알아내기 위해 다양한 정보를 조합해 데이터를 보강한다(사용자는 대개 이 사실을 눈치채지 못한다).

도메인 이름 시스템(DNS)

도메인 주소('google.com' 등)를 IP 주소로 변환하는 방식을 규정한 프로토콜이다.

디도스(DDoS)

분산형 서비스 거부distributed denial of service의 약자로, 대개 감염된 수많은 컴퓨터

를 동원해 특정 웹사이트 또는 온라인 서비스에 동시에 반복 접속하게 해서
트래픽 과부하를 유도해 서버를 다운시키는 공격이다. 기본적인 온라인 공
격으로 빈번하게 발생한다.

라우터 rauter

네트워크 사이를 오가는 패킷의 경로를 찾아주는 기기. 가정용 (무선) 공유기
도 라우터의 일종이다.

망 분할 network slicing

5G가 도입되면 데이터 종류별로 망을 분할해 사용하게 될 가능성이 있다.
전송 효율은 높아지겠지만, 망 중립성이 약화될 것이라는 우려가 있다.

망 중립성 net neutrality

인터넷의 미래에 중요한 논쟁. '망 중립성'이란 인터넷을 통해 전달되는 모든
데이터가 똑같은 취급을 받아야 한다는 개념이다. 즉 넷플릭스 비디오든 이
메일이든 웹사이트든 모든 패킷을 똑같이 취급해야 한다는 원칙이다.

벤처 캐피털 venture capital

대다수 인터넷 기업의 자금 조달 모형. 10배 이상의 투자 수익을 노리고 기
술기업에만 투자하는 특수한 사모 펀드다.

블록체인 blockchain

주로 암호화폐에 사용되는 검증 가능한 분산형 데이터베이스 기술이다. 아
직 초기 단계지만, 기존 데이터베이스 관리자들이 가진 힘을 무너뜨릴 기술
이 될 거라는 의견이 있다.

서버server

특정 서비스를 제공하기 위해 인터넷에 연결되어 있는 컴퓨터다. 웹 서버는 웹 콘텐츠를 서비스하고, 이메일 서버는 이메일 서비스를 제공하는 식이다. 대개 데이터센터에서 전문적으로 관리하는 고성능 컴퓨터를 말한다.

수요측플랫폼(DSP)

프로그래머틱 광고 과정에서 광고주가 어떤 특징을 가진 인터넷 사용자에게 (기존 고객 목록을 넘기는 경우라면 특정인을 지목할 수도 있다) 광고하고자 하는지를 광고거래소에 알려주는 역할을 하는 기업이다.

아르파넷ARPANET

훗날 인터넷으로 발전한 미국 대학 및 연구소 간 네트워크다. 1980년대 후반에 사라져 지금은 존재하지 않는다. 아르파넷이라는 이름은 연구 자금을 지원한 미국의 정부 연구 관리 기관 ARPA(이전의 DARPA)의 이름을 따서 만들어졌다.

암호화

온라인 보안의 핵심이 되는 기술이다. 거대 소수를 이용해 큰 수를 만들어내기는 쉽지만, 그렇게 만들어진 큰 수를 소인수분해하기는 어렵다는 사실을 이용한 기술이다. 암호화 기술은 쌍방향 통신, 금융 정보, 개인정보, 주요 인프라 관련 데이터 등을 보호한다.

엔젤 투자자angel investor

비교적 이른 시기에 투자하는 투자자로 보통 10만 달러 정도를 투자한다. 상당한 위험을 감수하는 사람으로 회사를 키우기 위해 많은 일을 한다.

연방통신위원회(FCC)

20세기 전반에 설립된 미국의 강력한 규제기관으로 전화, 라디오, 방송, 인터넷 등 광범위한 산업을 규제한다.

월드와이드웹world wide web

인터넷에서 가장 눈에 잘 띄는 부분으로, 대다수 사람들이 생각하는 인터넷이 바로 웹이다. 1989년 팀 버너스리가 제안했으며, 크롬, 파이어폭스, 사파리 같은 브라우저에서 보이는 웹사이트들이 이 시스템을 기반으로 하고 있다.

의견요망(RFC)

이름만 봐서는 짐작하기 힘들지만, 인터넷의 새로운 프로토콜을 제안하고 알리는 문서다.

인터넷

영어로 '~사이'를 뜻하는 'inter'와 '네트워크'의 줄임말인 'net'의 합성어. (대개 자체 보안을 갖춘) 전 세계 네트워크들을 연결해 서로 소통할 수 있게 해주는 네트워크의 네트워크다.

인터넷 프로토콜(IP)

인터넷 망의 각 지점에 고유의 번호를 부여하는 시스템이다. 마치 무작위로 나열한 숫자처럼 보이는 IP 주소(내 컴퓨터의 경우 82.20.204.12)는 DNS를 통해 도메인 주소와 연결된다.

인터넷 망 사업자(ISP, 인터넷서비스사업자)

우리가 매달 인터넷 사용료를 내는 회사로 우리를 물리적으로 인터넷에 연결해주는 일을 한다. ISP는 대개 케이블 TV나 전화 사업을 병행하고 있다.

전송제어프로토콜(TCP)

인터넷의 데이터 흐름을 관리하는 핵심 프로토콜로, IP와 함께 쓰인다.

전화 접속

인터넷 보급 초기에는 주로 전화선을 통해 인터넷을 사용했는데 이를 전화 접속 인터넷이라 부른다. 모뎀을 사용해 디지털 신호를 아날로그 신호로 바꿔 전화망으로 전송하는 방식이었다. 오늘날의 인터넷보다 속도가 매우 느렸고, 전화를 쓰는 동안에는 인터넷을 쓸 수 없었다.

접속신호처리장치(IMP)

라우터의 전신으로, 컴퓨터를 아르파넷에 연결하기 위해 쓰였다.

정보통신본부(GCHQ)

영국의 신호 정보 수집 기관으로, 전자 통신망에서 정보를 수집하는 일을 한다. 영국의 온라인 보안을 책임지는 기관이기도 하다.

쿠키 cookie

우리가 방문한 웹사이트에서 우리의 컴퓨터나 휴대전화에 남기는 작은 텍스트 파일이다. 웹사이트가 쿠키에 남기는 정보는 단순하지만, 사용자를 원격으로 추적해 훨씬 더 많은 정보를 알아내는 데 쓰일 수 있다.

패킷 packet

ARPA는 아르파넷 연구를 통해 패킷 전송 기술을 검증하고자 했다. 패킷 전송 기술은 여전히 인터넷 기술의 핵심이다. 인터넷으로 정보를 전송하려는 사람은 데이터를 작은 '패킷' 단위로 쪼개 전송해야 한다. 패킷은 각자 자유로운 경로를 통해 목적지에 도착한 뒤, 목적지에서 재조립된다. 모든 패킷을 동등하게 취급해야 한다는 것은 인터넷의 핵심 원칙 중 하나다.

프로토콜protocol

특정한 종류의 데이터를 어떻게 전송할지 정한 규약이다. 예를 들어 'HTTP'
는 하이퍼텍스트전송프로토콜HyperText Transfer Protocol의 약자로 웹 문서의 전송
방식에 대한 규약이며, 'SMTP'는 간이우편전송프로토콜Simple Mail Transfer Protocol
의 약자로 이메일의 전송 방식에 대한 규약이다.

참고자료

아래의 목록은 이 책을 집필할 때 참고한 몇몇 책과 본문에 인용하지는 않았지만 관련 주제에 관한 배경 지식을 제공하거나 추가로 읽으면 좋은 자료들이다. 단순히 언급된 책이나 논문은 포함되지 않았으나 주석에 있는 책은 포함되었다.

Anderson, C., *The Long Tail: Why the Future of Business Is Selling Less of More*, Hachette Books, 2008.

Bamford, J., *The Shadow Factory: The Ultra-Secret NSA from 9/11 to the Eavesdropping on America*, Anchor, 2009.

Bartlett, J., *People Vs Tech*, Ebury Press, 2018.

Beckett, C., and Ball, J., *Wikileaks: News in the Networked Era*, Polity, 2012.

Blum, A., *Tubes*, Viking, 2019.

Greenwald, G., *No Place to Hide: Edward Snowden, the NSA and the Surveillance State*, Penguin UK, 2015.

Harding, L., *The Snowden Files*, Guardian Faber Publishing, 2016.

Leigh, D., *Wikileaks: Inside Julian Assange's War on Secrecy*, Guardian Books, 2010.

Miller, C., *The Death of the Gods: The New Global Power Grab*, Windmill Books, 2019.

Susskind, J., *Future Politics: Living Together in a World Transformed by Tech*, Oxford University Press, 2018.

Wu, T., *The Curse of Bigness: Antitrust in the New Gilded Age*, Columbia Global

Reports, 2018.

Zittrain, J., *The Future of the Internet – And How to Stop It*(s.n.), Yale University Press, 2009.

Zuboff, S., *The Age of Surveillance Capitalism: The Fight for the Future at the New Frontier of Power*, Profile Books Ltd, 2019.

21세기 권력
인터넷을 소유하는 자 누구이며
인터넷은 우리를 어떻게 소유하는가

초판 1쇄 2021년 10월 25일

지은이 제임스 볼
옮긴이 이가영

펴낸이 김한청
기획편집 원경은 차언조 양희우 유자영 김병수
마케팅 최지애 설채린
디자인 이성아
경영전략 최원준

펴낸곳 도서출판 다른
출판등록 2004년 9월 2일 제2013-000194호
주소 서울시 마포구 동교로27길 3-12 N빌딩 2층
전화 02-3143-6478 | **팩스** 02-3143-6479 | **이메일** khc15968@hanmail.net
블로그 blog.naver.com/darun_pub | **페이스북** /darunpublishers
ISBN 979-11-5633-433-0 93300